近距离看日本

李萍 著

人民东方出版传媒

东方出版社

责任编辑：陆丽云　武丛伟
责任校对：吕　飞
装帧设计：汪　莹

图书在版编目（CIP）数据

近距离看日本／李萍　著．－北京：东方出版社，2014.3
ISBN 978－7－5060－7151－2

I.①近…　II.①李…　III.①日本－研究　IV.① K313.07

中国版本图书馆 CIP 数据核字（2013）第 319808 号

近距离看日本
JIN JULI KAN RIBEN

李萍　著

東方出版社 出版发行
（100706　北京市东城区隆福寺街 99 号）

环球印刷（北京）有限公司印刷　新华书店经销

2014 年 3 月第 1 版　2014 年 3 月北京第 1 次印刷
开本：710 毫米 ×1000 毫米 1/16　印张：20.25
字数：280 千字　印数：0,001－5,000 册

ISBN 978－7－5060－7151－2　定价：46.00 元

邮购地址 100706　北京市东城区隆福寺街 99 号
人民东方图书销售中心　电话：（010）65250042　65289539

目　录

自　序

　　我们身处现代社会。成熟现代社会的组织特征是：工业文明、城市生活、行政组织的巨大化以及跨国集团的高度渗透；人员特征则包括：身份的匿名化、活动的流动化、价值观念的碎片化和存在的原子化等。但是，不同国家的现代社会形态仍然存在明显的各自特点，这源于历史变迁的路径依赖和民众心理的定式等力量的制约，具体国家的现代社会状况各有不同。

　　现代日本无疑属于发达资本主义国家，但"发达资本主义"并非一个模子，从各种角度可以分出发达资本主义的不同类型。如果从劳动关系角度可以分成日德、英美、意法、北欧等几类；如果从企业与政府的关系角度，又可以分成日本、欧洲大陆、北美等几类。日本具有发达资本主义的共性，更有着其自身的独特性，它的个性正是我们所要关注和力图给予合理解释的地方。现代日本社会有不同于其他发达资本主义国家的自身特殊问题、具体国情，这一点无论如何都不能忽视，即便它与美国的牢固盟友关系也不能削弱日本在解决自身问题时的特定立场和选择。

　　日本的现代化进程虽然充满了曲折和血泪，但自开启后就未停止。这得益于日本是改良主义的，即由最高层自上而下地渐进推动，颇有"顶层设计"的味道，似乎是"人为秩序"的合理化结果。其实不然，最高层无非是在多种民意间有所取舍和作为，但这样的取舍仍然付出了巨大的代价。值得肯定的是，日本现代化并非"毕其功于一役"式的大决战，而是在不同时期分阶

1

段地完成了现代化目标，如明治初年确立了现代国家结构和基本的市场体系；明治后期更新了国民的价值观；大正年间开放了社会空间，社会生活（如高等教育、报刊、结社等）变得极大丰富；昭和前期步入了国际化，成为世界资本主义阵营的一员；昭和后期完成了民主化改造，确立起民主政治、司法独立等目标；进入平成年后，又重新启动了以文化传播和相互理解为主的国际化事业。

本书的基本思路是：现代日本的制度变迁和社会结构调整带来了巨大改变，即便是历史传承和传统文化的延续都采取了现代手段，表现出现代形式。所谓的"日本文化传统"，即人们感受到的今日日本"传统"其实是由19世纪后半期的"近代的＝西方的"文化渗透融合而成的"近代的传统"，其实质内容是明治、大正时期的产物。在今天的日本，人们讲到"传统价值观"主要是指肯定政治的有效性、尊敬天皇、禁止婚前交往行为、参与宗教祭祀活动、采纳夫家的姓氏、以父亲为榜样等思考方式。与此相对的"现代价值观"则主要包括民主的政治参与、从社会制度（特别是"家"）中解放出来、男女平等意识，以工业化为轴心的追求效率的生产方式等。将传统与古代、现代与西化分别相关联，是相对比较简单化的认识。本书主要关注的是现代日本社会，现代日本社会的总体特征是二元式社会，无论是在社会结构方面，还是思维方式，以及人际交往上都是如此。全书就以这样两个基本预设展开论述。

"社会"是一个复杂概念，可以有多重解读。本书采纳的是广义的理解，将"社会"视为人群组合、互动所呈现出来的关系状态。社会成员是社会的主体，社会结构是社会的实体形式，社会心理是社会的具体精神内容，社会意识则是社会的抽象精神内容。本书的第一章和第二章分别从个体的存在、个体间关系（即两性关系）来阐述日本社会主体的特性；第三、四、五章可以划入社会结构之下，交代了日本社会的结构表现及其功能、相互的作用原理等方面的内容；日本社会心理则包括在第六、七章，从历史与现实的关联层面分别论述了日本人的价值观和思维方式；第八章力图对全书的主题——"日本社会"、"日本人"——的总体特征作一说明，从国民与国家的关系，即民族身份认同这一角度分析了现代日本的社会意识。

不可否认，日本社会仍然存在许多有待解决的棘手问题，例如，在工业组织中，企业的竞争力、商业系统的合理化、金融体制的革新以及政商关系的调整等；在社会文化方面，社会道德的更替、家庭关系的变化以及信仰的空洞化等；在社会发展中，包括政治改革、教育内容和方式的更新，以及农村的过疏化和城市的过密化问题等。这些问题的解决，不仅考验着日本政治家们的智慧，也会极大影响日本社会的未来走势。

写作中总是能够明确感受到始终存在两个不同的日本观：一个是并不了解日本的部分中国人所以为的日本，一个是笔者想要分析、呈现出来的日本。不实际接触、不去深入认识而得出的"日本观"常常包含了太多情绪化内容和先入为主的偏见。笔者所想呈现的是尽可能接近"真实的日本"，尽可能减少一些似是而非的主观臆断。基于此可以断言，笔者所呈现的"日本"是可以证伪的，只要有足够的反证和充分的学术理由，可以证明笔者在某个观点上的错误，笔者完全接受建设性的对话以及由此出发而作出的学术批评。

第一章

身体与心灵

点滴而持续的改进①

在松下一家工厂的自助餐厅中，女服务员们成立了一个质量控制小组，研究午饭时段的茶叶消费量。服务员注意到，当把大茶壶放在桌上供人们随意饮用时，各桌的茶叶消耗量有很大不同。于是，她们开始收集午饭时间员工的饮茶行为数据。她们发现人们喜欢选择相同的桌子就餐。几天下来，通过采集和分析数据，她们估算出每桌茶叶的大致消耗水平。利用这一发现，服务员开始在每桌放不等量的茶叶。结果，她们使茶叶的消费量减少了一半。虽然由此节省出的金钱微不足道，但她们的精神得到了大家的高度赞赏，她们获得了当年的总裁金奖。

丸红公司员工自杀事件

1976 年的一天晚上，日本知名的综合贸易公司丸红的一位中层职员自

---

① ［日］今井正明：《改善——日本企业成功的奥秘》，周亮、战凤梅译，机械工业出版社 2011 年版，第 18 页。

1

杀了。自杀前留下两份遗书：一封是写给妻子的，拜托她照顾好失祜的孩子，一封是写给公众的，书中写道：对不起大家，自己让公司丢丑了。个人的生命不足惜，公司却永恒，所以，自己甘愿为公司而献身。

这位职员卷入到了日本战后四大丑闻（其他三个分别是：昭和电工事件、造船丑闻事件、里库路特事件）之一的洛克希德事件。事件起源于美国洛克希德公司为与竞争对手争取订单，在推销其新型广体飞机——WL-1011 三星客机时，向当时的日本首相田中角荣及其他重要政治家行贿 5 亿日元，令原本打算采购洛克希德的竞争对手产品——麦道 DC-10 客机的全日空被迫购买三星客机。田中因金权政治问题被迫于 1974 年 12 月下台。田中角荣、前运输大臣桥本登美三郎、前运输省政务次官佐藤孝行等被拘捕、判刑，据悉因此事件而被捕的高官多达 17 人。

当然，政客是不能直接买卖飞机的，他们所找到的具体经办公司就是丸红公司。那位自杀谢罪的职员正是丸红公司经手人或知情者之一。

人与动物的揖别，其标志不在人的生理特征，而在人的社会特征和文化特征。虽然有为数不少的高等动物也以群居方式生存，但只有人结成了复杂的社会，并形成了各种组织结构，如家庭、协会、企业、社区、国家等，还发展出维护秩序的控制手段，如教育、宗教、监狱等。与此同时，文化系统又将这些成果累积起来并代代传承，每个人都是"文化中的人"，成为具有特定文化属性的具体存在。以社会组织为纬，文化符号为经，相互交织构成了每个人生活于其中的"网络"。该网络的一个重要功能就是将成员改造成"社会一分子"。什么样的人才是合格的社会一分子呢？文化系统给出了标准。当然，不同民族所生成的文化系统所理解的合格社会一分子是十分不同的。历史上的日本在外来儒学、佛教和本土的神道等多重因素影响下，特别强调合格社会一分子的精神性因素，精神的力量或者说精神的优越，其重要表现之一就是对身体的训练，其中充分体现出了精神（意志力、品质）至上的信念，精神对身体的克服被视为达人或完人的理想。这不仅凸显出精神与身体的对峙，而且更重要的是，精神对身体的不离不弃且不为所缚的高难度技艺，构成日本众多传统技艺和思想的核心主题，如能、花道、空手道乃至武士道等都是这种精神主义的贯彻。从一定意义上说，身体与心灵的关系，是正统日本人经常自问并要用一生的实践去努力回答的问题。

一、身体：放纵还是控制

中国近代思想家康有为曾对中国败于日本的原因做了深入思考，他的结论是："昔者之国争，在一军一相一将之才；今者之国争，在举国之民之才气心识，与其举国之政之学，及其技艺器械。即以中国之大，而昔者败于蕞尔之日本者，非吾将相之才之必远逊于日本也，乃吾无公民之不如日本也。以无公民，则散四万万而为数人，有公民则合数千万而为一人，此其胜败之数也。"[1] 康有为的分析可谓一语中的。将"生民"、"草民"改造成国民、公民，是日本在亚洲诸国中率先顺利实现现代化的关键所在。人生而为一私民，只有经过一系列的教化、长时间的熏陶和多阶段的养成，才可逐渐放弃自身的狭隘和散漫，认同国家意志、接受他人的平等存在，完成向公民角色的华丽转型。这其中就包括如何解决国民个体的身体在放纵与控制的适度中加以引导和调整的社会化问题。

---

[1]　康有为（笔名：明夷）：《公民自治篇》，《新民丛报》第 5 号，光绪二十八年三月一日，第42 页。

1. 传统命题的变奏

重视对身体的控制，在前工业时代的多个文化体系中都广泛存在，例如，中国儒学以修身明德的名义主张严格的身体控制，并且发展出了很多身体控制技巧，如礼仪三千、威仪三百的规定等；印度佛教和印度教在出世主义引导下，为了悟道解脱，提出了"五戒"、"八戒"、"十二戒"等规定。然而，这些身体控制的价值取向是内向、自我性的，因此，主要表现的是时间性的绵延，如无止境的克己、格物；无限度的打坐、诵念、苦修等，身体控制的后果是对当事人意念的修正，以符合特定的外在标准。这样的身体控制并不以战胜外敌（外部世界或竞争对手）为目标，所以，无法产生有现实意义的生产性后果。

传统日本社会中儒、佛、神三足鼎立，甚至在很多方面实现了三者的"习和"、"融合"。就从对身体的关系看，既有佛、儒主张的身体限制主义论，也有神道倡导的身体自然主义说，前者的代表有朱子学派，后者的代表有国学派，但二者的主流倾向都将身体看作自我的，是精神寄寓的载体。即便这样，身体自然主义说为身体追逐物欲预留了空地，因此，对俗世生活的认可、对情爱的肯定，在日本传统中始终没有断绝。从这一层面上说，农业时代的日本对身体的态度要比中国开放、轻松得多。当然，这并不意味着日本文化主张精神的退让，相反，肯定物质利益和情爱生活的意义，同时又强调精神的引导，这就更需要复杂的平衡技巧，从中也体现了日本文化的多样性特点。

日本近世儒学流派——古学派的创始人山鹿素行（1622—1685）有段十分精彩的论述，他说："人之知及万物，故其利心、欲心亦尽万物。故好色而求天下之美人，好声而求天下之美声。不得美之至极不止。是乃人性之本，知识秀于万物之故也。然好色、好声不可胜计。事父母、事君亦不可不尽其至极。故圣人立忠孝之说教之臣子；立仁义之道，以为人伦之极道。美人，色之至善；八音调，声之至善；忠孝，侍君父之至善；仁义，人道之至善也。"①从人之自然常情出发，山鹿素行将人欲作为一切行为乃至善行的基础，他要排斥的不是人欲，而是人欲之"惑"，换句话说，就是"过不及"。这一旨趣显然不同于中国宋明之后的儒学主流。中国的儒学到了晚期越来越走向禁欲，精神的"胜利"建立在对身体的完全抹杀和无视上，精神没有了对手，精神是靠单方面的压抑、独裁来维护自身的优越。这导致的后果之一就是精神对身体的指导、对生活的影响走上了单一的负面性。但日本传统思想，即便受到大陆传入儒学和佛教的影响，仍然保持了自身的独特性，日本学者并未停留在简单接受或照搬外来思想的水平，相反，他们一直在阐发、转换这些外来思想，并使之与日本本土文化相结合。无数人的持续努力既保持了自身的研究成果的传承，同时也最终产生了完全不同于其发源地的新思想，例如，对"自然"与"人为"关系的分析，对"圣人设教"的历史主义阐述以及"社会"与"政治"概念的新解释，等等，这些具有现代价值的新思想都为日后的明治维新、全面接受西学做了思想铺垫。

近代启蒙思想家福泽谕吉（1834—1901）就是一位极好地处理了身体欲求，并将之引向营利等再生产、可持续的现实后果的典范。他在自传中讲述了这样一件事。某日，他在下谷遇雨，躲雨的地方正好有家轿子店，他问老板到铁炮洲要多少钱，告之"三铢"，他心想花三铢坐轿不合算，我有脚，不必坐轿。他看到不远处有家木屐店，遂跑到木屐店买了一双木屐一把伞，共花了两铢多。于是，他把棉鞋脱下放入怀中，穿木屐撑伞回到了铁炮洲。途中，他一直为自己的算计而高兴，"回到家还多了一双木屐一把伞，如果坐轿不仅什么也不剩，还多花了几文钱。好好算计，是值得的。不能浪费一毛钱。"

---

① 《谪居童问》，转引自续群书类丛完成会编：《续续群书类丛》第十，东京：岩波书店，第225页。

印在流通中的 1 万日元面值纸币上的福泽谕吉像（张怡摄）。福泽谕吉是近代启蒙思想家，被日本人尊称为"国民的导师"。

近世时期武士生活所发展出来的"弓马道"，经过儒学和佛教的洗礼，成为"武士道"，武士道的精髓是什么？有不少人归结为"对死的觉悟"。在这种觉悟中除了不怕死、视死如归的勇气和胆识，最主要的是在其他方式用尽后、无可选择之下对保全武士声誉和名节而从容赴死，是将"名誉"置于生死之上，而非仅仅求速死，后者只是莽夫、鲁夫之举。真正的武士是通过控制个人任性、服从情义，将身体作为最终的尽忠手段，即"绑架"身体而非"摧残"身体，以实现武者之使命。

在对待身体的态度上，传统日本人持有相对折中的立场，既不是印度式的苦行，对身体不惜加以摧残；也不是中国式的小心翼翼敬奉，视自身的身体为父母乃至先祖血脉的延续，不可随意玷污。传统日本人一方面将身体当作自然的恩赐，享用之、善待之，来自身体的欲求、愿望都被当作自然而然的并照单全收；另一方面力图用精神（有时只是"义理"、"人情"等因素）控制身体的动作和选择，但此精神绝非超然的神意，此精神主要服务于现世目标，精神的指导或控制无非是提升身体，让身体得到更佳、更妥当的展示。不过，传统日本人并未将身体完全等同于个体所有物，身体只是自然的一部分，要服从自然天性，精神可以发现这种自然天性，所以，身体要听从精神的劝诫。

与许多中国人的想当然不同，日本传统文化思想中与中国不同的内容远远多于二者的相似点。在对身体的理解和对待方式上也如此。例如，中国古人相信，"身之发肤，受之父母，不敢毁伤"，不仅探险、冒险、激进运动、迁徙等行为不可接受，就是日常的沐浴、洗涤、梳妆打扮等都有十分严谨的规定。传统中国人在身体上可谓中正严谨、循规蹈矩，结果就是形成了中国人好静、刻板的国民性。以至于到了20世纪初，有不少启蒙思想家，如蔡元培等人力主"体育教育"，还有人主张"军国民主义"，以强国民体魄。然而，日本的情况有所不同，一方面是因为佛教与儒学几乎同时传入日本，佛教的影响力与儒学旗鼓相当，有日本佛教的教派甚至公然提倡"恶人正机说"，并不认为身体是解脱的阻碍，对肉身的态度十分友好、亲近；另一方面是因为起源于农耕祭祀活动的日本神道并未被完全改造或取代，神道的自然主义观念也对身体持共生共在的态度。

2. 转型期的改造

明治维新后，日本的政治虽然被称为"王政复古"、"大政奉还"，但社会变革和国民改造却是实实在在稳步推进，许多思想家不遗余力地宣传、鼓动，许多实践者积极行动，率先垂范，移风易俗的工作在"脱亚入欧"的旗帜下渐进展开。被誉为"国民的导师"的福泽谕吉终身致力于塑造新国民这一文明开化事业。他相信，民强则国强，民独立才有国独立。他在比较日本道德与西方道德时提出了"公德"的概念。他将西方近代以后出现的社会道德看作是"公德"，而日本传统道德只可称为"私德"，必须部分抛弃私德，并补之以公德，才能完善日本的道德体系，适应现代化的社会生活和公民关系。有人将福泽谕吉的学说看成是日本式个人主义，因为他倡导自我实现和个人利益的正当性，他还公开将日本落后的根源归结为儒学对物质世界的轻视这一思想的毒害。

推行"公德"，也就意味着对身体在公共场所的引导和改造。现代城市生活造成了人群的集聚，使人与人的空间距离拉近，日常生活的秩序不再是个人的私事，而成为影响社会效率和社会文明进程的事件。与工业化相伴随的公共生活及其身体的恰当表现就成为重要的时代主题。福泽谕吉选择了一本英国通俗道德教科书（原书名为"*Moral Class Books*"，作者为 Robert Chambers），日译名为《童蒙教草》，该书成为当时日本使用非常广泛的通用教材，其内容主要包括：不分贵贱平等待人、男女相待以礼、尊重他人财物、善顾他人名誉、善尽个人职守、遵守约定等。另一位启蒙思想家中村正直（1832—1891）则翻译了英国人 Samuel Smiles 的"*Self-Help*"一书，译名为《西国立志编》，重点阐述了独立自主、努力获成功、担当个人责任等观念。这些译著的出版，扩大了西方观念的影响，并为取代旧道德提供了新的思想资源。

在重大社会转型中，各种思潮涌入，一时间众多学者提出了无数的主张和方案：激进变革，以致"全盘欧化"的有之；固守国体，全面复古以抵制西方的有之；兼容二者，顺因时势伺机而变的有之。结果，历史在曲折中推进，无数分力形成的合力中，融合、兼容的主张占据了上风，这样的折中似乎最大限度满足了官方和民间的多种诉求。当然，"折中"作为指导原则总是比较容易理解，但作为行动方案，却很难具体操作，例如，国民的道德养成，应融合西方的哪些内容，同时保持传统的哪些德目？这个问题要远比想象棘手得多。可以说，在当时的日本，没有一个社会决策，没有一个政府法规，颁布后或执行中不会引起各种争议。有些争议被允许公开讨论，有些争议则受到严格限制，但偏右势力始终获得了一定优势，与此相伴随的资本主义化进程也在渐进中缓慢展开。

日本传统本有对身体的放纵与控制的两种不同声音，西方文明中也有以基督教为代表的压抑身体欲求的主张和以近代人文主义为代表的解放身体、赋予身体欲求以合理性的学说，因此，在对待身体的态度上当时的日本也出现了各种思潮。但《教育敕语》（1890）的颁布，标志着进入严格控制身体的新阶段。与古代社会不同，此时的国民身体不再是个人的，控制的目标也不是个人的道德完善，而是服务于国富民强这一最高国是，以后的"国民道德论"的推出，运用西方哲学和现代心理学知识对国民身体控制进行了理论证明，完成了新道德对旧道德的取代，同时也实现了国民身心在统一国家意识形态之下的重塑。

对身体的控制首先在极易唯利是图、"腐蚀人心"的经济领域得到开展。被誉为"日本近代实业界之父"的涉泽荣一（1840—1931）是日本近代非常重要的经济人物。1873 年，因政见分歧，他辞职离开官场，进而利用自己在政界的广泛人脉，转身为职业企业家，以推动日本的现代化进程和工业化的社会认可度。他主持创立或参与创立的企业主要包括：第一国家银行（1873）、王子纸制（1875）、大阪纺织（1882）、日本酿酒（1885）、东京化肥公司（1887）。他还创办了商业学校，一桥大学就是从该校分离出来的。他不仅创立和协助创立多达 500 家的企业，对日本近代工商业活动颇有建树，而且他所提倡的经济伦理思想也为日本式资本主义做了背书。在封建时代的日本，支配商业和经营活动的核心观念都是由儒家学说提供的，先义后利或重义轻利是最主要的原则。但近代以来的现代化进程却使得儒学变得不合时宜，义利关系，以及利他与利己的关系变得尖锐起来。他的《论语与算盘》一书讲述了通俗的经济常识和经商之道，明确提出了以求众利、公利之心经营企业的主张。他很好地说明了人们（特别是旧武士阶层及其后代）为什么应该投入实业的道理，他诉诸的是民族主义和儒学的公利精神。他有意识地将西方资本主义精神——亚当·斯密的"经济人"假设基础上的股东利润最大化——与日本正在追求的资本主义精神区别开来，认为日本资本主义要避免西方的不足，就要兼顾国家和公利，要将个人的营利目标与实现国富民强的社会目标结合起来。日本实业家要以服务国家和日本国民为本职。涩泽荣一有句名言，"因为坚持道德而导致企业破产并非真正的失败，即便企业破产了；而没有道德却致富了却不是成功，即便企业营利了"。①

正是在福泽谕吉和涩泽荣一等启蒙思想家的不断宣传鼓动下，在明治年代，公众对商业、商人的态度发生了显著改变，在新建立的报刊系统的商业报道中，商业被看成是逝去了的武士的化身，无数的企业家得到了巨大的殊荣。在三菱企业的创始人岩崎弥太郎 1885 年去世时，有 5 万人，包括许多当时日本的要人出席了他的葬礼。尽管商业与民众的冲突还时不时发生，商人的唯利是图还是会受到人们的反感，但是，在明治时代所确立的关于商业的基本理念至今仍得到了维系，例如，理想的商人是增益共同体和服务国家的人，商人不应仅仅受到利润的激励还要坚持利他主义和更高的行为原则，等等。

当然，仅仅靠正面引导、感化是不够的，还必须辅之以"违者必究"的惩罚机制，这就意味着要加强社会治安管理和敦促国民间的舆论和评议等相互监督、规劝的措施。早在明治五年（1872）日本政府就颁布了"违式诖违条例"，它是针对轻度犯罪，由警察现场处以罚金，无力交纳者则改处笞刑或拘留的处置条例。"违式"与"诖违"的差别在于处罚程度上，前者是处以罚金 75 至 150 钱，或笞刑 10 至 20 下；后者则处以罚金 6.25 至 12.5 钱，或拘留 1 至 2 日。"违式诖违条例"的对象主要事关风俗教化和社会秩序，特别是日常公共生活秩序的细节之维护。例如，"违式"部分的取缔项目主要包括：贩卖春画和类似器物者（第 9 条）、身体刺绣者（第 11 条）、夜间马车不燃灯火通行者（第 17 条）、在人间稠密的场所嬉戏烟火者（第 18 条）、

---

① 转引自 Byron K. Marshall, *Capitalism and Nationalism in a Prewar Japan: the Ideology of the Business Elite*, 1868—1941, Calif: Stanford University Press, 1967, p. 39。

嬉戏破毁路灯者（第21条）、祖裼裸力露出股胫者（第22条）、往川沟、下水道投掷土草瓦砾妨害流通者（第27条）、在屋外堆积木石炭柴者（第28条）等等；"诖违"部分的取缔项目则主要包括：在狭隘小路驱驰马车者（第29条）、往马路等处投弃死亡禽兽或污秽物者（第36条）、疏于扫除居所门前或疏浚下水道者（第38条）、妇人无理由剪短发者（第39条）、清洁工人搬运粪桶不加盖者（第41条）、嬉戏熄灭路灯者（第45条）、在电信线路悬挂物品造成妨害者（第48条）、在市中街道无厕所处小便者（第49条）、在商店前街道为幼儿解大小便者（第50条）、攀折游园及路旁花木或损害植物者（第58条）、夜间12点后歌舞喧哗妨碍他人睡眠者（第75条）。

从上述"违式诖违条例"所取缔的项目不难看出，日本现代公民的形成也始于极低的起点，即从日常的行为规范、邻里相处、公共生活秩序入手。就像对孩子寄予厚望的父母不厌其烦、事无巨细地加以引导、调教一样，日本政府当时实行的是高度的"父道主义"政策，不仅担当起民众的道德导师，还扮演了精神训练师的角色，"政教合一"统领了国民社会生活的方方面面。持续的努力总算取得了令人惊叹的结果。这一点可以用当时中国人的留日观感为证：1924年徐志摩陪同印度文豪泰戈尔访问日本，一个月的游历，徐志摩留下了令人惊艳的诗作《沙扬娜拉十八首》、《留别日本》和散文《富士》等名篇佳作。他在《留别日本》中写道，"为此我羡慕这岛民依旧保持着往古的风尚，在朴素的乡间想写古社会的雅驯、清洁、壮旷；我不敢不祈祷古家邦的重光，但同时我愿望——愿东方的朝霞永葆扶桑的优美，优美的扶桑！"

郁达夫在写于1936年的"日本的文化生活"一文中对当时的日本社会也极尽赞美之词，他写道："若再在日本久住下去，滞留年限，到了三五年以上，则这岛国的粗茶淡饭，变得件件都足怀恋，生活的刻苦，山水的秀丽，精神的饱满，秩序的整然，回想起来，真觉得在那儿过的，是一段蓬莱岛上的仙境里的生涯。中国的社会，简直是一种杂乱无章，盲目的土拨鼠式的社会。"

两位中国新文化运动的巨匠都对当时日本的良好秩序、优美环境、井然民风留下了由衷的赞叹。

3. 张弛之间的身体

日本政府与其国民的关系具有即物性的特点，因为双方都以直接的身体—空间的相对且有限的划定和高度重叠为方式发生各种联系。身体—空间的变化就因时代变迁和主题转换而呈现一张一弛的调整。

在封建时代，日本实行严格的身份等级制度，此时对身体的控制（一张）超过了对身体的放纵（一弛）。之所以说是严格的，是因为各个不同的身份人群之间几乎没有改变或上升的通道，各自的身份是一出生就被严格确立下来的，不像中国，既有公开、绝大多数人都可以尝试的上升通道，如科举；也有并不公开且只有少数幸运儿可获得的上升通道，如得宠入宫等。但日本完全没有这样的补充手段，因为日本几乎没有全面推行科举制、后宫制。

传统日本的经典的身份等级是士农工商的四民等级，其中，"士"主要是武士，而非士大夫。但执政后的武士也逐渐转向儒学佛道，沾上了士者之气。不过，在四民之外，还有不列入其中、比商人地位更低的"贱民"，他们又被称为"秽多"。他们不被主流社会接纳，只能从事肮脏的职业，"贱民"的生计主要是守墓、搬运尸体、清理战场、捡拾垃圾、屠宰牲畜、剥皮制革等。因被看作是低贱的、有污染性的，他们要远离其他群体，贱民们一般住在被河围起来的地方，与其他人隔绝开来，河上也不架桥，他们只能涉水或摆渡而过。此外，还有一种"非人"，包括乞丐、罪犯、被遗弃的病人等。虽然"非人"并非明确的身份，理论上他们还可回归正常社会，但事实上，大多数"非人"的下场是沦落为"秽多"。

明治四年（1871）日本政府颁布了解放贱民令，在法律上赋予他们平等地位，但因缺少必要且实际的社会救济措施，贱民的处境并未得到根本改善。直至第二次世界大战后，民主政治的确立，才有效落实了贱民的公民权，例如，贱民被改称为"部落民"，鼓励他们融入现代社会。在承认他们曾经的历史遭遇的前提下，肯定他们目前的不利地位，并采取相应的保护性、补偿性措施，如对部落民减免税收，对部落民开办的企业和从事的产业给予政策保护等等。

战后，全民平等的观念得到更坚实的保障，政府对国民身体的控制方式发生了重大转变，由直接变为间接，通过肯定国民个体的隐私权和自我责任而承认了国民身体的实在性，身体的张弛不再成为"社会事情"。很多具体事务，特别是国民间的交涉，政府尽力置身事外，这又体现出当代日本政府对国民身体—空间的尊重和维护。在20世纪80年代的日本发生了这么一件事。一位男子外出买东西，把孩子单独留在了家里。该孩子跟邻居家孩子一道去玩，结果在附近的农用水渠中淹死了。该男子将邻居父母告上法庭。地方法院判决：原告父母有七成责任，被告父母有三成责任，被告需支付约530万日元的赔偿。这一判决报道后，原告父母收到了大量的责难电话和信件，不堪其扰，决定撤销告诉。舆论又开始转向指责被告父母，他们无奈放弃控诉。由于原告、被告双方都撤回各自权利，地方法院的判决就成了事实上的"一纸空文"。这下事情的性质发生了改变，关乎法律的尊严，于是，日本法务省罕见地出面并对这一案例发表了明确意见，"再次强调在法治国家体制下接受审判的权利的重要，强烈呼吁各界谨慎行事，不要让这种令人遗憾的事态再次发生"。

上述事情在号称法治国家的日本发生，确实有点匪夷所思，这也显示了"息讼"、"羞于告官"的传统文化心理仍然在起作用。① 支撑这一传统

---

① 下述事实佐证了这一点：至今日本只有不到2万名的律师，司法机构只有2000名法官和3000名检察官，因此，日本人的诉讼比例非常低，诉讼过程也非常冗长、拖沓。

文化心理还有很强大的现代社会的制度因素，即各种发达的民间交往、沟通渠道。日本有非常周密的民间协会，其不仅将国民变成了各种形式的"组织人"，保证了他们的多种社会交往需要，而且在面临冲突、对抗时起到了各种协调、润滑的作用。上述案例之所以引起舆论各种反弹，而且双方都受到了指责，是因为他们首先选择了过于相信官方机构，将矛盾和冲突公开化，如果他们一开始采取寻求中介机构、民间社团加以斡旋的方式，结局就会大不一样。

但现代日本政府并未完全从国民个人事务或与国民身体相关的事项中脱离，相反，还以各种惯例的方式在许多领域继续对国民个体的"指导"。日本学者伊藤大一对日本行政组织作出了深入分析。他认为日本行政组织有将自身的内部管理原则扩大至外部的倾向，例如，日本政府经常发布文件以对产业界进行指导，由此行政部门和民间营利组织之间形成了上下关系。日本行政官僚制的突出特点在于：第一，相对于"西欧的官僚制组织以社会角色和功能这类非私人的领域为控制对象，日本的官僚制组织则以私人的个人本身为控制对象"。例如，他认为，日本"有农户政策，但没有农业政策"，因为日本农林官僚制的管理目标不是放在农业这种职业和功能上，而是放在农户和农民这种个人实体上的。第二，"在日本的官僚制组织中，对内部的控制关系和对外部的控制关系没有充分分化，反而两者之间可以看到相互转移的关系"。① 换句话说，这是一种行政权力的过度使用现象。

支配身体张弛的原则并非总是道德方面的要求，相反，一般社会生活的习惯（日本人通常称之为"人情"）才是主要考虑的内容。"日本的社会规范并不像中国呈现出强烈的道德体系，而是依习俗累积而成。个人之所以为个人，并不像西方源于个我的自立意识，而是身体位于习俗社会中。所以西方社会所谓的'实践'，大抵先以自我意识为基础，强调意志作用，而与理论

---

① 伊藤大一：《現代日本官僚制の分析》，東京大学出版会 1980 年版，第 7—8 页。

分开。日本则结合理论与实践为一体，甚至透过身体的实践来获取理论所追求的绝对知。在这种情况下，日本的'实践'遂分为'外向的实践'与'内向的实践'。'外向的实践'是指合乎外在的规范，亦即透过身体让自己合于外在的规范或行为模式。……'外向实践'完成后，再经由身体向自我的深层挺进，以达到'绝对知'的境地。……这种由外向转换为内向的实践过程，依日本近代哲学家西田几多郎的观点，即是'有的场所'到'无的场所'的过程。"① 依据外向实践又不拘泥于外向实践，才可能把握实践的方向，为外向实践赋予精神内涵和价值目标。同时由于这种外向与内向的转换依托于身体，这就使得日本人的实践更具有个别性和行动性，这也体现出日本人的"自我"之特点，它不是建立在内在的灵魂探求上，也非单纯的集团意志的顺从，而是对参与者的身体力行的首肯，以参与者的实在行动来显示自身作为一分子的在场。②

二、身体书写下的空间意识

台湾学者李永炽曾对东西思想差异有过独到分析，他说："若以身心论而言，东方和西方之间似有相当大的差异。东方比较强调'身心一体'或'身心一如'，亦即强调身体和精神的合一。而西方在中世基督教时代已主张灵肉分离，灵统合肉；起源于笛卡尔的西方近代思想，亦以'我思'为出发点

---

① 李永炽：《日本式心灵——文化与社会散论》，三民书局 2006 年版，第 5 页。
② 很多日本哲学学者反对将 being 翻译成"存在"，而主张翻译成"实存"，因为"存在"只是静态的，而且非人的物体也可以是"存在"的主体，但"实存"则是动态的，而且只有人才是"实存"的主体。

来认识包括身体在内的世界。"① 在东西方比较视野下考察日本思想的特质，就容易发现日本现代思想与自身的历史传统以及与东方近邻都存在高度关联。不过，需要指出的是，在关于身体与空间、国民个体如何对待自身与他人身体的问题上，东方背景只是一种"本色"，而非全部的色谱，日本思想仍有许多自身的色调。

1. 身体的主体

身体的持有者是人，但这是个体的人还是群体的人？近代以来的西方学者大多主张是个体的人，古代中国思想家则认为即使精神的人是自我的，现实的人也一定是群体的；而日本人主要强调的是群体的人。日本常把人或人类称为"人间"。"人间"一词来源于佛教用语，是在"畜生界、人间、天界"意义上而言的，因此，"人间"本指人所居住的世界，可以看出，日本人所理解的"人"并非单个的人、个体的人，而是同时涵盖了"人与人的周围"、"人与人的周遭环境"。有不少学者将此看作是日本文化独有的特点，例如，日本哲学家和辻哲郎（1889—1960）指出，日本人所理解的道德就是指"间柄"，即人的生活场所和人在这一场所中的交互关系。日本现代思想家浜口惠俊则提出了"间人主义"，认为"间人主义"正是日本文化的要义。他将间人主义看作是与西方个人主义不同，也有别于东方集团主义的行为范式。因为日本人表达"人"的词，强调的是"一个一个人之间的关系"，它提倡相互依存、相互信赖。"具有连带自省意识的日本人，强调对他人，特别是相关者，如家庭成员、公司中的同事、村庄中的邻人等的利益与感受的顾及，深刻意识到自己与他们的相关性"。②

---

① 李永炽：《日本式心灵——文化与社会散论》，三民书局 2006 年版，第 1 页。

② 参见李萍：《日本文化论再认识》，《玉溪师范学院学报》2003 年第 11 期。

上述多位学者的论述反映出日本人对身体—空间性的重视。"日本人由于重视'间',而较倾向于空间性。和辻哲郎即由日常生活语言指出日本伦理中所包含的空间性。以个人而言,人的空间性就是人的身体性,亦即人以'身体'存在于空间场所。"[①] 如果说时间是无始无终、无限绵延、一维性的,那么,空间更多表现为有边界、有确定场所,从而是相对的,对空间超过对时间的重视,显示出一种文化类型注重文化内容多于文化形式,注重群体成员多于抽象原则。

日本社会学家中根千枝由此进一步分析了日本社会结构和日本人际关系的特点,即重视"场所"而非"资格",这被她称为"纵式人际关系"。中根指出,经典西方的社会组织大多以资格为条件,"资格"是个人性的,从前要靠祖先、家族的庇护,构成资格的要素是出身、家庭地位等,现在则主要与个人的教育背景、职业经历、生活方式、社会参与度等有关。现代的资格获得越来越开放,也越来越取决于个人自身的后天努力,这就使得西方的社会组织倾向于以功能为主,以特定功能的实现来吸收成员,并为成员创造相应的利益。"资格"就有了"溢价",从而成为区分个人或人群的重要指标。但在日本,却是以"场所"为原则,场所就是个人身体所占据的空间,当然不是单纯的生理性的肉身空间,而是社会性的集团归属空间,即一个人在某个集团所获得的位置。"场所"是集团式的,所归属的集团成为当事人的重要社会标志,与集团取得步调一致是当事人社会化的重要内容。与集团建立起稳固的关系后,身体—空间就被定格,此时,"小我"就完全融入在"大我"之中,对"大我"而言,"小我"的主体地位并不重要,重要的是他必须成为集团内有为的一分子,所以,他的行动比他本身更有价值。"场所"建立在个人与特定集团内其他成员高度的心理契约基础上。因此,对一个日本人来说,他的一生只有几个有限的但非常重要的"场所",如求学的学校、

---

① 李永炽:《日本式心灵——文化与社会散论》,三民书局 2006 年版,第 4 页。

入职的工作单位、加入的社团等。然而，同类性质的"场所"只能有一个占据主要地位，其他的就是从属的，甚至是无足轻重的。例如，一个人曾在 A 校就读，中途转学去了 B 校，那么，他（她）一定是或者与 A 校、A 校的同学关系更近，或者与 B 校、B 校的同学关系更近，而不可能同时与 A 校和 B 校保持亲密关系。当下中国社会经常发生的历史名人被"抢注"的现象，在日本几乎不会发生，因为历史名人一般都按出生地和籍贯来确定他是何许人也，至于他成年后去哪游历过、讲过学、从官或安葬在哪里等，都不能改变他的出生地这一原初事实，只有他的出生地的后人才有资格将他视为本场所的人，纪念他，并将他视为本土的"名片"，这是大家共享的默示规则。

在此不妨讲述一则关于德川幕府的创立者德川家康将军（1541—1616）的逸事。一天，一个侍臣看到他亲手洗刷一条旧绸裤，很是不解，因为这种粗活应该是由下人来做的。德川家康说道："我这样做，并不是为了这件绸裤本身，而是考虑到制作绸裤过程所花费的人力，它是无数农人和织工辛苦劳作的结果。如果我们使用东西时，完全没有想到制成这些东西所花费的心血，那就是没有用心的表现，就和禽兽差不多了。"贵为将军的家康之所以亲自小心洗刷旧绸裤，是想表达对绸布制作者、绸裤裁缝所付出劳动的敬重。爱物是对物背后的人的体恤，依托着这种心灵感知，穿衣人与织衣人虽未谋面，却在精神上连接起来。

日本人通常将宗教体验、道德情操以及手工技艺等都看作磨炼身体的手段。例如，日语中与"学习"对应的词是"勉强"，与"掌握技艺"对应的词是"稽古"，与"学会"相关的词是"著于身"等，都显示如下一个理念："学习"不是中国人式的模仿，而是将学习对象形式化、仪式化，然后对该"形"不断练习，体于形，近于神，采取的手段无非是让身体反复修炼，放下心中杂念，达到特定状态，从而出神入化，达道求真。日本剑道、空手道，乃至花道、茶道等，都有十分细致而烦琐的形体套路，反复练习，让身体与所做之事、所求之鹄的相一致，体悟到"道"的精髓，就成为该"道"的达人。

相扑是日本的国技。日本每年举办 6 次相扑大赛，每次 15 天，3 次大赛在东京，时间分别是 1 月、5 月和 9 月，另外 3 次大赛是 3 月在大阪、7 月在名古屋、11 月在福冈。尽管入场票价很贵（最高可达 20 万日元，约合 1500 美元），但场场座无虚席，人气爆棚。可以说，每年的全国性相扑大赛都是全民的节日，持续十几日的比赛会引起全民的广泛关注，相扑大赛获胜者也会成为国民英雄。在相扑比赛中，除了设立冠军，还设有其他 3 个奖项：杰出表现奖、技术奖和斗志奖。斗志奖颁给在整个赛程中格外奋力拼搏的选手，即便他没有获得好的名次，他们的努力和坚韧会给人们留下深刻的印象。这些人虽败犹荣。

2. 身体的边界

由于身体的实感性，身体—空间取向是缺少延伸性的，同样，日本人的身体—空间意识往往盛行于熟人场合或者当事人所归属的集团中，超出此范围的场合，日本人就会表现出局促不安，甚至出现"旅途中的不道德"等现象。为了避免这一状况，日本人倾向于将空间缩小，即限制与"外人"的接触。当然，这不是最终的解决之策，也非理想的解决方法。与人们通常以为的日本人是开放、积极向外吸收的印象相反，日本人同时具有很强的固守自身传统以及自身空间的意识，这就不难理解即便在今日，日本社会同时存在复古与西化、传统与开化、排外与拿来两种倾向。日本并非大一统的整齐划一的社会，而是充满了各种对立、差异、矛盾同时又相互兼容、并存的多元社会。

对此最好的说明，就是日本人的会议啦。日本人大多讨厌随便召开没有经过事前反复磋商的临时会议，即便开会时，也极少有现场举手表决，多数通过后就拍板作出最后决定的情况。"即便是今天，重要的问题也不是在会场这一空间里作出实质决定的，决定的大致结论是在会议召开之前，通过协

商和预先做准备工作事先集中到一起的，会议只是给它以一种形式。"① 会前
疏通、会外协商，在相关各方的意见都被征询和表达之后，基本决定和主要
决策内容就在综合、权衡各方意见中逐渐达成，开会只是表个态，赋予将决
定事项以正当性权威，表明它是正式且得到一致同意了的，会前与各方的沟
通才是关键，这是对那些待决事项关联各方主体性存在及其意义的具体确
认。会前疏通是通过一对一的空间重叠取得共识，正式会场的空间只是身体
露面，显示了大的公空间对小的身体空间的承认和包容。

　　虽然具体的个别日本人受到身体—空间的局限，但对身体—空间自然主
义的态度，则造成了对各种不同身体—空间形态的杂糅交错。既然倾向于
从身体出发解读空间，那就很可能产生如下一个棘手问题：因为人有个体差
异，人又会聚群而居，这样的人群也就会有差异，此时应如何判断哪些人的
身体才是空间的边界呢？日本人解决此难题的方式是借助观察周围的人、身
边的人，留心所归属集团的经常性倾向，这就使日本人在身体—空间问题上
表现出了极大的"自我中心化"特征。不过，此处所讲的"自我"非个人的
自我，而是集团的自我。于是，所谓对身体—空间的承认，其实就是对自己
习以为常的、与自己相同者的普通状态之承认而已。由于缺乏普遍原则的指
导，"身体—空间"就被划分成"内部人的身体—空间"与"外部人的身体—
空间"，内部或者说自己人的身体—空间是正常的、可以理解的，外部人或
者说他人的身体—空间则是不正常的、难以理解的。排外与忠诚就矛盾而又
奇妙地结合在一起。日本学者中村元曾精辟地指出："日本人过分强调个别
事实或特殊状态的倾向使他们陷入了无理论或反理论的非理性立场。结果是
蔑视理性思维，崇拜不加控制的直观主义和行动主义，这里就存在着过去日
本遭到失败的思维方面的原因，而且今天的日本仍然有这方面的危险。为了
不重蹈覆辙，我们必须从现在起就学习通过特殊的'事实'去寻求普遍的'道

---

① ［日］林周二：《经营与文化》，杨晓光、李聚会译，三联书店 1992 年版，第 123 页。

理'。"① 要克服经验主义、实感主义的局限，达到对人类共通的普遍真理，既需要思维方式的转换，同时也须在身体—空间意识上确立起开放的立场。

日本现代教育有许多令人称道之处，如提供全民一律平等的教育内容，多层次教育体制为日本社会提供了高素质的各方面人才，特别是技术工人队伍等；其也有令人挠头的难题。在中小学教育中比较严重的问题主要是两个方面：其一是学生逃课（"不登校"），其二是学生间的欺负现象。二者间有许多关联，它们反映了中小学生在形成自己的身体—空间过程中遇到的阻力。一方面他们还没有足够的能力完成独立的身体—空间构建，所以，他们需要伙伴的承认，另一方面他们又不能区别人—我的界限，也不能分辨群体规则的正误，所以，他们在缺少必要引导时就会走向两个极端：或者拒绝与其他同学来往，逃课就是这样的表现；或者在心理上高度依赖其他同学却不能明确表达自己的意愿，结果就成为被孤立的"异类"，受到其他抱团同学的欺负。

对身体—空间的在意，就是对身体所有者——真实的生活者的在意，因此，在日本，敬语、敬体十分发达，商业礼节、生活礼仪、处事礼貌等方面的规矩也非常细腻。敬语、敬体的使用和谨守各种礼节、礼仪，一方面是尊重交往中的对方，另一方面则是严格划清人我界限，守住自己的边界，使身体—空间性得以进一步确立。

2000 年初，日本媒体广泛报道了这样一件事。一位寡妇母亲和她 20 多岁的儿子饿死在家中，几天后尸体才被人发现。很多人由此批评政府的救济政策不到位，使没有收入的母子在富裕的现代社会却活活饿死！也有人指责行政部门人员官僚主义，被动等待民众开口，却极少主动上门服务；还有人反思邻里间因刻板地固守隐私权而忽视了互助、关照的义务，对母子的生活

---

① ［日］中村元：《东方民族的思维方式》，林太、马小鹤译，浙江人民出版社 1989 年版，第 266 页。

窘况竟然无一人知晓！然而，在所有的言论中，日本人绝没有对母子二人即便饿死也不轻易开口求救的做法进行责难。一方面是出于同情心，人既然死了，就不能在死后加上污言秽语辱没他们了；另一方面则是绝大多数日本人都在心里赞成母子二人的做法，他们并非不屈尊，"死要面子"，而是表现出了自肃、远虑，不给他人添麻烦的自律。这正是日本人的身体—空间意识的一种再现。反诸自己的身体意愿，推测他人可能类似的身体意愿，由此事先约束自己、限制自己，以符合他人的意愿，这就是"自肃"和"远虑"。这并非西方式个人主义的"自我"，而是在寻求共同的"我们"之中确认"自我"，这样的"自我"离不开对他人的信任，也离不开当事人对自身满足他人信任的努力。

3. 身体的实与虚

美国人类学家爱德华·霍尔（Edward T. Hall，1976）基于人们进行沟通的方式差异，用一个从高情境（high-context）到低情境（low-context）的维度对不同文化类型进行了区分。所谓"高情境沟通"是指沟通双方高度依赖所处的环境和彼此的背景，沟通是非开放的。与此相对，"低情境沟通"则较少依赖沟通的情境和当事人的个体特征，而是遵守彼此无障碍沟通的共同准则和普遍的仪式，因此，此类沟通是开放的和对等的。日本属于高情境沟通文化，美国则属于低情境沟通文化。对一名外国人来说，仅仅熟练掌握日语是非常不够的，他还必须充分了解对方未直接言明的内容，即各种手势、形体动作以及文化背景，才能准确理解他的日本对手（或伙伴）。代表日本高情境沟通的一个文化现象就是人们常常提到的"腹艺"。"腹艺"的字面意思是用自己的内心去体会对方的内心，因此，在日本，怎么说比说什么重要，没有说什么有时又比说了什么更重要。不靠语言、词句，靠对方的面容、手势、坐姿来推断对方的处境和要表达的意愿，并按照这一推断去做符合对方心愿的决定和事项，这样的身体交流在日本人看来就是真正达到了莫逆之交的程度。

在高情境的沟通中，需要明确说出或写出的东西很少，因为绝大多数信息要么是关于客观环境的，要么是相关人员彼此熟知的，需要直言相告的内容只是很小的部分。很多文化传统都属于高情境沟通类型，如中国、阿拉伯等，但要保证高情境沟通的效率，就要在沟通人员之间事先建立起充分的理性信任，换句话说，高情境的社会如果是建立在良好的国民教育和深度的社会信任基础上，那么，该社会及其组织都是有效的学习型组织。组织内的长者或经验丰富的人会为新进入者或年轻人提供必要的指导，与他们分享各种信息和个人体验，传递组织价值观和言行规范，以便他们尽快理解组织的内部机制和人际关系，组织的背景知识就会较完整地传递，组织内充满了学习的氛围。这样的组织也会带来管理（行政管理、企业管理乃至社会管理）沟通的高效和组织绩效的高水平。

一般来说，传统农业社会大都属于某种程度的高情境沟通，但工业社会大多采纳的是低情境沟通，因为法治体系、市场经济和个人权利等普遍原则的推行，减少了行为的差异性，提高了标准识别率，低情境沟通容易在移动的陌生人社会建立起基本的社会信任条件，促成社会交往的有序进行。但是，日本式的高情境沟通与其民主政治、自由市场体系似乎不太匹配，最主要的是与西方主要盟友存在重大差距，因此，盛行于日本企业、政府部门的高情境沟通就常常成为"贸易保护主义"的庇护所，受到多数西方盟友的责难。

人们经常用"暧昧"来表达对日本文化的总体印象，就连日本人自己也坦然接受这一点。"暧昧"有多重含义：在人际关系上，不过于直白，而是事先揣度对方并按照这种揣度来行动；在言语表达上，不直接表明可否，而是借助语气词和词语斟酌来弱化自身的立场；在社会交往上，不断试探，预备多套方案，随时准备调整等。"暧昧"在身体—空间意识上的表现就是缩小身体之实，放大空间之虚，身体有时成为空间的陪衬，这样，身体的个别性和自我性就会逐渐被空间的集团性、非我性所占据。然而，即便如此，身体仍然占有其位置。

"日本这种身心关系也有其缺点：容易将既成的形态视为'形'而趋合之，然后回到个我身上，不易具有批判性的社会意识。这大概是丸山真男等战后思想家批判日本社会只有肉体性，没有虚构性的原因之一。"① 这就是说，日本人的身体—空间意识实在感太强，观念性太弱。"实在感"或肉体性过强，就意味着它与民族特性、文化这些变量存在高度关联，它是严格受到情境制约的，无法超越本民族的范围转换为具有人类性的共同精神财富，因为能够为其他民族或者全人类分享的身体—空间意识应具有更加一般性的观念原则，其他民族才可以从中受益，得到观念上的共鸣，就会容易接受它的影响。这也可以解释一个常见的现象：在与日本人交往中，你通常不会反感具体日本人的言行做派——他（她）总是彬彬有礼、行为规矩、态度谦恭，但你总是难以对整个日本文化表现出极大的敬意，因为日本人式的有限、实在性的身体—空间意识在你和他们之间永远立着一道阻隔，这道似有似无的"玻璃墙"不断使你感受到自身的格格不入。

三、困于身体的心灵抗争

在日、中、印三国中，印度人是最明确主张心灵的独立存在的，因为传统的印度人相信：人生的目的就在于求解脱，达到与"梵天"的合一，寄寓肉体的"自我"就是执行这一使命的主体；日本人最淡泊心灵的实体性问题，

---

① 李永炽：《日本式心灵——文化与社会散论》，三民书局 2006 年版，第 31 页。

他们相信，心灵只是一种人的精神性功能或人的意志作用，身体及其"形"才是可靠的，所以，他们的心灵抗争最少悲剧性却最富惨烈效果，如古代武士的切腹自尽、情人间的殉情等。比较而言，中国人则居于二者之间，由于有抽象的"天道"观念和普遍的"仁义"原则作指导，某些超出肉身和当下情境的绝对观念受到一定尊重，但这样的理性态度并未取得压倒一切的地位，相反，对自然亲情关系的顾及，又使得绝大多数普通中国人心系日用人伦，难以挣脱，表现出高度的入世主义。

1. 立"人格"

一般来说，传统中国人倾向于将身体与时间联系起来，即个体的生命并不属于自己，而只是由先祖传承下来、经过家族不断绵延的长河之一部分，身体—时间取向形成了慎终追远的生命价值观。对先祖的祭祀，不仅是今世此代人成就自身的重要义务，也是家庭、家族年年岁岁最重要的生活内容。与此相对，传统日本人是将身体与空间相联系，发展出重视地缘、场所的社会交往形态，个人的身体是在与场所内的他人的互动中展示的。然而，传统中国人与日本人又存在一个共同点：他们都将身体当作此生此世的存在，身体与外在事物（中国人的"先祖"、日本人的"邻居"）的联系远远要比与自身（即身体的持有者）的内在联系（如灵魂、心灵、精神等）更为紧密，所以，在传统社会，中国人和日本人都鲜少基于信仰而对身体作出根本否定，换句话说，他们都持有身心一体、身心一如的观念。

对人的内在一致性的认识，即不管人的外形如何变化，他仍然是他，这一问题的思考首先发生在西方，这也是西方哲学的一个重要主题。亚洲人大多是在接触、引入西学并受到影响之后才开始有了这一方面的意识。特别是"人格"概念的出现，使得对"人"的认识变得精细、深入起来。学界公认，明治末期，personality 一词最早由井上哲次郎翻译成汉语词"人格"，并传入日本。"人格"是为了译介英国新康德主义代表人物格林的理性主义思想而创造出的新词，借此新康德主义思想也得到介绍，并在当时的日本学术界引起了广泛讨论。它对明治后半期的日本思想界产生了重大影响，使日本哲学由西周时期的实证倾向、中江兆民时期关注认识论问题转向此后对人格问题的关注。德国的价值哲学，而非英美的实证哲学成为"显学"。

传统中国人或日本人讲到"人"时，通常进行的是整体、综合式的认识，"人"包含了社会关系中的人、与动物相区别的人、精神与肉体相统一的人等多重含义，却很少对"人"进一步地作出分离开其他外在物和属性的专门分析。这样的综合认识虽然具有社会学乃至人类学方面的特殊意义，也提供了对"人"的存在的一种认识图式，但从哲学层面上看，这种认识因疏于细部、深入的追问，关于人的本质的结论经验性成分过重，缺少充分的学理支持。

日语权威辞书《广辞苑》对"人格"的解释包括如下内容：（1）人、人品；（2）英语 personality 的翻译语；（3）作为道德行为的主体—个人；（4）法律关系，尤其是可以获得权利义务归属的主体或资格。上述解释事实上综合了"人格"一词出现后所逐渐附加上去的多种理解。例如，在日常语言中，人们会将"性格"（character）与"人格"混用，但二者仍然有明显不同："性格"关注的焦点是个人的情意方面的特征；"人格"则显示了知、情、意等多因素的完整统一。

"人格"作为外来语，传入日本时并不只是一个单纯的学术概念，同时伴随着人权思想的普及。但与明治初年的自由民权派所主张的"人权"、"自由"等过于激烈、直接的政治诉求不同，"人格"问题披上了学术的外衣，显得更理性、更沉稳。例如，中岛力造提出了"人格实现说"，试图融合日本现实政治要求和西方科学理性，他的努力不仅使人格一词深入人心，也改变了日本人对"人"的认识。自古以来，日本人习惯将"人"理解为社会的、群体的存在者，而很少对人本身、人的个体性给予尊重，因此，能够将人的人类性、社会性与人的个体性、独立性区别开来，从而为个体、个性等留下空间的尝试，在当时确实具有思想启蒙的意义。至今，在日本的教育基本法中，还把"人格的完成"当作国民教育的目标。

日本学院派哲学的代表人物之一的桑木严翼（1874—1946）将"人格"概念运用到伦理学研究之中。他指出，"人格"正是道德行为者的本质性规定。人们通常说，人是道德的主体，但是，并非一切人都无条件地成为道德的主体，只有那些有自主意识（意图）、对自身追求（理想）保持清醒把握并承担相应行为后果（责任）的人，才是有人格者，也才是道德的主体。桑木严翼十分看重"人格"中所包含的自主意识，并依据此来解释道德行为。他认为道德行为区别于人的其他行为的特点就在于行为者是具有明确意识的，无论是道德的行为（善行）还是不道德的行为（恶行），都是行为者自主意愿的行为。例如，慈善家的慈善行为一般而言是善的，但是，如果一个慈善家，他所做出的慈善活动只是在没有任何自主意识下进行的，没有个人努力，也没有奋斗的过程，这样的慈善家不能叫作道德行为，更不能称为善。同样，"习惯"虽然不能称作恶，但由于它未经努力，就不能算作道德，只是由于自然的境遇而养成了作恶行善习惯的人都不能视为道德人。可见，桑木突出了道德行为中主体的自主性，这是对日本传统伦理思想只重"循例"、"尽忠"而不承认自律等倾向的反思，也摆脱了儒家"人伦之理"或外在道德观，体现了对西方理性主义伦理倾向的认同，具有近代思想解放和理性启蒙的意义。我们曾在前文指出，传统日本的道德思想起源于神道祭祀，是一种群体心理的反映，桑木则从哲学上严格界定道德主体的特征，从而大大提升了日本伦理学的理论水平。

在当代日本，"人格"一词在学术上通常在两个领域使用：哲学上指道德的责任主体；法学上指权利义务的主体。与心身相关，"人格"概念的不同理解产生了不同的派别，如强调"人格"的理性内容，认为"人格"是全人类普通特性的体现，这种观点肯定了人类在人格上的一致性，但在主张人类共同命运的同时却可能对代表人类最高理想的"领袖"的顶礼膜拜，从而为极权主义埋下伏笔；另一派注重每个人各自意志和选择的主体性，强调人格的自我独立性，这一观点承认了个体、承认了差别和多样性，但也可能为突出民族特殊性的民族主义作论证。两派的对立暴露出自我同一性是否可能以及自我是否独立于他人的心身关系问题仍然是开放未决的问题。20世纪上半叶在欧洲兴盛的精神分析理论恰恰就是针对在人格问题上的极端所导致的"人格分裂"、"二重人格"、"多重人格"的社会疾病而发展出来的。战后，赖尔（G. Ryle, 1900—1976）的日常语言分析、哈贝马斯的商谈共同体构建都充分体现了力图克服上述不足，以协调身心矛盾、促成身心协调的努力。

日本引入"人格"概念之后，也经历了种种学术争鸣和思想探索的曲折历程，曾经以"民族人格"压倒性地取代个体人格、以民族精神之心来否定国民个体之身。然而，伴随着民主化进程的深入，"人格"概念不断吸收和日本化，现代日本人在对"人"的认识、对"身心关系"的认识上也得到了极大深化。一方面，"人格"中的主体性、自主性意识深入人心，国民间的隐私权保护和政府行政权力对国民个体的尊重都有了切实的保障；另一方面，"人格"中的类一致性、普遍性特征促使人们关注同族、同胞，由此逐渐生成了对待公共事务的理性立场和处理人我关系的恰当方式，这些都构成了当时日本人令人赞叹的新国民风貌。

2. 求"初心"

日本传统戏剧——能——的奠基人世阿弥十分推崇"初心"，他在《花镜》一书中将"初心不可忘"这句话视为"本流派万能一德之精辟之句"，同时还在此精辟之句中加上了三条口授要领，即"初心一定不可忘，初心时刻不可忘，初心老后不可忘"。"初心"本指第一次做或第一次见时的心境，"初心者"通常是充满好奇、敬畏，对手中事项恭恭敬敬，不敢怠慢之人。但人的毛病是一旦熟悉了，就不再持有"初心"，变得散漫、不恭起来，所以，回归初心，始终保持初心，就体现了心灵的抗争和意志的胜利，它有时要对身体作出反复训练，有时则要求对意念进行磨炼，总之，要不断努力，保持最初的恭敬态度，克服懈怠。初心不忘者，就会做事认真如一，待人真诚如一。

"身份"这一概念容易给人以旧时代的印象，它似乎是封建时代的遗迹，其实不然，身份在现代社会仍有价值，去掉人身依附的内容，身份是值得肯定的。美国已故人类学家许烺光对身份和角色做了十分精彩的分析，他认为，身份回答的是"我是谁"，角色回答的则是"我在做什么"。"身份最通常的实例是个人或家庭的姓名，角色最通常的实例是人们的工作或职业。身份和角色可能分离，但除了在极少数极端例子中外，它们不可能完全相互脱离。……每个人都趋向具有一个以上的角色和身份，并趋向于看重那些更能使他满足社交、安全和地位需要的角色和身份。"①

在受到儒学深刻影响的东亚诸国，还有一个与身份相关却又十分不同的概念，即名分。这一概念很难翻译成英语，因为在西方文化中似乎没有与此对应的概念。"名分"在儒学传统中受到高度推崇，包含了多层含义，如"伦常名教"、"正名"、"大义名分"等等。"名"是对特定关系或行为规范的本质揭示，所以，"正名"是第一要务；"分"则是对应各人而各有其"名"和"义"，因此，每个人皆不同，每个人都要守住自己的"名"，这就是对每个人"分"的要求。守"名分"只是一个总体原则，每个人还必须通过家庭示范、学校教育和社会观念来寻找和确定自己的"名分"，并按照这一名分来约束和衡量自己的言行。"名分"不仅各个人不同，同一个人在一生中的"名分"也会发生变化，因为他的社会职位和处境、人生角色等都会发生变化，他的名分也会相应有所调整。懂得自己的名分并随自身角色变化而适时调整自己的名分，在日本人看来，这个人就是深谙人情世故的人，一个值得充分肯定和褒奖的练达之人。

---

① ［美］许烺光：《宗族·种姓·俱乐部》，薛刚译，华夏出版社1990年版，第153页。

现代社会广泛存在的社会分工、职业劳动交换以及人的角色担当等，都与身份、名分有着千丝万缕的联系。如果不能对身份、名分保持合理的预期、作出正确的理解，社会的劳动交换和公共交往就会陷入混乱。日本近代的社会转型，相对平稳地持续了传统的身份、名分思想，19 世纪末的"国民道德论"就折中了西方道德与东洋道德而将身份、名分思想保留、延续了下来。这种传统的延续以及身份、名分思想的继承，不仅减少了社会变革的剧烈震荡，而且也防止了国民个体的原子化，使得日本式集团主义得以在法治化、私有性的市场经济体制下相对完整维持，构成了日本式资本主义的核心社会共识和共有的价值观基础。

在尊重个人权利的现代法治社会，人与人之间的身体和心理距离显得十分必要，它是维护个人权利和个体独立的必要条件，否则，过于严密的人际依赖会阻止个体自由的伸张和权利的落实。日本属于发达资本主义国家，在政治、经济、法律等各种制度上完全采纳了资本主义国家的通常做法，对个人权利、私有财产、信仰自由等给予了充分的尊重和保障。然而，现代社会一方面为人们提供了更多机会，使人的个性和才能得以施展，同时也使人们更加意识到人与他人完全交流、深入沟通之不可能性。人与我的悖论由此产生。在自己与他人之间，存在着无论如何也填充不了的沟壑，自己的关心难以企及对方的内心深处。同样，也没有任何一个他人可以真正进入"我"的世界，"我"也没有任何替代品，每个"我"都是独一无二的。结果，"谁也帮不了我，谁也救不了我，就像我也不能救任何人一样"（村上春树语）。与他人保持适度距离恰恰是自我意识觉醒和主体性张扬的一个必要前提。这样的适度距离并非只是消极性的，相反，这种距离也可以构成人的尊严的根据。在尊重人的要求中包含了这样一个信条：承认人与世界的无限性、神秘性和自在性以及具体认识的有限性，持有这样的信条才能真正尊重人际的适度距离。① 独

---

① 李萍：《从"和善"看日本伦理思想的特质》，《伦理学研究》2005 年第 4 期。

立与孤独、自由选择与艰难取舍等，常常如影相随，甚至就是一个硬币的两面。你在接受现代文明设定的"个人"的同时，就要承认这样的"个人"也有诸多无法排解的难题。

前文讲到，东方民族大多主张身心一体，但是，东方不同民族对身心一体的状态提出了各自的模式，日本的身心一体模式是身先心后、中国的模式是身下心上、印度的模式是身退心进。日本的身先心后模式是既充分肯定身体的诸种表现，同时又要透过身体去解读心灵，这构成了日本文化的多重性和暧昧性。由于身心模式的关系，日、中、印三国的心灵抗争也采取了不同的方式。大体说来，日本是羞耻为表、守住秘密为里的方式；中国是面子为表、守住忠孝为里的方式；印度是遵守种姓义务为表，信奉大法为里的方式。

3. 释"污浊"

古代日本人的思想是与对神的意识联系在一起的。这就是日本人的"神道"。它主张世间的万物都是神的寄寓所，神不仅可以护佑人们，也可能为人的不轨行为所震怒，并施害于人。祭祀神，以讨好、取悦、安慰神的祭祀活动同时也具有了精神活动形式，由这些祭祀而引申出了道德、政治、法律等各种行为类型及其准则。从思想史上看，日本人的传统道德行为起源于祭祀过程的清、洁的观念；政治行为是共同体统一"祭事"的发展；法律行为则可以溯源到对神犯下的过错及相应的惩罚。单从伦理学上说，古代日本人称不善心为"异心"、"浊心"，称善心为"赤心"、"明心"。所谓清、浊，原本起源于神道祭祀时仪式的正确、器具的洁净和司祭者、参加者等着装的整洁。由准确无误的程序、仪态大方的仪式以及洁净明亮的器具等激起人们的神圣感，从而产生出对这一类行为的价值认同，于是，洁净、清新、明澈等事务性行为就被赋予了道德意义，去污求净、保持洁净的行为也就成为道德行为。污浊的场所、器具以及相伴随的行为，不仅会引起人们在生理、心理上的厌恶感，也同样导致了人们在道德上的拒斥。

由于道德最初是与特定的仪式相关，这样的道德观并不以严格证明和普遍适用的原则为基础，因此，日本人鲜用固定的价值立场、某种形而上学原则所支配的立场看待道德行为，而是将它理解为具体情境下的适宜行为，道德行为无非是一种可以接受或有效的处理方式而已，道德行为主要不是正当的行为（righteous action），而是一种适宜的行为（favourable action）。"日本人很重视实在性，并且注重适应情况变化的机变性，但日本人却既未建立，也不相信一般法则。因为一般法则虽然可以适用于任何情况，在本质上是同直接现实性背道而驰的。"① 这样的道德观会产生一个极大的便利。由于日本人大多对具体事物较为关心，不大注意那些属于原理的东西，所以接受外来文化就不大容易产生反感，阻力也较小。但这也可能带来日本国民性难以把握的困难。因为"支配日本人生活的是社会舆论而非永恒原则，他们过去曾在许多根本问题上表现出观念突变。考虑到我们时代思想和信息迅速传播的特征，可以断言，日本人将来改变舆论所需要的时间要比过去还少"。②

就像不洁的东西可以洗净一样，在日本人看来，"不洁的"行为也可以通过某种仪式或替代性活动加以清洗、祛除。传统的神道为此种担责或避责设置了两种通道：一种是"禊"，即用水、砂、火等清洗身体或器物以去除附着其上的污浊的仪式；一种是"祓"，就是交纳相应的用以补偿过失的物品或赎罪物以抵消过错或"罪行"。当然，这只限于"污浊"尚不十分严重的情况，如果"污浊"足够严重，且可能给犯下过错者所在的集团或群组带来不利时，沾有这种污浊的人就将被放逐于共同体之外。尽管日本人和中国人一样，没有"原罪"意识，但是，由于发展出了类似基督教忏悔的补过形

① ［日］中根千枝：《日本社会》，许真、宋峻岭译，天津人民出版社 1982 年版，第 128 页。
② ［美］罗伯特·C．克里斯托弗：《日本精神》，马泉、孙健龙译，光明日报出版社 1988 年版，第 80 页。

对马神社（刁榴摄），位于福冈县久留米市。对马岛古代属于夷地，该神社为祭祀海神而建。

式，日本人的道德感就经常可以得到有效的缓解和释放。这就可以解释这样一个问题：为什么日本人在许多时候不是以道德判断进行评价，而倾向于用共同体要求或意志来解释个人的行为。①

日本学者樋口清之曾提出了"付诸水流"的观点。他认为，由于神道禊、被仪式可以将罪过洗涤，日本人通常并没有深重的责任意识，因为有替罪羊，责任就会外部化而被减轻或转移，这使日本人人际交往中不易陷入深重的罪责观念中，但同时在国际事务中对他国民众以及自己在其中的言行就可能大多持"不负责任"的放任态度。到了国外，处理国际事务，都因少了熟

①　参见李萍：《理与情：有关道德行为的中日比较》，《东南大学学报》2003 年第 2 期。

悉团体的约束，随时可以流失的责任观又不足以对当事人产生有效制约，结果就是日本人不断在国际事务中"失足"。

关于第二次世界大战的责任问题也与此有关。至今许多日本国民认为，东京审判的战犯以及部分战犯受刑，表明将日本拖入战争泥潭、发动战争的责任已经全部由他们担当，并且他们也为此受到了惩罚，普通人只是被时势裹挟、被政治高压所迫而不得不投身其中，他们只是被动跟从。他们不必为此承担责任。这样的观点隐含了一个假设，即人的身体(相应的动作、言行)与他的心灵（精神、意志、观念）可以分离，个人的心灵可以被其他力量完全操纵或支配，仅仅以身体出现的个人是可怜的，但没有主观恶意，就不必对此不幸处境承担个体性责任。这一观点也因当时主要盟国出于战略考虑而将"帝国主义日本"锁定为少数当权者、而将"日本人民"剥离出来，视后者是可以争取的力量的舆论所误导，这一政治策略并没有加入充分厚重的道德考量，因此，也无法向日本国民传递恰当的道德评价尺度。正如日本学者大沼保昭所分析的："第二次世界大战中盟国一直将责任集中于轴心国的领导者，是为了避免轴心国国民疯狂、拼死地抵抗，这是基于战争进程的要求决定的。因此，虽然战后的东京审判仅仅审判了领导者，但从盟国的立场看，也不意味着日本国民对侵略战争就没有责任。"[①]

这样的罪责减压对待方式，还广泛表现在其他多种文化现象中。例如，在日语中有个非常特殊的表达方式，即涉及"我"的思考、行为、言语时，若非特别强调，一般都省略掉作为主语的"我"，缺少了主语"我"的明确指示，并不会严重影响文意或言意，因为通过动词的结构变化，作为主语的人称所指，即使省略言说者本身的意思也可以完整地表达清楚。可见，在日本人的思维中，主语乃至主体本身是不重要的，重要的是谓语，即主体的行

---

① 〔日〕大沼保昭：《东京审判·战争责任·战后责任》，宋志勇译，社会科学文献出版社2009年版，第41页。

为和活动。日本人所理解的公共生活或社会交往主要的不是谁在活动，而是在什么时候、什么地方、与何对象进行怎样的活动。在公共生活和社会交往中，主体被淡化，行为被凸显，行为的承受者有时比主体更突出，因此，行为的仪式、程序就变得重要起来。日本社会中的公共生活规则就与这种仪式、程序相一致。①

从总体价值取向上看，中国人和日本人一样都主张真与善的统一，但对什么是真，两个民族存在很大分歧。中国人认为"真"不只是眼睛看到的，更主要是合乎理性的、依道理而推演出来的，所以注重"古训"，强调"述而不作"，共同观念、普遍原则（如"天道"、"仁义"等）都构成了是否真实的检验标准。此外，中国人不仅主张真与善的统一，更倾向于将善置入真之中，看重"应当的真"、"理想的真"，所以，在人际关系上，倡导理想的人际关系，如古代大同世界下的人际关系，今日同志式互助合作关系等。日本人所理解的"真"也不是肉眼能够看到的一切，而是用心体会的方面，要在对方没有提出明确要求之前先自我约束、自我检点，想对方之所想。可以说，做到中国人式的善而真的人际关系相对比较容易，只要你了解了中国人信奉的价值原则并立意去做就可以了，但怎样把每个人的努力转化为社会性的成果却因缺少制度支持而常常衰减或夭折；做到日本式的真而善的人际关系相对比较困难，首先你必须生活在持有相同观念的人群之中，彼此接受"心情主义"的对待方式，但在已经习得了这样观念的人群中运作起来效率就会高许多。所以，中国式人际关系模式虽有世界性意义，却缺少了可操作性环节，可谓效度较低；日本式人际关系模式有持续的效力却难以推广至其他民族和人群之中，可谓信度不高。②

在此，我们不得不说到"建前"与"本音"的问题。这两个日语词也

---

① 参见李萍：《日本人的公共生活规则》，《道德与文明》2001 年第 2 期。
② 参见李萍：《论日本人的诚信观》，《湖南商学院学报》2005 年第 3 期。

反映了一种十分微妙的文化现象。"建前"是展示于外，外表可以看到的现象，"本音"则是未被明言、未被公开显示却更为重要、更为本质的内容，例如一个日本人对一个中国人说，"中国文化也有伟大的一面"，这只是"建前"，他的"本音"很可能是"中国文化也有不伟大的一面"，或者"今天的中国文化已经不伟大了"，再或者"中国文化中的伟大一面能够延续下来就好了"……千万别停留在语言的表面，而要结合语境、论题、身体动作，才能真正准确理解其尚未言明但又包含其中的真实意思。

第二章
两性与亲子关系

———————— **殉情天的网岛**① ————————

　　大阪的纸匠治兵卫结婚多年，也有了孩子，却喜欢上了纪伊国店的妓女小春。治兵卫为小春花光了钱，被老鸨赶了出去。治兵卫的妻子阿桑得知此事后，给小春写信，请求她离开治兵卫。小春答应了她，决定放弃，并接受了另一位男子太兵卫将自己赎身的要求。但治兵卫大为愤怒。阿桑变卖家产，为小春筹措赎身的资金，却受到公公的阻拦。最后，小春与治兵卫在网岛上殉情。

　　阿桑为丈夫甘做一切，小春为信守诺言付出生命，这两位一心为他人作牺牲的女子，在日本成为女性真挚形象的代表。

———————— **一个日本兵的战争** ————————

　　1944 年日本投降前夕，在菲律宾部队的一个支队司令谷口少佐召见了

———————————————————

① 　这是日本江户时期净琉璃剧作家近松门左卫门的同名剧本的故事梗概。该剧 1720 年在大阪竹本座初演。1969 年导演篠田正浩将其改编为同名电影。

小野田少尉，命令小野田等四人隐蔽在卢邦岛上的深山中，并交代除了谷口本人之外，任何人都无权取消这道命令。此后，该小组坚持在这里，直到1974年。

期间，包括组长在内两死一降，只剩下了小野田一人。日本官方在战后多次用高音喇叭在该岛喊话，试图把小野田从密林中吸引出来，都未成功。一次，小野田"俘虏"了一位年轻的日本旅游者，他在交谈中斩钉截铁地宣称，如果没有他的顶头上司亲自撤销30年前向他发出的命令，他作为皇军的一名军官将继续作战。幸好谷口少佐还活着，便被请来在该岛为他个人举行了"投降"仪式，对着持枪立正站在面前的小野田宣读了解除他作战任务的命令。这个军官长达30年的"战事"终于结束了。

两性的结合产生了家，亲子是家中最重要的关系，但两性并非天然和谐，这缘于人类两性间至今仍未达到相互愉悦的状态。每种文化传统都对两性—亲子各自的角色作出了不同的规定，概括地说，日本社会中两性关系更多诉诸情（情义），亲子关系则更多依赖分（名分）。

一、日本人的性别角色

中国有句古话，叫"严父慈母"，这是对理想的父母角色的描述。在中国人心目中，好父母是孩子的榜样，父亲和母亲在孩子成长过程中各自扮演了不同的角色：父亲应严厉，主要在于纠正孩子的过失，让孩子感受到各种规矩的真实存在；母亲应慈祥，主要是给予孩子关心、爱护，让孩子有所依靠，感受人间亲情柔情。换句话说，父亲是"理"、"法"的化身，母亲则是"情"、"性"的代言。将父亲和母亲分别设置了不同的家庭角色、履行不同的家庭教育功能，这不仅基于性别的自然分工，更是文化选择的产物，也反映了一个民族对成人世界的人际关系的心理期待。在此方面，东亚各国的相似性远远大于他们的分歧。日本的家庭中，性别意识也始于父母亲不同角色的扮演，并通过各种戏曲、影视、文学作品的主人公塑造和大众传媒的影响而得以传承。日本社会，从古代到现代，经历了数次重大转变，在性别结构和性别关系上也有多次比较大的调整，与中国显著不同的是，迟至中世纪日本民间盛行的主要是内婚制，这种婚姻是以女性为主的婚姻形态，加之近世时期以"万叶学"为代表的日本国学对女性美的肯定，日本女性的处境要比中国幸运得多。近代以后出现的男权主义和家父长主义，很大程度上受到了大陆儒学思想的影响，特别是在明治维新后，通过采纳西方立法、司法等制度，它们最终得到官方意识形态和民法典的保护。随着战后民主化改造的推进，上述旧思想的大部分得到了清算，在家结构、公民权利方面有了长足进步。教育的普及、新观念的传播和社会学习的扩大，家庭、性别问题开始脱离私域或地方范围，越来越成为社会问题。缓慢且真实的变化一直在发生着，父亲、母亲角色也在不断调整中相互磨合。

1. 传统性别角色

一般而言，日本传统社会更注重家业、家名的传承，而非家内男性血脉的延续，所以，由女婿、养子、过继子继承家业、家名的情况十分常见，因此，以家为单位的家内、家外分工并不显著，相反，更多表现为依据男、女两性自然属性发生的自然分工，如男耕女织，男性从事繁重田间劳作，女性则照顾儿童、料理家务。从一定意义上说，日本传统性别角色更为直接和纯粹，保持了自然合理性。

自大化改新之后，中国文化陆续传入日本，包括政治制度、汉字、儒学理论等。其中延续了数百余年的遣隋使、遣唐使功莫大焉。它由官方背书，能够择其要、取其精进行大范围移植，大陆文化得以源源不断的输入。由于官方的、政治的系统均由男性掌控，以汉字为记载工具、以儒学为思想内容的中国文化（汉学）也主要由男性控制，汉语不仅成为了官方记事、发文等公文的正式文字，也是男性教养程度的标志，写汉诗、说唐音、学汉文成为达官显贵立身扬名的"招牌符号"。女性大多无缘于此，即便有一定文化的女性也只能用假名（日本文字）记事、表意、传情，所以，这些全部由假名组成的文字又被蔑称为"女手"，即那些没有文化的女子才用的东西。但"女手"留下了许多不朽名著，如紫氏部所写的《源氏物语》，它是亚洲最早的口语体小说。

这就形成了一个有趣的历史现象：在一个国家内，男性主要使用官方的、正式的、外来的文字，女性则用本土的口语体文字，这两种文字留下的作品类型和数量都十分不同：前者以历史、思想、政治、军事等严肃话题为主，数量庞大、汗牛充栋；后者以小说、日记、散文、诗歌为主，主要是对心情、景物变迁、家常事务、男女关系等俗世生活细节的描写，数量偏少，留存下来的不多。但到了江户时代以后，国学的兴起，国学家力主恢复"大和心"，排斥"汉心"，开始推崇"女手"所承载的情感内容，将之视为"不受玷污的处子之心"。几代国学家的努力，终于确立起与儒学相对的"国学"地位，在其间女性角色也得到了一定程度的肯定。女性与婴儿被当作"处子之心"的化身，以真性情面世，不被礼教、理学所束缚，甚至被当作日本自古以来独有传统的写照。但必须看到，正像孔子将女子与小人并列，从而将女子置于受凌辱的地位，日本国学家将女子与婴儿并列也潜藏着对女性智力、能力、理性的否认。在国学家那里，被抬高的不是女性，而是女性所象征的日本传统文化的阴柔（与中国大陆传统文化的阳刚相对），当然，尽管如此，国学家不同于儒学者，至少给予了女性正面的评价。

需要指出的是，由于日本封建时代并未严格地推行全面的科举制，学术自由探讨的风气在前现代时期就相对兴盛，各种外来文明（儒学、佛教、道家等）与本土思想（神道、皇室信仰、武士道等）并存，相互交锋，彼此受益。国学不仅要与外来的儒学对抗，也面临着本土的武士道的夹击，对传统性别角色影响最大的恐怕正是武士道。当时的谚语说："看花要看樱花，做人要做武士。"不仅因为日本封建时代的统治者是武士（而非中国科举进仕的士大夫），武士道的核心原则是佛教所提供的对死的觉悟和儒学所贡献的对忠的践行。武士道具有鲜明的男性特征，鼓励不畏死、重名节、尽职尽责等担当大义的精神。即便在进入现代社会之后，武士道也常常被当作日本传统文化，特别是男性主义社会的代表性符号。

日本传统社会实行四民身份等级制，武士道主要在作为统治者的武士阶层流行，农民和工匠是不可随意染指的，同样，接受儒学系统教育的也主要是士者和富裕农工阶层。商人的教育则被严重忽视，女性在传统社会同样也被分割在各自阶层之内，女性不被视为独立的社会群体，也就无法形成统一的女性意识。即便"女手"也主要在上层官员和士者的女眷中流传。

日本传统性别角色包含了一对张力关系：一方面是对女性的讴歌，从而对日本文化、日本独特性进行观念构建；另一方面则是男性的实际控制，同时也对男性力量、道义责任作出了规定。前者主要是一部分知识分子，特别是国学家，后者则由儒者、武者共同营造。这可以说是传统性别角色上的二元结构表现，当时社会的性别角色并未走向极端，而是保持了适度的均衡，女性在政治、军事上的缺位却在家庭（包括继承家业、家名）、经济活动中得到肯定，特别是在道德上尚未形成明确的"女德"，也就没有产生对女性的道德压迫，日本古代女性并未背上沉重的"十字架"，传统的性别角色主要依据自然的两性分工，与自给自足的小农经济保持高度一致。

2. 现代性别角色

如果说日本社会的传统性别角色在社会分层、等级对立的体制下仍然保留了较多的自然分工内容，那么日本社会的现代性别角色则受到了意识形态的强烈影响，并且突出表现为性别不平等，开始成为引人注目的社会问题。现代性别意识不再是隐晦、暧昧的存在；相反，被各种政治组织、社会团体或主义学说所诠释和解读，现代性别角色成为社会各群体、各观念信奉者相互对抗的靶子。

说到现代，其实在日本是严格分成了两个大致不同的时期，以第二次世界大战为分水岭，战前的时期和战后的时期，这两个时期所提供的性别角色的思想资源以及所提倡的性别角色内容都有显著的差别。概括地说，战前的时期近代启蒙思想主要注重国家富强、民族独立，女性也被当作国民动员的力量受到重视，但女性自身价值未被强调。战后的时期在反思战争思想钳制的基础上，鼓励了个体主义、自由主义思潮，女性运动开始成为独立社会力量并影响政治生态和社会生活。

与人们的想象相反，专职主妇虽然是现代日本多数已婚女性的选择，但它只是现代工业的伴随现象之一。有学者指出，专职主妇的出现是在日本资本主义经济快速发展的时期，即大正到昭和初期（1912—1930）。在农业时代，女性与男性一道分担家庭劳动，传统家庭本身就包含了经济生产和分配的功能，女性作为劳动者得到承认。但进入工业时代以后，城市生活兴起，男性成为工薪阶层，精细社会分工和对后代教育的投入，使女性不得不专门分担家务、生育、持家的任务，这事实上是女性地位"沦落"的开始。女性不再与男性一道共同劳动，其社会地位和自身价值遭到贬低。与传统社会的男权主义不同，现代的男权主义还依托法律优势和道德话语，使女性角色成为全部社会领域的"配角"。

战前的日本积极主导社会性别角色话语权的团体主要是社会主义者和国民道德论者。由激进的青年学生所传入的西方社会主义思潮，试图用阶级斗争的旗帜来统一全体受压迫阶层，女性受奴役也被视为阶级压迫的一种表现。若占人口一半的女性得到解放，成为革命者，革命的队伍、革命的势力就会得到极大扩张，动员女性、唤醒女性的独立自觉意识是与无产阶级政党的进步主义式平等策略高度一致。与此相对，国民道德论是在抵制一切西方外来思潮并复兴、改造传统道德体系的观念支配下而产生的，一方面国民道德论者也吸收了部分西方先进理论，如人格概念、主张性别意识的自主性；另一方面借助国家法律来强化特定的、有利于国家整体利益实现且与传统观念一致的道德品质，如忠顺、勤勉、爱国、献身等。他们相信民强则国强，国民的道德水平制约国家的道德程度。要在全体国民中大力推行与国家意志、国家行动理念相符合的伦理规范和道德品质。社会主义者与国民道德论者在政治观上截然对立，但在性别角色上却殊途同归，都主张集团主义原则。性别意识与国家命运、社会发展目标联系起来，无论男性还是女性都只是国家这一最高有机体中的一个微小器件，是国民一分子，而非独立的性别个体。

战后一段时间，为了与军国主义、皇权思想划清界限，国民道德论受到无情批判，许多传统习俗也被当作"落后的观念"遭到唾弃，男尊女卑观念也不再被视为理所当然，一些性别意识方面的束缚开始松弛。战后民主政治、法治主义的确立，性别意识逐渐"私人化"，人们越来越倾向于认为做怎样一个男人或女人只是个人的选择或爱好，社会无法提供统一的、完美的标准，其他人也应尽可能少加干涉。性别意识在很长时间内沉入"地下"，完全不上台面，很难成为社会话题或公共事件，这为国民充分表达各自的性别意识提供了宽松的氛围。但由于社会制度安排总体上仍然是男性为主的，不讨论性别意识、不涉及性别角色，其实也是执政的、掌权的男性的逃避，女性性别意识仍未达到充分的唤醒，更遑论获得足够的尊重，男女性别平等任重道远。

在现代，日本社会存在"男主外、女主内"的意识，政府的税收和保险政策又进一步鼓励这种意识。例如，女性婚后如果继续工作，在税收和保险上要交很高比例的金额，但如果她停止工作，成为专职太太，丈夫的单位要为此支付"家计贴"，而且丈夫的相当部分收入被列入抚养费享受免税，专职太太本人的社会保险也将由丈夫就职单位和地方政府共同负担。

受到西方激进主义思潮的影响，20世纪70年代女性主义在日本兴起，一些重要代表人物，如东京大学教授、社会学家千野鹤子，勇敢挑战公然容忍男女不平等的现实，她本人的地位和持续的努力开始引起了人们对性别意识问题的广泛关注。她不仅大力译介西方女性主义的最新论著，而且也积极参与各种市民活动，对侵害女性权益的政策、行政活动和社会观念进行不遗余力的抨击。许多妇女团体也投入争取男女平等的活动之中，性别意识终于获得公众的认可，成为重要的政治话题和社会问题。

对日本女性而言，所面临的阻力仍然十分强大，例如，2000年在大阪举行了日本全国相扑大赛，按惯例，将由当地最高行政长官——大阪府知事为大赛冠军颁奖。当时的大阪知事太田是日本第一位女知事，相扑协会却极力反对太田颁奖。据说相扑比赛场地——土俵是禁止女性登上去的，而颁奖必须在土俵上举行。太田知事在多方压力下，为息事宁人最后以公务繁忙为由未出席颁奖仪式，此事以"维护传统"的保守派获胜而告终。日本保守派的战略是：并不公开反对男女平等或女性独立，显然，这种公开的反对无法获得政治正确性和道义的支持，但他们以"坚守传统"、"保持日本的独特性"为名，一事一议，各个击破，在诸多事件中都有惊无险地获胜。

需要看到，现代日本在性别角色方面的努力始终没有停止，不断有令人振奋的消息传出。1977年7月，日本文部省在全国范围内设立了国立女性教育会馆，2001年4月，会馆脱离文部省，改组为独立行政法人，其宗旨至今没有变，主要是：通过女性教育工作者的培训、开展与女性教育相关的专项调查研究，振兴日本女性教育，推动男女共同参与社会。例如，女性教育会馆在20世纪80年代的主题是"性别分工的流动性"，90年代的主题为"人权与性别，实现变革的力量"，21世纪初的新方向是"性与增强妇女权利"。至今，日本全国共有50多所女性教育会馆，它也成为日本女性开展团体活动的重要场所。女性教育会馆在增强女性权利意识、改善女性社会地位、改进家庭关系以及创造男女共同参与社会等方面作出了不小的贡献。

成立于 1965 年的生活俱乐部是女性自我组织、自我教育的民间非营利组织，它的主要成员都是专职主妇，如今已覆盖日本 19 个都道县，会员人数达到 30 万。它从提高日常消费的品质入手，最先开始家居生活用品的合作购买等经济互助活动，以后扩大到对产品知情权、环境保护要求等具有广泛社会意义的活动，并在会员中推出"减量"的生活方式，即减少每天的垃圾、去除过度包装、抑制过度消费等。俱乐部还成立了由会员自己出资、自己经营、自己作为劳动者的劳动经营实体——劳动者自主合作社（Worker's Collective），到 2005 年，生活俱乐部有 582 家劳动者自主合作社，涉及福利、餐饮、店铺、编辑策划、肥皂厂、物业等多个领域。生活俱乐部得到了国际社会的高度评价，1989 年获得了"优秀民生奖"，1995 年获得了联合国"最佳 50 市民团体奖"。生活俱乐部进一步投身政治事务，开展了代理人运动，即推举自己的会员作为市民的"代理人"参与地方议会议员竞选活动，这不仅在会员中培育了政治参与意识，也为专职主妇们参与社会开辟了新的道路。

很多中国男人以为，娶日本女人为妻、雇法国人做厨师、住俄罗斯房子、开德国车、上美国大学是人生最大乐事。为什么中国男人都想娶日本女人呢？因为她们温顺听话，而且会打扮又顾家，集天下所有女性优点于一身，简直就是盖世无双的尤物！然而，这如果不是曲意误读，就是完全无知。真实的现代日本女性也是各有不同的，个体的差异远远大于她们之间的相似，日本女性普遍表现出的礼貌、知书达理，这不是她们独有的女性优势，而是日本现代社会教育和总体文明程度的成果，因为今日的日本男人大多也是彬彬有礼、注重细节的。

3. 与性别角色相关的社会问题

尽管我们总强调"人生而平等"，现代政治理念和法律原则都将"平等"

置于绝对合理的地位、当作不可置疑的最高价值，但我们仍然不得不承认"平等"即便是值得追求的合理价值，还不是我们今日所处的现实。在实际生活中，不平等处处存在，而且许多不平等并非那么面目可憎或毫无道理，也有其生理或心理上的基础。我们必须面对的是更加深刻的问题：什么样的不平等是可以接受的？具体到性别领域，我们可以承认存在性别差异，但我们反对性别不平等，这二者有什么不同呢？二者间存在可以转化的条件吗？在分析现代日本的社会性别问题时，我们首先要从一般理论上对此做一个简要说明。我们主张，基于生物学、生理学层面的性别差异是客观存在的，并无价值上的偏见，但超出此之外的性别差异因为是来自社会的规定，就需要征得社会中绝大多数人，特别是女性的意见，保证她们可以获得明确且公开表达自身愿望的渠道，充分展示她们的真实倾向的前提下方可聚集、汇总出具有最大公约数的一致意见，由此得出的观点即便包含了性别差异也是可以理解的。一方面它在程序上尊重了全体社会成员，符合程序正义；另一方面它适应了特定人群、特定社会发展阶段的普遍态度和倾向，是"她们自己"的立场，这意味着：从现实可行性的角度看，这样的意见表达只能在一定的民族国家范围内进行，有时即便在外人看来如何怪诞或凌辱的观念，只要该社会中的绝大多数女性仍然接受并奉守它，它就应得到尊重。因为当事人的自觉、自决是首位的要求。

大体说来，性别角色其实包含了由浅到深的三层内容：最浅层的是对男性与女性生理差异的认知和接受，这一点古今中外大抵相似。女性的生理属性，如生育、哺乳和生理周期等，以及男性的生理属性，如胡须、胸脯、喉结等，很容易从外观被感知到，这些特征构成了女性与男性差别的最根本条件。对这些差异的认可，从而接受自身的性别归属就意味着获得了表层的性别角色。中层的性别角色与两性的社会属性相关，如各自的社会地位、家庭地位以及职业分工、社会参与程度等等。这些社会属性是自然而然的吗？显然不是，上述社会属性与社会制度，特别是家庭制度、政治制度、社会组织结构等高度相关，一些国家或民族所认为的只有男人才能做的事情（如当总统、户主或者从政、经商等），在另一些国家或民族则未必如此认为。因此，社会属性恰恰反映的是一个社会制度安排所造成的特定的性别角色内容，而这样的性别角色规定却并不具有天然的合理性，性别不平等以及对性别的刻板印象，大抵发生在这一层面。同样，在性别意识上的社会观念改变、性别意识的变化以及性别角色的调整，也主要发生在这一层次上。最里层的性别意识与人们对理想的女性、男性存在方式和关系状态等观念性设想有关，即对性别作出的价值思考，虽然每个人在生活中都会接受他人有关性别角色应当怎样的评价，但未必每个人都会对这些评价作出深度的追问，更不会刨根究底地了解或思考这些评价性判断或提供判断的标准来自何处、是否合理等相对抽象的普遍性问题，能够达到这一层次思考的人毕竟只是少数，这些少数人已经触及了深层的性别角色问题，这些人通常是社会改革家、政治家、哲学家、文学家或特立独行的性别意识方面的"先觉者"、"先行者"。

历史的吊诡之处正在于：在工业文明到来之前，绝大多数地区奉行的是男权主义，女性处于受压迫的地位，女性的真实意愿无法得到充分表达。只有进入工业文明之后，市场经济和现代法治的确立，女性作为公民的完整权利获得了保障，但女性长久以来在社会各个领域的"缺位"变成了女性"缺陷"的佐证而被各种传媒和信息渠道所刻板化，女性成为事实上的弱者。另一个不可忽视的事实是，工业文明也好，现代法治也罢，都首先肇始于西方，甚至可以说是西方化的一种表现，这就意味着：没有现代化，就没有女性独立；有了现代化，女性有望独立了，但女性的民族性和地域性因素却消失在西方主义的洪流中！一些西方女性主义者沿用了男性主义的思维，要用同一个尺度裁剪世界各国的妇女生存状态。这显然是不合适的，但这也恰恰成为其他非西方国家的民众反对女性主义、怀疑性别意识的一个深层原因。

我们坚决主张让女性自身决定自己的生活方式和角色设定，道理就在此。当女性有了对自己命运的决定权之后，她们会逐渐提出与自身文化传统、与周遭环境相适应从而具有自身民族特点的女性角色内容。后发且成功实现了现代化的非西方国家正在经历这一过程，它们在性别意识方面正在确立起自己的立场，如日本、新加坡、台湾地区等。

与性别角色相关的一个社会问题就是工作场所（或者说职场）中的"性骚扰"问题。在现代日本，由于男性与女性被置入完全不同的用人体制下，男性的优越性与女性的劣等性泾渭分明。男性通常被纳入正式员工系列，享受长期雇佣、年功序列等制度福利，可以得到更有保障的工作、更有前景的升迁通道、更有潜力的多功能化培训机会；相反，女性则被纳入非正式员工体系，仅仅作为临时工、计件工、派遣工、合同工等雇佣形式存在，她们的工作没有技术含量，可以随时被替换，根本没有提职的机会，女性的就业被当作学校毕业后、结婚前的暂时过渡，她们个体的事业心和工作能力完全不被承认，所以，女性在职场中的工作内容大多是秘书、文案、勤杂等配角。女性在职场中轻易成为其他男性职员调侃、取笑、娱乐的对象，不尊重女性甚至侮辱女性的言行就频繁发生。这类在战前完全不被认为是种不可取的行为方式，当 20 世纪 70 年代一些女性勇敢站出来提起诉讼要求加害的男性职员（包括普通男同事、男上司、男客户等）道歉、赔偿时，不仅男性们十分诧异，而且当时的社会舆论也普遍指责那些不再默默忍受而是大声说"不"的女性。在一些妇女组织的不断游说、抗议以及学界的声援之下，加之欧美等国多起性骚扰案件的胜诉，终于扭转了舆论偏向，让以男性正式员工为主的日本财界和企业界正式作出让步、道歉姿态，制定了反性骚扰公司章程，设置了反性骚扰热线，推广了反性骚扰行动方案。日本女性在职场中的境遇得到了极大改善。

与性别角色相关的另一个社会问题主要体现在家庭中，即"教育妈妈"的问题。女性婚后大多辞职在家，男性仍然继续工作，而且在婚后、有了孩子的阶段也正是许多男性处于事业的上升时期，加班、出差、借调等成为常事，加之东京、京都等大城市地价高、房价贵，日本的工薪阶层大量搬至郊区，路上往返通勤的时间就被大大延长，短则一两个小时，长则三四个小时，于是许多男性早上天不亮就出门赶车，深夜坐着末班车回家，披星戴月，两头见不到孩子，孩子整天只是与妈妈在一起，一些男孩子在性格、个性等方面呈现出过多女性特点，这样的孩子被日本人称为"女性化男童"。不仅孩童缺少与父亲的交流，因而在人格发育上不够健全，那些专职妈妈也因角色单一受到困扰。由于少子化倾向，现在的日本家庭一般只有一两个小孩，再加上家务劳动的机械化，妈妈们做家务的平均时间大幅减少，妈妈们就将全部精力放在孩子身上，极易形成对孩子的过度关心、过度教育。邻里之间的妈妈们也相互较劲，在孩子教育上相互攀比，甚至还会酿成一些悲剧。2000 年春，东京一位主妇将其邻居两岁多的女孩杀死，起因就是这个小女孩刚刚考上了东京著名的私立幼儿园——御茶水女子大学附属幼儿园，而她自己的孩子却名落孙山，她将耻辱、不满全部撒在这个无辜的小女孩身上，在嫉妒、仇恨心理的支配下对其下了毒手。

　　主张男女平等、共同参与社会的性别角色要求，在今天的日本也遭遇到现实的难题。特别是鼓励女性社会参与面临着多重矛盾境地：一方面少子高龄化社会中劳动力不足，需要鼓励女性参与社会生活；另一方面女性参与社会势必会推迟结婚、生育，这又进一步降低整个社会的出生率。这是将女性看作社会财富创造者和人口再生产者难以得兼时带来的问题。此外，女性脱离社会回到家中，尽管可以在生活上更多照顾自己的孩子，却不能有效地实现自身的教育理念与社会的对接，女性自身的自我实现也会受到限制，部分女性的狭隘意识就会对子女产生负面影响；但女性过多参与社会，就不得不失去大量陪伴孩子的时间，"问题少年"就会相应增加。可见，女性的社会参与以及真正意义的男女平等，仅靠女性单边的力量是远远不够的，还需要男性的理解以及行政决策、司法制度的合理安排。

二、日本人的性

"性"这一汉字本有两个基本含义：其一是指"本性"、"本质"、"基本属性"等事物的基本特征，例如现代性、革命性等；其二是指与"性交"、"性欲"相关的活动或事情，例如性骚扰、性混乱等。在古汉语中，前一含义十分常见，为了雅致和避讳一般文献中大多并不直接使用后一含义的字，而是用其他近似词来指代，如云雨之中、雨水之情、床笫之欢等，这种美文化的含蓄表达正表明古代人将"性"视为隐蔽、羞于见人之事，因为中国古代盛行礼教，男女之防乃人之大防，男女婚前被严禁直接接触，婚后女性也被要求自闭于家中，所以，有关性的想象远远多于实际的性生活。与此相对，日本古代并未实行严格的男女分离制度，男女关系虽然说不上是平等的关系，但属于可以正常接触到的日常关系，少了中国男人不着边际的胡思乱想，最主要的是，传统日本社会并未通行严酷的礼教，女性的自然美受到肯定，与此相关的各种艺术形式得以传播，如浮世绘、市井小说、歌舞伎和艺伎等，带有性意味、性刺激的"市井生活形式"都堂堂正正存在，这充分反映了日本人在性方面的开放。

1. 性的审美方式

"性"之所以成为审美对象，一方面是因为它本身是一种自然行为，胴体的美是大自然的恩赐，是自然造化的产物，人没有理由不去欣赏它，并在对它的赞叹中体验到审美的意境；另一方面是因为"性"可以被升华，将男女两性间的冲动、生理反应升华为艺术形式，如通过欣赏着装的品位、空间布置的风格等来强调载体的意义，具有调情意味的吟诗作画、酒令对唱、弹琴弄舞等环节也可以独立出来，成为一种陶冶性情的艺术形式。

正如我们在前文中所指出的，日本文化具有将身体看作自然的一部分的倾向，这意味着"性"的自然性而非社会性更容易被日本人接受，因此，多数日本人将"性"的自然性赋予审美评价，脱离开它的社会功能，淡化它的破坏指向，主要是从审美层面去看待、理解它，这显然折射出"自然乃本然"、"自然即本性"的文化底蕴。日本现代哲学家和辻哲郎在《风土》一书中，将日本文化归结为不同于欧洲也不同于亚洲其他国家的独特类型，这种类型是日本所处景物、气候、地理环境，即和辻所说的"风土"综合作用的产物。和辻哲郎对"风土"一词的定义是："某地气候、气象、地质、土壤、地形、景观等的总称。古代也叫水土。把人类环境的自然作为地水火风把握的古代自然观大概潜在于这些概念背后吧。"[①] 在《风土》中，和辻哲郎根据自然地理环境的差异和气候的不同，将主要国家的风土分为季风、沙漠、草原三种类型，与时间和空间相对应，他认为历史与风土是人的存在结构的双重特性，所以风土的类型同时也是历史的类型。和辻指出，风土与一个民族精神风貌、文化气质和思维方式的关系是牢固的，而且具有宿命般无法摆脱、紧紧相随的性质。

艺伎的存在，就是性被表达为审美方式的一个重要明证。艺伎在日语中称为"艺者"。艺伎是日本特有的传统职业，产生于 17 世纪的东京和大阪。最初的艺伎全部是男性，他们在艺馆和娱乐场所以演奏传统鼓乐、说唱逗乐为生。18 世纪中叶，艺伎职业渐渐被女性取代，这一传统也一直沿袭至今。成为艺伎要经过漫长的学艺、磨炼、苦修的过程。一名艺伎的学艺要从 10 岁开始，每天要训练 12 个小时，要在 5 年内完成从文化、礼仪、语言、服饰、诗书、琴瑟、鞠躬、斟酒等各种课程，16 岁学成后开始接待客人，先

---

① ［日］和辻哲郎：《和辻哲郎全集》（第 8 卷），岩波书店 1962 年版，第 7 页。

当"舞子"，以后才能升为艺伎，直到 30 岁。与妓女（日语叫"游女"）不同，她只接待熟人或名师引荐的人，并不直接接触陌生人。艺伎在从业期间不得结婚，必须先引退，然后才可以嫁为人妇。人们通常说艺伎是"卖艺不卖身"，与酒吧、歌厅、夜总会的坐台小姐不同，日本艺伎总是要特意掩饰自身的存在与商业、交易、买卖行为的关联，刻意营造出风雅的言谈气氛。她们与客人间谈论的话题大多是有一定深度的人文知识，如文学、历史、语言、地理等，而且她们极善表达，口齿伶俐、反应灵敏，对客人十分体贴，可以透过客人的一个眼神、一句脱口而出的话、一个不经意间的动作，推测客人的当下心理状态和所思所想，艺伎被看作是可人的"尤物"。①

盛行于江户时代中后期的浮世绘，其中有大量的以女性胴体为对象的作品，当时流行的市井小说中也有许多关于男女情爱露骨的细节描写，日本的温泉一直以男女赤身同浴而闻名②。传统日本人在性方面更多持有审美化态度，所以，他们很少像中国人一样从礼教出发，将女人、肉体的暴露或性的引诱当作"邪恶"、"不贞"的表现，即便在今天，中日间在性观念上的差别仍然十分显著。③

在美学理论中，通常将美在人心中产生的审美价值类型分成两类：壮美和优美，前者指巨大的物体、景观呈现后对人产生的冲击力，壮美的对象具有令人痛快、豪放、舒畅的心理感受；后者指细小物体、细微动作、微型景观在人心中所产生的愉悦，如陈望道所描述的："看上去无何等的威压，无何等的狂暴，无何等的冲突，又无何等的纠纷，只是极自然地、极柔和地、

---

① 有人预言：艺伎已经成为夕阳产业，将面临消亡的结局。但也有一些日本文化学者主张要保护它，因为艺伎是日本文化非常独特的内容。

② 明治维新后受到西方人的指责才改为男女分浴。但在一些偏远的山区，至今仍有部分温泉是以男女同浴为招牌而经营的。

③ 第二次世界大战期间的"慰安妇"问题另当别论。日本兵是持有刀枪的侵略者，丧心病狂，言行举止完全超出常规，他们对占领地妇女的奸淫就是赤裸裸的残害，不能看作是"审美"。

却又极庄严地，仿佛明月浸入一般地有一种适情顺性的情趣。"① 中国古代文论和画论分别将此二者称为阳刚之美和阴柔之美。日本人的审美原本来自于对周围生长环境的秀丽的认同，日本的庭院、墓地，乃至皇居等都表现出绿树环抱、小溪潺潺、细浪逶迤、沙滩足迹等形式。如果说日本人非常愿意把自己的住地布置成花园，那么，可以说，从一个游客或外来者的角度看，日本国本身就是一个大花园。戴季陶在《日本论》中称日本国民为"好美的民族"。"日本人从古代起就以享受自然无邪的乐趣而著名。诸如赏樱，望月，观菊，看初雪，或把虫儿放进笼里挂在室内听其'歌唱'，或者作和歌，吟俳句，造园艺，练插花等等。"② 在日本人的审美中，优美无疑比壮美更受青睐，日本人的居室、公园甚至公共休憩、会聚场所都以小而精致见长。还有茶道、剑道、花道等传统日本艺术中，每一个环节都是有板有眼的，每一个学习者或观察者都是用心体会每一个细微之处，甚至把每一次交流、每一次聚会都可以视作独特的，茶道所传达的"一期一会"意识就很好地再现了这一点。

这一点也在现代工业设计和产品制造中得到充分体现。许多西方发明的技术或合成的新材料，在日本大多被"缩微化"、"短小化"改造，最典型的就是 walkman 的发明了。这不仅改变了产品的形态，扩大了技术的使用范围，更重要的，根本改变了人们的生活方式，使行走、等候等曾经被看作无聊、无趣的活动统统纳入欣赏音乐这一有趣、有意义的名义之下。改变的不只是技术或材料，它对音乐的传播和存在方式也产生了冲击，促使音乐放下身段，进入寻常人家，音乐的大众化、日常化变得可能。

审美化的生活态度体现在日本人生活的方方面面，例如，人际交往中大量存在的礼仪、仪式是为了保证每一个环节都显得正式合规矩；剖腹自杀

---

① 陈望道：《陈望道文集》（第 2 卷），上海人民出版社 1981 年版，第 78 页。

② 于长敏：《菊与刀：解密日本人》，吉林出版集团 2009 年版，第 177 页。

也是在沐浴后以端庄的坐姿和肃穆的手法在最恰当的身体部位下刀，所以，"切腹"（"剖腹自杀"的日语词）更多是一种表演，观者和当事人更多体验到的是烈士的美。

日本人从第一部史书《古事记》就开始了悲哀的审美情趣，发展到《源氏物语》便形成了一整套影响日本文化八百年的"物哀"美学理论。首先，它认为世间一切悲哀莫过于生命走向衰微的悲哀。这种悲哀广泛地表现在一草一木之类弱小而又平凡的人事上。纤细、寂寞的美是日本人认定的美之真谛。美好事物转眼即逝，生之快乐无时不为死亡所迫，这就是日本文化的生之徒然、美之虚幻的寂寥之感。在日本人的美学观念中，消逝和灭亡也是一种美，这通常被表达为樱花情结。①"物哀"所蕴含的静寂性格，成为空寂（わび）和闲寂（さび）的精神底蕴。空寂（わび），指某物的某一性质状态，达到了无限的深化、成熟的极致。它以幽玄作为基调，充满苦恼之情，更具情绪性；闲寂则以风雅为基调，充满寂寥之情，更具情调性。闲寂的情趣使人在长时间内只关注无限的自我内心，彻底体会到寂寥的意境，澄明心境、放下杂念后，以此"物哀"心去观察周围的万物世像，全都剥落了虚假的外像，而直抵其本质。总之，"物哀"之美意味着沉静自我、脱却烦恼、净化心灵。

在此方面，也存在显著的中日差别。因为中国人倾向于将道德价值置于审美价值之上，日本人相反，是将审美价值超出道德价值之外。换句话说，中日两国国民生活态度之差别就是：中国国民以求善为生活目的，日本国民追求唯美的生活态度。日本人的审美观不仅体现在文学作品、建筑、园林等之中，还大量体现在细致而微的国民心理、国民日常交往之中，并影响到了

---

① 樱花在日语读音是"Sakura"，"sa"的意思是"田野之神"，"kura"意指"出现"，所以樱花的意思就是"田野之神出现"。樱花就像中国的报春花，开得较早。据考证，古代的日本农民把樱花当作报春树，樱花盛开则预示着一年风调雨顺、稻谷丰收，反之则可能出现旱涝导致农业歉收。所以日本古代民间赏樱花风俗的功能相当于中国民间开春的祭祀土地神。

日本人的价值追求，在日本人的价值体系中，审美价值总是大于伦理价值。而且，日本传统道德观念的缘起也与审美有关。日语中的"好"是来自于洁净、漂亮这样的词汇，同样，"坏"的词根来自于肮脏、丑陋等词汇。干净、清洁不只是卫生健康的生理反应或单纯的视觉反应，它可以激起日本人由衷的好感：喜悦和舒心。一句话，由审美而伴随了身心愉快，这本身就被日本人视为好的、善的。

也有人注意到当代日本民族主义思潮有可能与传统的审美意识有关。美国学者内森就曾指出："日本的新民族主义者试图通过重新获得纯粹的、未经玷污的日本精神，从而重新获得目标和尊严。他们所说的'日本精神'曾经存在于日本传统中，存在于日本被迫打开国门、转向西方之前，因此现在必须到传统中去重新发掘。他们认为必须重新认同'国家'，他们所说的这个概念最早流行于明治维新——'国体'，这个词的意义比较含混，有时候翻译成'国家体制'，但也许最好翻译成'民族本质'或者甚至是'神秘的日本体'。"① 但这样的"日本精神"或"共同体"并非现实的存在，而只是观念的构造物，这些日本新民族主义者在建构他们观念中的想象物。将个体性的审美感受放大到对民族意象、国家整体的审美化信念，这确实完成了审美的"华丽转身"，但这种转身极易隐藏对本民族自大式夸张，埋下国际异文化冲突的导火索。

2. 性与心理释压

日本人在性观念上的自然主义态度，不仅体现在将性审美化这一点上，还尤其体现在将性看作心理释压的工具这一方面。

---

① ［美］约翰·内森：《无约束的日本》，周小进译，华东师范大学出版社 2005 年版，第115 页。

弗洛伊德所开创的精神分析理论认为，性是人的生命力所在，正常的性经验是构建健全心理的前提；相反，反常的性经验，特别是幼年时期性经验上的挫折、压抑会形成心理阴影，导致成年后的各种心理疾病。弗洛伊德的理论提出后，引起了广泛而持久的争议，赞成者认为他带来了对人自身认识的革命，反对者则认为他是位教唆犯，纵容人们在性方面的不检点、不自制。理论本身的问题应主要从理论层面并以理论自身的方式去解决，这才是合理的解决问题的途径。我们应当首先关注的是某个理论的内在逻辑是否一致和完整，必须严格区分理论本身所得出的结论与接受、引用该理论所产生的各种现实后果之间的不同，不能将全部现实后果，特别是那些不良的现实后果都归咎于该理论，甚至由此推论该理论就是错的。

尽管笔者并非完全赞成弗洛伊德的理论，只是部分接受了他的观点，但笔者认为弗洛伊德理论在如下几个方面是有解释力的：第一，他的理论更适合于"人类"这一集合体，而非每一个体；第二，他的理论是解构式的，他突破了仅仅将人看作理性者，理性才是人的正常状态的传统观点；第三，他将性问题从隐私层面上升到社会层面，作为影响人的存在、人际交往、人类社会形态的重要变量。

在东方世界，有两个民族在历史传统中表现出了在性问题上的开放，一个是印度，主要是印度教的部分派别；一个是日本。印度教属于主神信仰，对信徒而言，摆脱轮回、求得解脱，是今生的终极目标，由此发展出了多种多样的修行方式，包括在仪式上向神祈愿并集体交换性伴侣以持续达到性高潮之类的特别形式，这被称为"密教"或"林加信仰"。日本则不同，性没有引向宗教、引向来世，而是充分落实在今生今世，成为心理释压的主要方式。

就人的身心结构而言，心理层面介于精神信仰和实利生活之间。虽说一个健全的人应使三者处于平衡状态，但是，每个文化传统在其生成演变中都逐渐作出了总体性选择，从而影响了该文化传统之中的具体个人。三者的关系形态并非只是个体的差异，同时也打上了文化传统、民族性格的烙印。在性的问题上，日本文化传统倾向于将之放到心理层面，例如，日本人很少追究婚前性行为，只要是当事人双方两厢情愿；即便是婚外性行为，也很少成为离婚的主因。

众所周知，现代日本是个漫画大国，漫画书刊之所以畅销不衰，是因为阅读者甚众，中老年读者人数远远高于青少年。日本漫画题材多种多样，其中，与性有关的期刊、专号都是很有人气的，在便利店的书刊一角，性书刊也随处可见，正因为可以通过翻阅性书刊、去红灯区购买性服务，就不必冒险采取违法、人身侵害的方式获得性满足，相应的性犯罪率就会有一定程度的下降，日本因此也成为发达国家中性犯罪，如强奸、轮奸等最少的国家之一。

在现代职场，性的心理释压同样也有广泛表现，下班后员工们喝酒闲聊的话题除了人际关系间的矛盾，主要的就是性问题了。女性在单位里常常被当作"花瓶"，她们的工作内容基本上都是辅助性的，例如打字、整理文件、清扫、倒茶、接打电话等，她们很少作为正式员工在综合职系列的岗位上被录用。而且她们被要求仪态大方、笑容可掬，还要对男同事的黄色、浅黄色笑话和轻微的性挑逗、身体触摸保持足够的忍耐力。可见，在日本，性的心理释压主要是针对男子而言的，通过女性在性上的忍耐和克制满足了男人堂而皇之的心理释压。换句话说，将性心理化，暗示着女性在性问题上的被动和不自主。

3. 性的非道德化

众所周知，当今日本的情色产业是世界第一，它的色情 AV 远销海内外。"在日本有一种说法——日本的色情女星可以顶一支军队。原因是日本的色情产业占其国内生产总值的 1%，恰好是国防预算的上限。近年来，这支'军队'开始加速走出国门，在邻国、欧美甚至伊斯兰国家攻城略地。"①色情业之所以发达，除了娴熟的商业技术和高超的营销手段之外，最主要的在于日本公众对色情业的宽松态度，这就是性的非道德化。

"好色"一词，日本的释义和中国不尽相同。中国的"好色"是以男性为主，指男性玩弄女性，包含了明显的负面评价的印记。日本则不然，指的是男女互相喜爱乃至痴情，却丝毫没有价值上的否定因素，在道德上是中立的评价。

由于在性方面持有相对开放、非道德化的立场，即便在婚后的夫妻间性生活也不是主要的满足方式。有多项社会调查数据显示，与其他发达国家相比，日本夫妻之间的性生活频率是最低的，人们通常将过长的劳动时间、过重的精神负担看作上述现象的主要原因，但真实情形可能并非这样：性文化的开放（如成人漫画、成人电影、红灯区的存在）部分释放了人们的性需求，特别是在日本国民中普遍存在的对性的非道德化态度，也极大缓解了人们对一夜情、婚外性生活的舆论压力。

性的非道德化绝非今日"西化"的结果，相反，它是日本传统文化的一个部分。例如，日本佛教的一些流派就对此思想的形成有所贡献。佛教在日本化的过程中吸收了日本自然主义观念，并用佛教的因缘聚散、机心等概念加以发挥。中世时期的亲鸾（1173—1262）就是一个重要代表。亲鸾相信，心的所在是不能够由意志自由支配的，"业缘"这样的前世约定使我们对此无能为力。但这样的业缘又可以被解释成使命、正机等，它们都是业缘的显现，所以，他进一步推论，只要我们有此业缘，那么即使成千上百的人也能够毫不犹豫地杀掉，但杀人者因此业缘而超脱出恶性评价之外。这并不是心的所在就能够决定的，人自以为的"心思"、"意念"并不能对此有任何作用，

---

① 林梦叶、萨苏等：《日本色情业输出招多国不满 文化根源西方费解》，《环球时报》2010年4月18日。

即他所谓的"不因心善而不杀。即使不欲加害，也会杀千百人"。亲鸾认为，所谓人心，虽原本就是非善非恶，却既能向善也能向恶。这是由于人的心根是由业缘随意左右的，因此，人不是由于自己的意愿或苦修就能够成为善人的。善人也经常会变为恶人。[①]与谁发生性行为、有怎样的性活动本身并非当事人的心思，而是因缘聚散所致，当事人只是"情不自禁"、"无以控制"而已。一旦业缘发生影响，善人或恶人的区分就全然消失了。

日本著名小说家渡边淳一的《失乐园》家喻户晓，他的小说远比改编后的电影更让人回味无穷。对多数中国读者来说，十分不解的是：作者对已婚男女主人公的婚外恋充满了审美化的观赏和无奈的同情，全然没有道德上的指责。例如，男主人公久木祥一郎这样开导自己的出轨行为："仔细想想，对于人还有什么像性那样重要而且根本的问题呢？"他与他的情人松原凛子虽然明知道婚外恋不合乎伦理道德，但是追求"瞬间美"使他们在婚外恋中不能自拔，最终燃尽了生命。作者全然没有站在维护家庭和谐的立场指责他们，而是赋予男女主人公的婚外情以"解放"意义，因为他们都想从现代文明对人性的桎梏中挣脱出来，遵循他们内心的本能。正如男主人公所说"性本身就是为了瞬间的快感而燃尽所有的能量，所以现在最重要，现在就是一切"。小说用"至福"作为结尾篇的标题，这似乎是作者为同情男女主人公而尽的一点微薄的力量。渡边笔下的性爱过程，更像一场庄严的仪式，他把一个情欲渗透的爱情故事写得极其庄重而神圣。

在日本的一些大城市，不少女中学生在校外与成年男性建立暧昧关系，甚至有直接的性关系，这被称为"援助交际"。"援助交际"的普遍存在与日本社会对其错误的宽松态度有密不可分的关系。当事人双方认为各得其

---

① 参见［日］中村雄二郎：《日本文化中的恶与罪》，孙彬译，北京大学出版社2005年版，第18页。

所，女中学生得到"实惠"，有了更多的零花钱，可以买心仪的名贵物品；成年男性得到了性满足，"两厢情愿"。局外人怎么看呢？日本的学生家长大多蒙在鼓里，不知道自己的孩子干了什么；日本的老师认为这耽误了孩子学习，会造成身心伤害，不值得提倡；日本的行政人员说这需要成年人作出良好示范，却不能作出强制规定。他们虽然不会明确主张"援助交际"是好的，但显然也不会在道德上明确反对、抨击它，在隐私权和尊重个人选择的名义下，多数日本人相信：只要不是强制、诱骗，当事人双方知情同意发生的行为，旁人就不便置喙。不过，有很多民间组织以及政府部门会提供各种性安全知识和性侵害防范措施等方面的服务，这些至少可以保障年轻女学生不受到非自身意愿的伤害，同时会对她们基于自愿选择的行为方式给予充分尊重。

虽然相比于其他亚洲国家，甚至一些发达国家，日本文化在性方面持相对宽松的态度，采取了非道德化倾向，但这并不意味着日本现代社会色情泛滥、人们在性方面完全无所顾忌。事实上，日本也存在性方面的限制和制裁，例如，禁止强奸，特别是对未成年人的强奸将受到严厉处罚；红灯区的夜店禁止强行拉客；晚间的黄金时段禁止色情广告等。最重要的是，日本社会存在各种各样的民间组织，许多热心人士或基于自身道德感的人员会相互联合，开展各种活动，如图片展示、演讲、游说参众议员、投书报刊等表达自己或自己所属群体的声音，这些力量的存在形成了"正能量"，遏制了性文化的无序扩张。

三、拟制家庭关系

尽管现代日本社会已经建立起高度的理性结构，社会分工、市场化和法律规制等因素广泛存在且切实地发生着作用，但这些只是"表面原则"，支配日本人实际交往的原则仍然是拟制家庭关系，即模仿家庭成员关系的相互对待原理，在表面的理性原则之下实际运作的是情意浓浓的家原理，在关联者之间相互建立起拟制家庭关系，最具代表性的就是"亲方子方关系"、温情主义劳使关系和一家主义。

1. 亲方子方关系

"亲方"，日语的原意是"父母亲的家"，后指"工匠的头领、手艺传人、相扑的管理员等对该领域有经验有人脉的人，他们担负指导、培养后辈的责任"。"子方"原指"（剧团、能乐）做徒弟的人"，后指"需要关照、引导的新入行者"。亲方子方关系在形式上是功能主义的，即手艺、技艺、能力的习得和传承，但在社会心理上属于温情主义，即用拟制父亲—儿子对待原理来感化、生成彼此的道义责任，而且这样的道义责任是终身性的、全方位的。有些类似于西方封建时代曾经存在的庇护人与随从的关系。相扑是日本传统的竞技运动，相扑运动员都被分别纳入不同的团队，团队的头领既是运动员的经纪人，又是他们的教练，更是他们的大当家，他们被称为"亲方"（像父亲一样的人）。运动员因其资历、成就而取得在团队中的不同地位，运动员之间有长幼之序，他们对头领行弟子礼，被称为"子方"（像儿子一样的人）。

亲方子方关系还大量存在于日本传统工艺和文化制作、传播的领域，例如，剑道、空手道以及日本和纸制造业、纸扇业、和服业等，这也是日本传统文化绵延不绝的秘密武器之一。有了传人，手艺自然就会将从师父那里传承下去，一代一代，永不中止。他们之所以较少受到市场经济的冲击，一方面源于公众对这些传统工艺和文化的喜爱，有一批忠实的消费者和拥趸；另一方面则因为弟子将师父视若父亲，将手艺当作"家业"，在传承中获得荣誉和尊严。同样，师父在选定了继承人后，就会将之视为己出，毫无保留地将全部核心技术、要领、诀窍等传给弟子。传统手艺和技术不仅得到了原汁原味的传承，而且还不断融入师徒们的创新，得以发扬光大。到日本旅游、留学、访问的人都会被日本到处充斥的传统工艺和受到极高尊重的传统工艺达人而惊叹，人们都不约而同地将日本视为现代化进程中将西方文明与自身传统文明完美结合的典范。尽管这并不符合全部的事实，但大抵上还是充分肯定了传统工艺及其继承者并未被挤出现代文明这一令人叹为观止的可喜局面。

在日本，局部性的组织总是与整体性的社会保持密切关联，换句话说，不同组织的活动场所较少与结构上相似的社会相分离，社会中的不同部分——可能是封建时代的领主、现代的公司或亲方子方关系——都可以用相互作用之类的基本词汇来定义。即便在高度现代化、商业化、城市化的今天，彼此关联的关系并依此关系而相互对待的交往仍然是主要的社会活动形式。企业、商户、厂家等活动场所间和市场间的联系已经高度依赖各种非正式的行动安排和关系网络，而较少依托明确、抽象、正式的规则和可以观察到的功能性网络。

在当代，亲方子方关系首先体现在企业这样的经济组织中，这也是构成日本企业文化的社会学原理之一，它将西方科层化的组织结构与日本传统的家关系的组织沟通文化相结合，形成了无法复制和难以移植的企业的"软件"——企业内以亲密性、信任、扩大式责任为主要特征的上下关系形态。这也影响到经理人员的地位和日常行动方式，有学者将日本管理者与美国管理者作了如下对比。"由于日本管理人员的权力是来自于他以往的成就、他目前的地位、他的年资（亦即他在一家公司终身就业的经验），以及最重要的'关系网'。因此他们并不特别害怕与他人分享权力会危及自身，使自己陷入可耻的依赖地位。他们的权力来源很多。而许多美国公司的管理人员却只有最近的成就和现在的地位来支持他，不安全的感觉使得他们必须保护自己，防备上下四方的不利批评。"① 这就不难理解为什么日本管理者更愿意摆出亲民、好打交道的形象，他们不担心属下"篡权"，自然会更乐意扮演父亲角色，来提携属下，换取他们日后像儿子一样的忠诚。

有日本学者认为，日本人离开社会、遁世、孤独时才能得到心的安宁，这是自古以来的心理，至今仍顽强地保留着。甚至他们把日本人的传统思维特点归结为：孤立、逃避、遁世，这些又与洁癖、离世、安定感是同义词。即认为日本人的内心是孤寂的，爱合群、抱团只是遮掩对孤独的渴望，幻灭、逃避的意识潜伏在人们的观念中。其实，这有点类似中国传统士人的"儒道互补"心理：达者兼济天下，隐者独善其身。同样，与注重关系、特别是连带关系相伴随，对关系破坏或丧失之可能性的担忧也时时存在。幻灭所带来的快乐在日本文学作品中大量存在。许多日本人相信此世只是短暂的停留，所以不太主张迎合现实，因为现实的社会是"浊世"，完全不必要在理论上去证明这种现实社会的秩序并催生人们对它的认同。基于同样的理由，日本人对理想社会的梦想或设计也极少。纯粹日本人的行为是追求远离社会时的清澈，如果不能如此，就陷入集团利益、国民名誉中忘却自我。所以，与他者的平等联系常使他们不安，这极易让他（她）产生"无我"的感觉，于是，日本人在与他人结成关系、形成秩序时，更倾向于上下式纵向关系。

除了上文所讲到的传统工艺、技艺等领域，在其他社会生活领域如政界、财界乃至学界等，亲方子方关系也变换面目有所呈现。尽管充满了实际的变动，亲方子方关系在市场的关联者中还以各种形式继续存在。通过亲方子方关系，委托人可以得到超出市场和人性不确定性的保护，也可以摆脱来自集团、组织或个体的任意性要求。

---

① ［美］R.T. 巴斯克、A.G. 艾索思：《日本的管理艺术》，黄明坚译，广西民族出版社 1984 年版，第 142 页。

2. 温情主义的劳资关系

在近代日本，最早倡导大经营家族主义，并据此实施温情式劳务管理的，是钟纺的经营者武藤山治（1867—1934）。他是当时非常有影响力的、温情主义管理的积极倡导者和实践者，又被称为日本纺织大王。他结合自己的管理体会，在日常的管理活动中全面贯彻欧文主义模式。这种温情式管理模式的基调表现在对员工表露出温情般的亲切、关心的态度；追求长远的利益；培养优良员工等三个方面，即强调员工与企业的共生共存，员工要对所属集团保持高度的归属意识，引导员工以集团的存续发展为宗旨而行动，为此就必须提供企业集团内的"和"，只有在每个员工都充分意识到了集团内的"人间"，才能最终保证员工的个人利益和企业利益的双向发展。

但武藤并非精神至上主义者。他很早就开始关注泰勒的"科学管理"①，并运用到钟纺的工厂中。武藤于 1912 年开始探讨和积极吸收科学管理。1914 年着手进行了有效时间运用的研究。1915 年 9 月武藤治山提出了"精神操业法"。内容包括：(1) 以经营者为首，要使全体劳动者的精神集中于各自的工作，从而提高业绩；(2) 目的不是增大个人的直接的劳动量，而是提高劳动的质；(3) 包括管理者在内的经营者，都要在一切行为上强调精神化的作用，形成高尚的钟纺风气；(4) 如果成功，就会达到以现有的管理者人数实现事业的成倍扩张以及劳动成效的加大之长期目标。总之，他要创造出优越于其他企业的"钟纺风气"，更牢固地确立劳资一体的关系。一旦形成了"钟纺风气"，并有效地发挥作用的话，劳动者就会远离劳工运动，并不再关心企业外的事务。

日本资本家开始广泛地重视制度化的劳务管理是第一次世界大战之后的

---

① 泰勒发表《工厂管理法》一文是 1906 年，出版《科学管理原理》一书是 1911 年。据说最早将"科学管理"介绍到日本的人是铃木恒三郎，他于 1912 年从美国回国，首先在古河矿业的日光清龙精铜所推广"科学管理"。

事。资本家和经营者对劳动者问题的最大苦恼是，如何以封建的身份关系为前提培育出日本的精神主义、形成独特的劳务管理制度？如在工厂设立"劳动委员会"，以后又形成了"协调会"，就是这样的尝试。

温情主义的各项制度是以经济合理性，即追求企业最终的最大利益为背景的。因为要实现经济合理性，如果没有员工的高度忠诚心是无法实现的。武藤的"培养优良员工"、善待优秀员工等，是有明确意图的。他"优待"的对象只是那些有专业技术能力和高度忠诚心的少部分劳动者。当时的日本共产党的理论家河上肇对此做了深刻的揭露。他指出，经营家族主义将封建的身份关系套用到雇佣关系中，对多数劳动者来说，资本家仿佛是慈爱的父亲，若不服从资本家的命令，道义上也不被允许。武藤为代表的日本资本家所采取的温情主义，尽管表面上看不同于西方资本主义，但其实质仍然是剥削和压迫劳动大众，却由于采取了温情主义，掩盖了真相，更具有欺骗性。

由于历史上长期存在的同质性社会结构以及保存性的文化沉淀，使得日本人在思想上推崇集团主义，反对个人主义，形成了集团主义社会形态和家族化管理方式。在日本企业管理中，对集团的认同表现在企业对内与对外管理两个方面。对外主要反映为日本企业十分恪守以顾客为目标，充分追求满足顾客需求的经营理念或管理目标；对内主要反映在日本企业形成了"家族"式的企业共同体。家族式的企业管理方式致力于在企业内营造一种求同共荣的准家庭或大家庭的氛围，达成员工对企业的认同与忠诚①。

西方近代也出现了温情主义的企业管理尝试，这就是欧文主义。它属于一种社会改良思潮，力图纠正过度市场化的不足，吸收了互助、慈善、父道主义等近代西欧左翼思想。欧文主义的提出和最早实践者是法国近代社会思

---

① 中村元指出："中国儒教的根基是孝道。因为易姓革命、改朝换代的想法在中国人的思想中是一个基本因素，所以，忠的思想不可能在他们的道德体系中占有中心地位。但是，在日本，因为社会具有一种等级机构，所以'忠'这种特殊的道德在所有的道德中占有最高的地位。"（《东方民族的思维方式》，浙江人民出版社1989年版，第308页）

想家欧文（Robert Owen，1771—1858），他比较明确地提出用新的劳务管理取代工业革命后盛行的专制式劳务管理，主张放弃对工人的压制和敌视，采取向工人示好的合作方式，从而提出了包含对劳工理解与关心的父权式管理，即通常所说的温情主义。日本近代企业中一批先进人士也开始接受了欧文主义的观念。日本能够较早地接受当时并非主流的欧文主义而逐渐推出了温情主义的管理文化，其原因之一就是日本封建时代的企业（商号、店铺、作坊等），由于采取了"家元制"而具有准家族或模拟家族的形态，易于生成和接受温情主义的管理文化。有不少研究成果表明，早在江户时代中期的大商业集团中，就已经出现了日本式企业人事管理制度。"（日本）封建的关系下那种可取消的，但又有固定契约的法制关系，对培养日本所谓的'个人主义'提供了比中国的神权政治更为有利的基础。日本虽未能从自己的精神中创造出资本主义，但是毕竟容易将资本主义视为一种人工制品，而从外部接受进来。"①

3. 一家主义

"一家主义"对西方人来说很难理解，但对中国人来说却似曾相识。它就是一种以我（家）为中心的整体主义，无非是以家庭内的关系原理运用于集团中，企图将集团内成员关系改造成亲密无间的"我们"，以实现集团利益的最大化。"一家主义"既是温情主义的，集团对其成员实行全方位的惠顾和施恩；又是排斥个人主义的，不愿为集团利益作牺牲、过于强调自己利益的特立独行的人往往会被贴上"自私"、"性格孤僻"的标签而受到冷遇。如果说集团主义是与个人主义相对的社会价值原则，那么，一家主义则是与

---

① ［德］韦伯：《印度的宗教——印度教与佛教》，康乐、简惠美译，广西师范大学出版社2005年版，第385页。

高度分工的科层制下的原子主义相对的组织结构原理。

"一家主义"并非天下一家，而是"小圈子化"，即尽可能将不得不交往的关系，如顾客关系、同事关系、同学关系、师生关系等，划入"我"的情感空间，一旦进入情感世界，普遍原则或理性考量就退居其次，而主要以"顾及旧情"、"照顾面子"、"难为情"等心理活动来处理相互关系及其事务。这就导致多数日本人倾向于以平衡、平和的方式处理人与事相关的问题，在价值观上持相对性或多元主义立场。换句话说，在道德观上态度是模糊、暧昧的，这意味着多数日本人在日常行为中倾向于对民意、民心或者习俗的顺从，宁愿放弃独立思考，也不热衷提炼普遍、客观的行为规范，在现实世界和国际事务中不敢为人先，只满足于做芸芸随众。激进的、革命的思想难以生根，改良的、渐进的方式易于接受，这一方面减少了社会的震荡，另一方面也使旧的观念得以延续，甚至死灰复燃。

"一家主义"主张一团和气，反对斗争哲学，提倡妥协，在解决冲突时尽量"无事化"，至少做到不提到"台面上"，以给双方留下斡旋、变通的余地。显然，日本社会绝不是没有冲突，但在日本人之间确实存在对冲突的特殊理解和解决冲突的特殊偏好方式。首先，日本具有强烈的倾向将直接公开的冲突诉诸法庭的可能性最小化；其次，根据冲突的性质将利益、观点方面的差异给出最小化的定义，重要的不是"公平"、"正义"，而是息事宁人，平安无事；第三，倾向于以非正式的渠道解决各类冲突，这主要基于维护当事人之间的一致与和谐的考虑。对和谐、和气的强调，使日本人尽量避免直接、公开的顶撞，有时就会出现"表面服从"（或者说"仪式性服从"），即出于对上级、长者尊重的考虑而不争辩，并应允下来，但私下里仍然表示不同意，或坚持自己的立场。这就易于授人以日本人暧昧、不诚实的负面评价。

一家主义最大的困境在于，它只能运用于同为"我们"的人群之中，如同一公司的职员、同一学校的同学、同一地区的居民等，但对完全的陌生人，如外国人就难以自动生效。日本社会内部一直存在对历史上的"归化人"、近现代的"部落民"、"原殖民地民"的歧视。当他们难以被包容在一家主义名义之下时，就被当作"不存在"而加以蔑视，结果，"日本社会拒绝对这些少数民族承担责任，认为这些种族遗传低劣，又无明显的成就，是一些不受欢迎的民族。战时外国占领期间流露出来的伪善的傲慢，及无力吸收那些想象上或现实中的不同文化背景，就是不能由正常的社会渠道发泄的内在紧张感向外界投射的证明。"①

在当代日本，民主主义意识的普及和自由主义学说的传播，"一家主义"开始打上了负面印记的标签，它越来越被视为旧时代观念的残留，日益受到人们的反感和质疑。特别是在评价国际关系和外交事务时，许多日本人倾向于将少数大国唯我独尊、拉帮结派的做法看作是"一家主义"，例如从前的苏联在东欧的称盟、如今的美国在世界的称雄，甚至他们也把中国的崛起看作是在亚洲的称霸。作出如此评价的根源之一在于，很多日本人始终认为战后的"和平宪法"是外部力量强加的，日本由此成为"非正常国家"，在国际事务中尽了义务却无法享有对应的权利，受到了"不公正"待遇，对此日本国民间普遍存在"受害者"心理，应该注意的是，这也是我们认识当代日本一个不可忽视的重要现象。

就国内事务和文化传统而言，"一家主义"为日本人提供了民族凝聚力和社会向心力的思想意识基础，这也是日本在近代较早摆脱封建体制、实现现代化的社会心理根源之一，因为"一家主义"提供了国民相互认同的共同对象和心理期待，极大消除了瓦解封建体制后日本社会动荡所带来的不安全感和面向未知的现代化过程的不适应症，国民在心理、思想意识上的高度一致就为他们在行动上追求共同目标提供了有力的保障。遗憾的是，这样的思

---

① ［法］A. 马塞勒等：《文化与自我——东西方人的透视》，任鹰等译，浙江人民出版社 1988年版，第 172 页。

想意识方面的高度一致曾被错误地引向皇权主义、军帝国主义，带来了对亚洲邻国的严重侵害，也使日本现代化进程极大受挫。第二次世界大战后，一家主义与国家主义逐渐分离，逐渐退回到社会基层组织，如企业、学校、协会等，一家主义所具有的合理因素得到保留，构成了现代日本社会的重要社会资本。但我们不能忽视一家主义本身所包含的弊端和内在不足，总之，给予一家主义恰当的评价才是合适的。

第三章
二元社会结构

───────── **古老村庄习俗的终结** ─────────

  2006 年春，地处日本西部山区的小坂村发生了一件寻常却又无可奈何的事情。小坂村部落总会在经过数次会议磋商后投票表决废除了"同行"。"同行"是流传于日本乡村数百年的传统，它是村庄的一项重要社会功能，也是象征村共同体的主要仪式。所谓"同行"就是在村中某家死了人，全村加入了同行的人都行动起来，出力出钱，相互配合，按照传统礼仪办完丧事。小坂村的"同行"有 400 多年的历史，而且在战后高速现代化进程中仍然得到顽强的保留。然而，自 20 世纪 70 年代以来，越来越多的年轻人离开村庄，到城市就业、置产，加之出生率下降，小坂村的人口也出现了老龄化、过疏化的特点，一遇到红白喜事每户出一名劳力都变得困难，硬撑了 20 余年后，不得不决定放弃。村民们为之痛惜，却又无力回天。又一个传统的日本村庄共同体崩溃了。

雇员可否向其雇主要求知识产权？[1]

2004 年的一天，东京地方法院作出判决，日亚（一家位于四国的中小企业）必须支付 200 亿日元给该企业一位前研究人员中村修二，那时他已经离职到美国加利福尼亚圣芭芭拉大学担任教授。中村在为日亚工作期间发明了一种生产 LED 灯的工艺，法院判决的赔偿就是对他的知识产权的"合理价格"（日本的《专利法》要求雇员应该得到这部分收益）。按照通常的惯例，雇员工作期间所提出的知识产权相应地转移给了他的雇主，雇主获得了这项专利的所有权，也就应该根据法律支付合理的价格。

但这个案子经历了数年的时间。中村 1979 年毕业于四国的德岛大学，然后入职日亚，该企业有近 200 名雇员，主要生产荧光灯。大家都看好 LED 灯的前景，但当时还没有人知道如何生产它。1988 年，中村决定接受这个挑战，企业将他送到美国佛罗里达大学学习一年，还为他购买了昂贵的仪器做实验。1990 年秋，他取得了突破，经过不断改进，可以投入生产，企业于 1997 年为此申请了专利。该企业设立了奖励员工发明创新的措施，中村因这项发明得到了 2 万日元的奖金。中村参加了后续的改进工作，企业也因这项专利在国际市场上获得了巨大成功。中村的声名鹊起，他开始感到自己在企业不太受人欢迎。1999 年，中村移居美国加州。有人将他视为商业秘密的背叛者，但他说自己只是想拿到与他的脑力付出相称的"合理价格"。

法院的判决在日本引起了轩然大波。经济同友会的主席说，这个判决将对日本的国际竞争产生毁灭性打击（《日本经济新闻》2004 年 2 月 3 日）。但一名东京大学的教授则指出，在日本制造业一名理工科毕业生的终身收入

---

[1]　参见《蓝色 LED"200 亿日元"的判决——勿令发明成风险，制定面向技术立国之分配规则》，《日经产业新闻》2004 年 2 月 2 日。

常常远低于艺术和社会科学毕业生，这个判决对消除这种失衡是件好事。

从社会结构上说，现代日本已经摆脱了传统的等级制，但远未达到欧美式的扁平化形态，原因在于日本的社会结构呈现出二元式①，如在企业中，有大企业与中小企业的并列；在学校，有名门学校和非名门学校的差别；在政府机关，有实权部门和非实权部门的不同等。在同一组织内的单位或个人并无直接的竞争，但处于同一系列内相邻等级的单位却会围绕业内排名、社会美誉度、市场占有率等各种指标展开激烈竞争，这些又带动了各自系列的活力。在日本，处于二元结构两极的单位或个人并未板结化，也未凝固下来，这得益于存在各种合理的观念和有效的制衡机制，包括通行于整个社会的平等的教育理念、公平的法律体系、自由的市场原则、专业的新闻媒体等，它们共同维护着阶层的适度流动和社会生活的批判性，避免了既有二元结构所可能造成的社会生活的僵化。

一、二元式社会结构的传统形式

在东亚，农业时代的社会结构大多是一元式的，即中央集权制下的政令一统，中央政府不仅控制了主要的社会资源，同时也掌管精神信仰、思想文化的再生产。在迈向现代化的今天，实现了民主体制的后发国家和地区大多承袭了部分传统的中央集权形式，表现出新威权主义，建立起受限的政治自

---

① "社会结构"通常指一个社会中各元素之间的安排。在前工业时代，各元素的安排受到神权、皇权、族权的控制，表现为各种等级形态；在工业时代，社会结构出现了平等化、交互式的特点。但在一些亚洲国家，现代化过程中的社会结构转型表现出了自身的特殊性，例如，日本、中国等都存在不同形式的二元式社会结构。

由与开放的市场经济相融合的体制，新加坡、韩国、台湾地区都属于此类。但日本有所不同。日本的典型农业时代——德川幕府时期建立的是公—武并存的政治体系，皇室所表达的"公"虽然偏居一隅（京都），却是精神、思想、文化的领袖，具有绝对的至尊地位（控制了国民之心）；将军所代表的武家虽然握有一统天下的军事和经济力量，却只能屈居于世俗世界，有的只是至强的地位（握有行政之力）。不过，二者的权威都没有达到极端的程度，天皇在名义上是国家的最高统治者，却不能左右国政，其经济地位也十分虚弱；将军也面对着藩国领主的压力，不能随意调遣他们的军队，也不能直接干预藩内的事务。类似的二元并存体系延续到了今天，整个日本社会既不是单一的等级制，也非多元的杂列，而是两极并列多元共存的媾和状态，二元差异、抗争且统一而非一家独大的局面，既提供了日本社会创造性和活力，又避免了多极对立的无序。

1. 日本的"家"

人们常说，家是社会的细胞，是社会组织的基本单元。然而，不仅不同民族的家的形态各有不同，而且同一民族在历史发展过程中家的形式与内容也发生了重大变化。日本的"家"[①]有多重含义，一个含义是家宅、房子；一个含义是家庭成员；最重要的意思是"家庭组织"，即"依托于祖先之灵的、纵式的、连续的观念式存在"。"家"聚合了政治、经济和法律等多项功能，"家"不仅是一个生育单位，同时还是一个生产单位，更重要的，它还是观念生产和社会身份承继的单位。每个日本人在他的社会系列中都

---

① 在日语中，与"家"相关的词有"家族"、"家庭"，它们之间有微妙的差别。"家族"主要指夫妇的配偶关系和亲子、兄弟的血缘关系所构成的具有亲属关系的小集团。家族包含在"家"中，而"家"的功能则由家族担当。"家庭"则指夫妇、亲子等成员共同生活的集合体。

会被要求成为某家的一员，在法律上从属于家主，只有家本身而非家的成员拥有家产，家主也不过是为家的利益（包括家的全体成员、数代祖先以及未出世的后人）而代理掌管家产，日本的"家"像现代股份公司，"家"就是一个事业：它是一个永存的实体，拥有完全有别于其构成成员个体的专享权利。

　　就人们的直觉而言，日本的家似乎是东方式的，不过，这种直觉非常不靠谱。实际上，日本的家在很大程度上区别于中国。中国人的家是一个封闭性较强的父系血缘集团，是共有一个祖先、姓氏相同的同宗者构成的集团。中国的家庭由具有血缘关系的成员、家业与家姓构成。日本的"家"则包括家业、家名、家室等多个方面，其内容要比中国丰富得多。其中，"家名"而非个人的名声有时比家内任何成员个体的生命都更重要。在日本，家不仅是以婚姻和血缘关系为纽带的一种社会组织形式，它还是"超越个人生命的、祖孙一体的永远的生命体"，日本人的家制度就是"家的父家长制"（川岛武宜语）。日本的"家"还具有祭祀功能，即按照相应的习俗和礼仪规定定期祭祀"家"的先人，日本人相信，先人不仅创造了家，即便死后也会护佑家，家的幸福和发达都与先人有关。

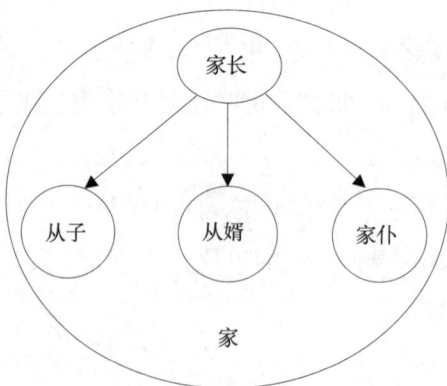

图 3-1　日本家结构

```
┌─────────────────────────────────────────┐
│  祖父之兄 ----------- 祖父 ----------- 祖父之弟  │
│     ↓                 ↓                ↓     │
│   其子 --------------- 父 ------------- 其子   │
│     ↓                 ↓                ↓     │
│   其孙 --------------- 子 ------------- 其孙   │
│                                            │
│                  家  族                     │
└─────────────────────────────────────────┘
```

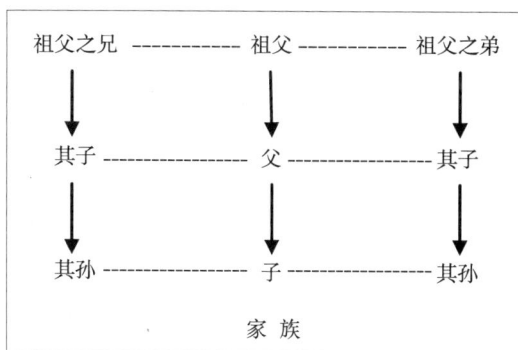

图 3-2　中国家族结构

大体说来，传统的日本"家"具有四个方面的显著特点：

（1）实行严格的长子继承制。在中国，一般也以长子为主，但在实际中并非严格地执行长子继承制，更经常的做法是首先想方设法、尽可能地维护大家庭的统一，在难以维系、不得不分家时，大多采取的办法是：在几个儿子或兄弟之间平均分配家产和义务。有时，那些较多地承担赡养父母、抚育幼小弟妹的长子会分得多一些的家产。此外，中国的家长大都是自然形成的，即由家庭内部血统关系的天然尊长——父亲或祖父自然而然地成为家长。然而，这将直接产生一个非常不经济的结果，即一个富裕家庭就可能被均分成中等家庭，甚至沦为下等家庭，这不利于财产的积累和扩大再生产。

近世初期，日本也大多实行男子均分制。以后随着封建身份制的巩固，家长和长子的权威也日益得到强调。长子继承制逐渐成为新的惯例。遵循"家"制度的日本武士，因为只由长子（一个继承人）继承，经过江户时代两百六十多年的历史其人口构成未发生很大变化，据幕府末期的统计，作为统治者的武士约占总人口的 6%。

由于实行独子继承制（unigeniture），家中的其他子女长大后都必须分家另过，但是，分离出去的诸子并不能完全自由谋划自己的去向，大多数时候他们必须为父亲选定的继承人及本家服务，这就形成了本家与分家的等级序列，本家与分家之间呈现出如下的关系状态：第一，二者的关系以团体而非个人为单位；第二，二者间存在等级高低；第三，二者之间负有永久的义务观念，即本家对分家的关照，分家对本家的忠诚；第四，分家未必是血缘关系者，同一地域的人也可以申请加入，本家—分家关系也可以包含非血亲的拟亲属关系。

长子单独继承，其他兄弟处于劣势，形成了本家与分家的上下纵式序列，兄弟的横向关系变成了纵向的从属关系。弟弟们长大成人时，只能分家另立门户，除非有足够的田地，他们几乎不得不白手起家，否则将被迫去城里拜师学艺，成为匠人。这带来了具有现代性的社会经济后果：一方面减少了农业人员的无限膨胀，降低了农业劳动者间的竞争，缓和了耕地不足的矛盾；另一方面，向城里输送了一大批从事商业、手工业等多种行业活动的后备人员队伍，像这样不断进行的职业、生活方式和居住场所的变迁，实际上也不断模糊了封建时代农、工、商之间的界限。

（2）扩大式家庭成员关系。在印度和中国、朝鲜，都十分强调家庭内血缘关系的天然性纽带作用。一个长久在外的兄弟或外嫁他乡的姊妹仍被视为家庭成员，在感情上被同等接纳，相反，没有血缘关系的人被当作外人而难以融入家庭关系中。中国收养子、入赘女婿，或缔结"亲戚父子关系"，都有非常严格的限制条件，其目的都是增进当事人个人的利益，为了不至于使该男子血脉中断。

在农业时代，每个家庭都是一个自足的封闭体系，一般的家庭可以独自完成生产、分配、消费、教育等多种社会需要。在共享的大家庭中还可以进行婚配、生育、人口再生产职能，单个家庭的功能越齐全，自我复制性就越强，就越可能造成对其他家庭的疏离或无视，结果，形成鲜少往来的"原子式"家庭单元。日本农业时代盛行"内婚制"，传统日本人的择偶范围要比中国小得多，择偶的目的大多以维护家业、家名为旨归。为了延续家名、家业，日本人收养子、招入赘女婿十分常见。在收养养子问题上，日本人的传统习惯是：如果在近亲中没有合适的人选，便选择年龄相差 15 岁的弟弟或堂弟做养子，结果一对亲生兄弟就可能变成养父子关系！近世著名儒学家中江藤树（1608—1648）在其父亲还在世时就被祖父收为养子，继承了祖父的武士家业。三井集团的第十代掌门人三井高栋（1857—1948）本是第九代掌门人三井高朗的弟弟，因其兄体弱无后，便被收为养子，以后继承了三井家业。不仅百姓如此，收养子的做法在达官贵人中也很寻常，例如，在德川幕府期间共计十五代将军中，竟然有八位继承者是过继的养子！日本人还有一种世袭家名的习惯。在一些名门世家，为了保持家的永存，子孙代代沿用同一名字，如歌舞伎中的名家——成田屋，其继承人代代都用"市川团十郎"这一名字，从 17 世纪下半叶至今已传了 12 代！

这就是传统日本外延式扩大的家传承方式，即向家中引入非血缘的他人或外人。这有别于印度和中国的内涵式扩大方式，即借助出生、生育来繁衍后代。外延式扩大淡化了血亲观念，分家单过的亲兄弟有时也会被视为外人，远嫁他处的姊妹较少来往，长期漂泊在外的亲属更不会被当作家庭成员，但是，长年侍奉家人的仆人、郎从、门人、学徒等却可以成为正式的家庭成员，或者通过娶主人的女儿被招为上门女婿，或者被直接指定为家业、家产的继承人，成为该家庭的掌门人。在日本，领养关系或通过长时期的主从交往而发展出来的情谊关系完全可以成为进入某家庭的重要渠道。这种家庭构成形式，既肯定了深层的、长久的人际交往的情感意义，同时弱化了血缘的影响，这就可能保证在一定程度上实行能力主义，让合适的、信得过的下属、仆从等接替自己，而不至于将家业交给低能、无能的子女导致家道衰落。

直到大化改新（公元 7 世纪）前，日本都实行"访妻婚"，这是一种母系为主的族内婚。族内婚的唯一限制是禁止同父同母的兄弟姐妹之间的婚姻，但叔侄舅甥之间的通婚却受到习俗的肯定。这一习俗一直到 1898 年明治民法颁布后才被明确禁止。另外，在日本大规模地引入中国的封建制之前，家庭关系中男女的地位平等的成分较多，亲属关系的范围、社会身份、财产等，都采用父母系双系制或双属制，从父或从母很大程度上有可选择的余地。换句话说，在封建制之前，日本男性做上门女婿，或普通家庭领养非婚生子女都比较普遍，这些人的社会地位、身份与家庭其他成员是基本相同的。日本的家庭中养子与嫡子在继承家业方面完全没有差别，这表明日本家庭中血缘关系的重要性没有中国、韩国等国家强。

（3）日本传统"家"的退隐制。退隐制或者说隐居制度始自武士家，后扩大到庶民。因为"家"高于家庭成员，为了"家"的利益就会采取许多效果主义的策略，从而达到"家"永续的目的。"退隐"就是这样一个策略。这意味着："家"的家长是任期制的，而不是终身制的。一旦长子成了家并且在能力上胜于他的父亲，他就顺理成章地接替他的父亲，成为户主。当现任家主能力不济，或身体太差，就必须让贤，让年轻有为、身体强壮的人持家续业。"退隐"后的家主通常是单过，一般情况是在宅屋外给他盖间小屋，每日送饭，但他不能过问、干涉家中的任何事情。

日本传统的"家"就成员而言，通常包括家主（或家长）及其夫人、他们的大儿子及其妻子、他们的未婚儿子和女儿。通常大儿子将在家主去世或卸任（退隐）后继任新的家主，其他儿子成人后则必须离开去建立他们自己的家，女儿则嫁入别人家。但退隐制的存在，就可以人为地修正长子继承制的不足，家主审时度势，全面评价诸多亲属，从而为延续家业"选定"一名长子。长子有时只是名义上的，实际上很可能是上一任家主的次子、弟弟或仆人。

（4）"家"大都有特定的身份、资格，如在村中的"屋敷地"、祖上传下的家业、获得认可的家名等。这样的家的成员叫"本百姓"或"御百姓"，那些没有自己土地和身份的农民则被叫做"从属百姓"。因此，"家"包括了对内的"私的生活"和对外的"公的生活"两个方面。① 日本的政权控制通

---

① 与此相对，中国和印度的封建社会，中央行政控制大多只是达到县一级，广大农村基本上成为政权的"真空地带"，或者由氏族、家族控制（如中国），或者由教团掌管（如印度）。

过村—家结构而全面渗透。日本的"家"是相对于村、具有一定权利和义务的社会单元。与村的联系，是以家为单位。

日本的家与中国的如此不同，以至于有许多学者强调："中国和西欧都没有日本人的那种'家'的概念。这种'家'的概念，既不是指单纯的房屋、家庭，也不是普遍的血缘集团，而是高居于血缘之上的共同的荣誉和利害的统一体。"① 村上泰亮也指出，"'家'不是家庭，也不是以家庭为原型而形成的东西，而是共同生活经营体的某种特殊类型。家族则是以夫妇及其子女构成的最小单位的血缘团体或复合体"②。日本的家包括了"家的中心价值或目的"，它超越人们的血缘关系或财产，包括家名、家业的相续。日本的家由家庭成员（并非一定具有血缘关系）、家业（经营体）和家名（武士的俸禄、商家的屋号）构成。沟口雄三说，比较日本和中国的家，最大的不同在于中国是血统主义的，相对于此，日本则是家督③（家元，技能的继承者）主义。

与中国家—家族—宗族的发展路径不同，日本走向了由族向家的转变。"家"的纵向延续要远远重要于家的旁系发展和同辈间的关系，这就是家业永续的观念。"日本的家庭结构，自武士阶级兴起后到镰仓时代，已逐渐建构为以血缘为中心'一门、一族'的'同族'结构形态，但随着封建体制的发展，非血缘的异姓也逐渐纳入了'同族'系统中，形成血缘与非血缘混成的'家'意识。"④ 幕府时代的武士通过战功、奉公所获得的个人成就之奖赏——领地、家号、武家身份等通过长子继承制被限制在家的单独一支中，既没有恩泽乡邻，更没有一人得道、鸡犬升天，而仅仅是被指定的长子或被收养的养子的家得到排他性的正统地位，所以，日本的名家望户就可以延续数百年而不辍，但族却逐渐衰微，以至于至今没有产生什么实质性的社会学后果。

---

① ［美］埃·奥·赖肖尔：《当代日本人》，陈文寿译，商务印书馆1992年版，第57页。

② ［日］村上泰亮：《作为文明的家社会》，中央公论社1979年版，第212页。

③ "家督"一词最早见于中国的《史记》，"家有长子，曰家督"。

④ 李永炽：《日本式心灵——文化与社会散论》，三民书局2006年版，第65页。

可见，家庭关系的构成原理，日本人与中国人乃至美国人都是不同的。支撑中国人的"家"的是亲族原理（kinship principle），构成美国社会之基础的是契约原理（contract principle），而日本人采取了"缘约原理"（kin-tract principle）。"缘约原理"强调当事人在事先的磋商、合意，对自己所属的家族以及模拟家族组织（pseudo-kinship organization）无限且自觉的忠诚。日本人并没有完全抛弃亲族联系，只是亲族联系更为松散，并且向功能方向发展，特别是近代以后，亲族结构转化到各类新式组织之中，日本企业、各种现代社会团体都留有浓厚的"家"的印记。

如何看待日本的传统家制度和家庭关系？学术界存在许多分歧。日本思想家川岛武宜认为，日本的家族制度具有如下的特点：（1）家长的权威和家人对家长权威的恭顺关系来自于封建时代武士——儒家文化的影响；（2）在家人和睦相处的协作气氛中，保留着由各自角色而习惯化了的秩序；（3）在家庭以外的社会中，寻求更加长久关系的人们模拟家庭关系形式而结成了"拟家族成员关系"，如上下级关系类似父子关系、朋友关系类似兄弟关系。这种关系又扩大到其他社会关系之中，如地主与雇主、房东与房客、店主与店员、党魁与亲信、黑社会的老大与随从等。事实正是这样：日本的家庭关系不仅体现在日常生活的家庭成员的交往中，还体现在日本式经营体制中，但日本企业并不一定由直系的家庭成员接班、掌权，而是将家庭成员间的对待要求扩大到企业内的上下关系中，企业的发展被视为"家业"的繁荣，企业的员工被看作"家人"的交往，企业的领导者就是"家长"、家业的领导者。长期雇佣原则下的雇佣体系提倡对家庭式关系的维护，在这样的家庭式关系中忠诚、自我承诺和内在动因等都被当作具有实物性乃至精神性意义而得到了肯定。在日本，拥有很长历史的商社、企业非常多，如三井集团有近400年的历史，住友也有了近300年的历史，制造饭锅起家的锅屋公司则有1400年的历史！西方人通常将日本人的"家"与"父道主义"（paternalism）、"集团主义"（groupism）或"家庭主义"（familiarism）联系在一起，这是有相当道理的。日本人经常称自己的公司为"我家"，称对方的公司为"贵宅"，日本社会学家中根千枝甚至将日本公司理解为"准亲族集团"（fictive kin group）。

战败前的"家"制度成为维护天皇制国家的基础结构之一，当时的家制度重视忠孝一体的观念，设立了家庭成员间的身份差序，如家产由长男单独继承，女性被剥夺继承权，分家必须无条件服从本家等。在战后颁布的《日本国宪法》第 24 条提出，"在家庭生活中以个人尊严和两性平等为基础"，明确规定"婚姻只有在两性合意的基础上成立，以夫妻拥有同等权利为基础，相互合作、共同维持"。家庭制度的改变导致了家庭关系的变化，也对战后日本人的生活意识、性别观念和人际关系以及整个社会生活产生了重大影响。

资本主义经济和市场的发展其结果之一就是劳动力商品化的推进，大工业的机械化所带来的效率和廉价商品冲击着传统家庭作坊生产，结果，以家庭为单位的自主经营者大量减少，出卖劳动力的劳动者却日益增加，这又导致了向城市的人口流动。从前属于家庭内部活动的部分功能成为服务产业的对象，甚至闲暇生活也日益商品化。家庭开支中，以前占较小比例的教育费、交通费、医疗费、房租（或房贷）都急剧增加，成为家庭开支的重要方面和固定消费。随着经济的发展，家庭成员共度光阴的时间在减少，一个成人越来越经常地与家庭外的人员打交道，在工作单位、娱乐场所等非家庭环境下相处的时间和机会都有了极大增加。这些因素都在侵蚀"家"世界。

现代化的进程不管人们愿意与否，事实上都对日本人的家庭造成了极大冲击。例如，家庭结构发生了变化，核心家庭所占的比率 1955 年为 62.0%，1975 年达到了 74.3%。1920 年日本首次实施人口普查，户均人口数为 4.99人，1955 年为 4.97 人，1960 年为 4.1 人，1975 年 3.44 人，2005 年减少到 2.66 人。此外，单身家庭、高龄者家庭急剧增加。核心家庭模式的普及，不仅破坏了传统大家庭的形式，而且传播了新的价值观。一方面促使了低生育率和高离婚率的产生；另一方面不再把夫妇间的性与生殖直接地挂钩，性本身被赋予了独立的价值。在现代，人们开始强调与生殖相分离的、可以带来快感的"性"的人道价值。人的主体性在"性"问题上得到肯定。但不能否认，这样的性觉醒是把双刃剑，它同时造成了离婚率的提高、家庭崩溃等社会问题。

2. 日本的"村"

农耕生产和村落生活曾是日本先祖的主要存在方式。村民式的交往形态曾起着支配作用，相互攀比的村民间十分在意周围人的评议，自己也总是随意议论他人，"他人的眼目"就成为彼此自我评价的尺度，这样的思虑也经常成为自我约束的动因。"在主张个体、尊重个性、强调内省自觉的欧美人看来，在意他人的评价的人是缺乏主体性的，但是，对于不得不经营与朋友、同事一体化了的生活、重视与他人的有机联系的普通日本人而言，顾及他人对自己的态度却是非常顺理成章的事。正因为如此，才能实际地确立自己的立场和自己应发挥的作用。"①

18 世纪中后期，在日本出现了一个重要的新的社会现象，即由人与人的地缘性结合而非天然的血亲纽带为特征的地域性关系开始形成，这为更加广泛和深刻的社会成员交往提供了现实可能。在由血缘关系构成的家族中，基于家父长制建立起包含了性别、辈分差别的人际关系，家族成员间的交往构成了一级关系。作为共同体的村，因其提供了建立在支配与被支配上的政治关系和文化生活内容而具有了现实意义，村内成员间的交往结成了次级的人际关系。村的共同体关系补充并扩大了家的再生产功能，如利用水利的组合、发起各种活动的团体，还有采购、买卖特定商品等临时性功能，同时还

---

① 李萍：《论日本人的诚信观》，《湖南商学院学报》2005 年第 3 期。

有婚姻、祭祀、教育、信息交流等文化性的横向社会联系。村有相对独立性，并不完全听命于国家政权，有时还会与地方行政和领主发生冲突，村一方面要争取对国家、领主关系上的自主权，另一方面要协调处理村内外各种事务，村就是在这样的复杂关系中确立起自己的特性。

在古代日本，由于实行长子继承制，分家单过的次子、三子们就在同村或他村定居下来，为了建立各自的社会地位和属于自己"家"的人际关系网，他们与村人的关系就比与他的本家的关系更为重要。他们必须经常地、不断地参加村的集体活动，成为村的真正一员。因此，村不仅意味着一个人的出身地，更表明这个人的社会生活内容，但这些都需要不断的在场来强化。一个中国人可以"少小离家老大还"，而日本人离开乡村几十年后就难以回归故里，除非他的父母健在或者短暂客居。可以说，"家乡"对中国人和日本人有着完全不同的含义。

日本的传统村庄有以下三个主要特点：(1) 权力支配以"村方三役"与"村寄合"为主，体现了日本乡村的自治管理体制。所谓村方三役即"名主"、"组头"和"百姓代"，他们是负责村落行政自治的农民官吏。"名主"即村长，他负责管理村落的各类账簿、年租收入、社会治安及一切行政性事务；"组头"是名主的助手，负责执行、落实具体事务；"百姓代"为监督职，相当于村民代表，对"名主"、"组头"实行监督，在租税方面代表一般村民的利益。"村寄合"则是大名或藩主派出的管理者，但该管理者的费用由村承担，所以，村寄合就必须同时兼顾大名和村民的双方利益，由此不难看出，日本的村庄管理拥有非常高的自治能力。(2) 多种多样的内部基层组织，比如村组、以地区近邻关系结合的近邻组、源于宗教的活动组织和涵盖各年龄段的年龄组等。这些基层组织具体功能包括：其一是生活上的互助，如义务承担道路、水利、公共设施的建设；义务为各家各户换屋顶；婚丧大事的合力相助；天灾人祸时的合作互助；生产资料的共同使用和储备。其二是组织生产，如水的利用及灌溉设施的管理；插秧时的互助；公用田的管理；对山林的共同管理；对工作日、休息日的统一安排等。村中多样化的集团组织纵横交织，村民一生的各个阶段都必然属于一个或数个小集团。在组织集团化的基础上，村民的个人生活也被集团化了。村内的各种组织大体能够满足村民的多样生活需求，所以一个村落基本上就形成了一个独立的生活圈，它没有必要也没有需求和外部发生联系，这使得村保持了较高程度的独立性。其三是与信仰和文化传承相关的祭祀活动。"村"有自己的保护神，"村"内的神社就是祭祀此类保护神的地方，各种"年中祭事"都在神社内举行，或者从神社出发绕行村全境，这样的祭祀活动不断传承和创造"村"的共同记忆，使村的文化内涵、精神意义得到再现。这些内容又成为加强村民心理纽带和价值归属的思想基础。(3) 颁布村内人人必须遵守的行为规范。这也是乡民善恶相劝的依据，对违反者会施以各种制裁，如"村八分"。严厉的"村八分"制裁是村落具有强制的行为控制力的一种体现。如果某村民做了见不得人的事情，那么，他就会被"隔离"，他家的火灾、丧事没人参加，其他的冠、婚、病、出生、死人周年、旅行、建筑、水灾等事务，也都得不到其他村民的关照。而且，还极有可能被驱除出村。被疏远、被排斥，这在自给自足的农村，等于是断绝了生路。"村八分"利用疏远和使人孤独的手段，让背离集团意志的人感到离群的不安和无助的恐惧，在惩罚的同时，也让人充分领受到集团压倒性的威力。

在中国传统乡村，由于家族、宗族势力过于强大，独立的村的机构或活动几乎不存在。村大多被架空，除了指地理的方位和人们聚居的场所之外，鲜有自身独立的精神、文化内容。在单个家庭之上的是家族、宗族，族长不仅是这个家族的长者，也可以成为地方行政的代言人，独立的、公共的"村共同体"是比较少见的。结果，那些外来户或与当地大家族没有血缘关系的人就得不到村的庇护，基本权益常常受到无端侵害。同样，在传统社会中，中国农民起义大多是聚族而起，造反的领袖会动员、任用他的血亲或姻亲的族人；而日本的农民起义则主要是以村为单位，整村的人员或几个村的人员共同参与。日本传统的"村"不仅有多种社会性职能,如文化、行政、社会交往等,还有精神凝聚作用,例如村的祭祀活动、村庙的修建和村保护神的维护等,形成了村落共同体的紧密联系。在历史上,日本人实际上受到双层制约:一是来自家庭内的家长的管理,一是来自村庄头人的管理。村庄内人们之间的连带感非常密切,这在很大程度上突破了单个具体家族血缘联系的纽带,为人们寻找血缘外的人际关系提供了空间和心理动因。需要指出的是,日本传统农村并未建立起现代组织结构,村民间的紧密联系是借助参与各种村社活动和服从村庄头人的领导而结成的。一旦头人突然离世,或者村庄的共同活动被瓦解,村作为共同体就会受到重大冲击,换句话说,一旦村庄这一集团内聚力的象征不复存在,以它为核心而形成的整个村庄集团也就随之瓦解。

许多学者的研究表明,日本传统农村不仅有较为发达的公共生活和共同体组织,而且村内成员(主要是成年男性)的关系更加平等,例如,日本农村盛行各种"讲"和"一揆"。"讲"是类似中国古代的"社"、"会"的民间组织,村民为着一个特定的目标而结集起来,如凑路费去远方朝觐、为办婚丧嫁娶的集资、兴修水利的合作等等。"一揆"则为日本独有,它是中世开始的,流行于地方武士和农民基于同一目标的结盟。"一揆"的原意是"同心"、"一致",在"一揆"中,成员平等、共同商议,签署盟约时采取一种特殊的方式:中间画一个大圆,大家围绕圆心签名,所有人名成伞状分布,无法分清主次。[1] 可以说,这种村民之间的平等精神和村内的组织结构,为日后日本引入西式民主制度提供了草根资源。西式文明对久已习染原始平等的人来说就不再是完全异质的怪物。

日本传统的"村"自治程度相当高。当然,中国古代农村也是高度自治

---

[1] 后来,农民起义或举事造反时相互签约也以这种方式进行,所以,农民起义也被称为"一揆"。

的，但自治的主体是家族，而非多个平等的家。日本的村自治始于战国时代，那时国家处于四分五裂之中，战乱频仍，缺少中央政权的庇护，地方百姓为了自保，以村为单位武装起来，既可维护村内的基本秩序，还可以对外共同抵御可能的侵扰。丰臣秀吉（1536—1598）在取得全国性胜利后，要解决"马上治天下"的任务，但他没有破坏农村已经形成的村社的格局，而是让乡村武士作出抉择，或者跟随领主到城里充当领取俸禄的武士，或者留在农村成为农民。许多武士不愿失去土地而选择了后者，他们成为乡村的头面人物或农村社会的领袖人物，这为当时的日本农村输送了大量的先进思想观念和行为方式，自此，农村有了强有力的地方领袖，他们保留了武士阶级的许多价值观念和伦理思想。日本农村历经数百年而较少受到政治、军事政权更迭的影响，并得以稳固延续下来。即便在德川幕府(1603—1867)建立后，将军和大名们也都采取了容忍和接受村自治的政策。一方面实行严格的"士农工商"四民分离政策，武士住在城里，不许无故进入村子，村民未经批准也不可擅自入城；另一方面，征税以村为单位，村就被赋予了足够独立且多样的经济、政治功能，从日本留存下来的异常丰富的村文书资料、档案就可以感受到传统"村"的活力和实际地位。日本的乡村虽然在明治维新以后几经变动，但始终未能改变原来自然村的自治功能。

与中国不同，日本农村除了经济上实行以家为单位的分散经营外，其他的公共生活，如婚嫁、纳税等事务都是以村为单位进行的。以村而非以家为征税单位，产生了远远超出当时的统治者预期之外的重要历史后果。以村为纳税单位，每个村子的税额相对固定，村子里开垦新土地，或者改进工艺提高的产量，以及节省下的余粮等都可以留在村子中，这就鼓励了村内居民通力合作，将"饼"做大，这增强了村的经济生产和分配能力。更重要的在于，村子里的事务由村民自治，政府大多不介入，就带动了村行政的发达。日本农村早在江户时代就出现了村内行政监察、财政预算、财务公开等观念和相应的实践。日本传统村具有比其他国家的村更强大的实力。这是有历史

事实佐证的：直至 20 世纪 20 年代，农业还是日本国民经济的重要部门；直
至 20 世纪 50 年代，日本的农业人口还超过了一半的人口数。但日本不仅早
在 1910 年就完成了早期资本主义过程，而且在甲午战争（1898）、日俄战争
（1905）中都取得了决定性胜利，由此可以看出，农业和农村是日本现代化
的重要推手。事实上，日本现代化成功的一个动因就在于发达的地方社会资
源和高效的基层组织被迅速动员起来，并实现了新的转向。

　　1920 年日本的城市化率仅为 18%，但到 1995 年已达到 64.7%。在持续
剧烈的城市化进程中，日本原有的农村最终走向解体，但村落的文化传统并
未就此消失，而是随着农村人口向城市的大量涌进，被带入城镇都市，强烈
地影响着现代日本社会和日本人的社会心态。长期形成的村落文化对现代日
本人集体意识的形成有非常大的影响，并且在如今的日本社会生活中到处可
见其踪迹。以村落为单元的社会组织，在其内部孕育了共同体崇拜的心理。
村属地缘组织，是一种因共同居处而形成的人际关系及社会组织单元。在日
本，村首先是行政单位，承担了组织村民生活、完成政府赋税等多项功能。
村的首领常常既是行政长官，也是该村的世家豪族。村具有极强的集团性，
人们常说日本人的社会态度是集团主义，这与其说是日本人的民族特性，不
如说是近代以来的家—村结构所培养起来的行为方式。从今日的日本"农协"
内部组织结构及其所起到的作用也可窥见一斑。

3. 日本的"家元"

　　"家元"最早出现在日本封建时期的城市，在商人和以传统技艺立身的
世家中盛行。从一定意义上说，"家元"有点类似西方历史上的行会，一个
家元就是一个利益集团。家元通过严格、封闭的师徒关系，形成内部人员
的紧密联系和特定技艺、工艺、仪式等的留传，所以，家元不仅要维护自
身的利益不受其他家元的侵害，而且还代表本家元向国家、地方政府要求

受到承认的权益。强有力的家元组织的存在，不仅保证了政府征税的定量化，减少了商户的负担，维护了工匠和艺人的利益，从而为手工业和各种技艺的发展创造了宽松的环境，为技术积累奠定了基础。日本至今仍为世人称道的"工匠精神"，即精益求精的专业追求和为自身手艺自豪的职业荣誉感都源于此。

与村不同，"家元"不强调地域因素，它以自愿加入为前提；也不同于"家"的是，"家元"有明确的师徒关系，以传承特殊技艺为主。"家元"内的主从关系终身有效，因此，成员间关系兼具出身的身份和人为的契约双重性质。许多被视为日本传统的艺术形式，如插花、茶道、剑道、能、歌舞伎等，其实都是兼具消费功能和文化符号的复合体，它们都因"家元"而得到传承并发扬光大。因为，加入"家元"的人一定是出于自身浓烈的兴趣，他对即将开始的单调学习或艰苦的练习已经有了充分的心理准备，而且他一旦投于其师名下，即便日后有所成就并名声盖过他的师傅，他仍然要终身服从他的师傅，他的创新也只是在本门派内，该门派的基本样式和经典做法都将可以长久延续下去。

美国已故人类学家许烺光在《家元——日本之真髓》一书中将日本的家元与中国的宗族、印度的种姓、美国的俱乐部并列，看作是日本社会起主导作用的组织形式，其组织原则在纵横两方面影响了至今的整个日本社会。他认为，家元具有如下组织特征：其一，师徒关系。申请加入者拜师后跟随主人学习若干年，技成出师后通过鉴定仪式成为家元组织的正式成员，可得到师傅赐名，自此可以挂牌营业。其二，互联的等级制度。各个学徒通过师傅互相联系，彼此扶持，帮助经营各自的地盘，但不可争斗倾轧，更不可改换门庭投身其他师父兄门下。其三，大家元的至高权威。大家元有权制定本派的规范，得到门徒的供奉，其地位可以由他做主传与后人。

正是通过对家元的分析，许烺光得出如下结论：导致日本现代化成功的因素并非西方文明的引入，也非传统价值观（儒学、佛教、神道等）的改造，而是家元所代表的传统社会组织及其构成原理得到了延续，例如家元内的等级关系，外延扩大式师徒关系，以及组织成员的绝对服从、全心参与角色的实践意识等，在现代日本的经济（企业经营）、政治（政党活动）、社会生活（各种小集团组织）等各个领域依然发挥着关键作用。介于国与家之间的家元制度促成了日本的经济奇迹。

尽管这样，明治维新后，特别是第二次世界大战之后，"家元"无可挽回地衰落了。"家元"包含了许多难于容身现代社会的因素，例如，师徒关系中的人身依附性、工艺密不外传导致其革新太慢，烦琐的仪式和不降身价的"高姿态"将众多消费者挡在门外等。在颁布了《民法》、《公司法》、《劳动法》之后，"家元"也发生了显著改变，为避免触犯现行法律，"家元"所涉及的领域逐渐缩小，从具有高度竞争性和机械大工业可能进入的领域退出，主要继续活跃在艺术、闲暇生活、个人志趣等领域（包括盆栽、插花、根雕、茶道等），成员关系变更为师生关系和生产者—消费者关系这样双重关系，关系性质变得更加开放和轻松，代之而起的是各种"流"、"家"、"支"，传统"家元"所传承的技艺被看作是众多技艺并存而立的一部分而已。

二、二元式社会结构的现代形式

后发国家的现代化过程都经历了若干阶段，但大多都被理解为一个持续、完整的过程，只是不同国家的现代化耗时长短不同罢了。日本的情形却有别于此。日本的现代化进程被明确区分为两个不同的阶段：第一个阶段始自 1868 年的明治维新，至 1945 年战败，又被称为"近代化"时期；第二个阶段始自 1945 年至 60 年代，这才被称为"现代化时期"。"近代化"时期只是完成了经济、军事的现代化和部分的政治、教育现代化，所以被认为是片面的、跛足的现代化；战后推进的民主化，才真正触及了社会结构、社会意识形态以及人们的价值观的根本变革，全面确立了现代化的核心内容——民主政治体制、自由市场制度、独立司法体系以及社会价值的多元化等。若不加特别说明，通常讲到的日本现代化，特别是与社会结构、社会组织以及国民意识方面的相关内容时，主要指第二次世界大战后的情形。本书也不例外。与传统相区别，二元式社会结构的现代形式也主要集中探讨第二次世界大战后至今的现状及其特点。

1."场所"的逻辑

此处所讲的"场所"不是物理意义上的空间场所，而是指与人类共同生活和交往关系相关的互动。

日本现代哲学家西田几多郎（1870—1945）在其成名作《善的研究》一书中提出了"场所"的概念，这一概念既融入了西方哲学"空间—形式"的内容，又吸收了东方传统思想中"无—物"的内容。"纯粹经验"是西田哲学的逻辑起点，"纯粹经验"在"场所"中展开，由此获得"自觉"，"知的我"与"被知的我"实现合一，"纯粹经验"就从"活动者"转向"见者"。与西方哲学的"空间—形式"定位不同，西田哲学充满了辩证法，是多种异质因素的有机统一，其中包含了自我运动和发展的内在动力。我们可以将西田的"场所"看作是他对东方哲学（准确地说是"日本哲学"）力图在世界哲学中占据位置的努力，"场所"兼具具象和抽象双重特征，从而可以将日本具体经验与西方普遍经验加以融合。

当代哲学家中村雄二郎对西田哲学做出了批判性吸收，提出了"场所哲学"。不过，他的"场所"概念主要指蓄积于记忆中的诸种论点、论据和常识等，因为他的目的是要克服现代科学主义的偏差，矫正唯理主义的过失，所以，他将西田主要是心理事实的"场所"扩展为包括了社会、历史、文化、传统、习俗等内容的宏大的存在背景。他所理解的场所哲学涉及如下四个方面：（1）作为存在根据的场所，主要指自然、社会和人自身这样的背景；（2）作为身体性场所，此时身体作为基体为意识的自我提供空间；（3）作为象征空间的场所，它体现超越欲望、追求永恒的象征空间，如宗教的、神话的场所；（4）作为论题、论点的场所，这些构成了我们当下生活的日常语言环境。中村雄二郎的"场所哲学"将西田的"场所"概念进行了写实性叙述，并与现代社会中的核心问题的关照相关联，他的"场所哲学"具有现代性。

日本社会学家中根千枝（1926—　）将这一抽象的"场所"概念具体化为日本社会结构的基本范式。中根指出，西方社会的构成原理是"资格"，例如各种俱乐部、协会以及党派都是以特定的资格为条件，资格是个人特征，有的资格要素是先天的，有的资格要素是后天的，获得资格的方式是明确和公开的，每个社会成员具有相对稳定的特定资格。但在日本，社会结构的原理是"场所"，"场所"就是一个人群单位，典型的社会性场所包括公司、家、村庄、社区等。"场所"是以人们所归属的团体、集团、组织为区别的，每个社会成员属于不同的场所，不同场所内的行为方式和价值期待都是不同的。但是，"场所"的重点不是其成员个体，而是"场所"本身或者"场所"所依托的共同体。一旦加入某个场所，就获得了终身性的成员身份，他由此可以得到场所的庇护和关照，同时他也要为场所服务甚至献身。"日本人的同族组织中的向心力量要弱得多，对个人的约束也小得多。在强调共同生活的'场'胜于强调'血缘资格'的情况下，个人一旦离开所属的族人集团，在理论上便失去了成员资格，所以当个人再次回到族人集团中的时候远不像中国人那样受欢迎。"①

日本管理学者林周二也发现，在管理现场，"场所"因素具有显著的影

---

① 尚会鹏：《中国人与日本人——社会集团、行为方式和文化心理的比较研究》，北京大学出版社 1998 年版，第 80 页。

响。在对比欧美企业与日本企业后，他指出，不同民族对"场所"的理解存在差异，"就连企业办公室，根据对欧美的调查，也是企业职员每人办公占据的面积接近于日本的两倍，日本的政府机关和公司的办公室空间，除担任高级领导职务的人员以外，大多数普通职员都是办公桌相向排列，挤在一间大办公室里工作"。① 引起西方人士浓厚兴趣的"日本式经营"其实体现的正是"场所—空间"基础上的思考方式和行动原理。日本企业的经理、科长乃至普通员工都把职场作为共同的生活经历，将同僚关系看作是一种有心理连带和价值投射的非血亲非地缘的自愿关系体，进而形成同舟共济的"命运共同体"意识，为着企业这一"场所"的长期目标，员工们相互配合，上下齐力，放弃个人的部分权利和收益也在所不惜。

"场所"内奉行怎样的行事原理呢？一言以蔽之，就是忠诚。日本历史上原只有"忠"这个概念，没有"孝"，"孝"这个词是从中国传入的，因此，此字在日语中没有训读。"忠"的训读为まごと或まごころ，其含义与"诚"所表示的意义相同，"忠"与"诚"相通，指的都是以澄明通透的心境与关联者交往或为所属组织服务，即诚心诚意为"家"和公司服务。"孝"是私人性的、情感性的，与各自的家相关，因此，"孝"对社会而言具有离心力。"忠"却是伙伴性的、义理性的，与所属的集团、人群相关，因此，"忠"导致集团主义、地方主义的行动方式。"忠"是支配日本"场所"的主要伦理原则。

"场所"是一个人本真存在的实景，一旦确认自己获得了该场所的成员资格，成为其一员之后，日本人不仅可以得到身心的满足，而且也被理解为完成了社会化、成人化的体现，所以，日本人在"场所"内是全身心投入的。然而，单向度地将"场所"视为自己的定在，这就可能导致当事人主观主义的行动观念，即以自己的心境和意念来看待"场所"，他越想证明自己对"场所"的忠诚，他就越陷入唯我式的主观主义思维定式之中。他可能无视条件

---

① 〔日〕林周二：《经营与文化》，杨晓光、李聚会译，三联书店 1992 年版，第 105—106 页。

的限制，更无视"场所"之外他人的存在，而一味地以自己的方式去行动。这会导致日本人在场所内行动的悖论：一方面是积极、忘我地投身场所，与场所合一，"我"消失在"你"中；另一方面"我"要不断显示自己的忠诚，对场所的价值，"我"要张扬，"我"就可能绑架"你"——场所。在日本社会，很多看似低效、愚蠢的决策就在众人沉默中通过，最终导致灾难性后果，之所以这样，是因为当事人要表达的对场所的忠诚，也会得到场所内其他人的首肯，他们无法否定当事人的具体决策而由此否定当事人的心机。正如日本思想家相良亨所言，日本人的"诚实中缺少方向性，这是因为，日本人总是倾向于追求自己的心情无私性和纯粹性，结果，根本上欠缺了客观地探究人和世界本性，并由此采取恰当的人生态度"。①

2."日本有限公司"

战后，日本政府确定了发展经济的基本国策，通过投入巨额公共资金以鼓励出口和海外贸易、培植企业的竞争力，形成了极度倾斜和扶持大企业的倾向，大企业不仅获得了来自中央政府、地方政府的全力支持，企业的活动方式及经营理念也日益渗透到其他社会生活的方方面面，对日本政治、教育乃至民众的日常生活产生了广泛影响。因此，有学者主张，现代日本社会的一个特征就是企业主义，即"企业社会"。"如果说到今天日本社会的特点，人们可以用如下各种词汇来描述，即'企业社会'、'大企业社会'、'以企业为中心的社会'、'法人资本主义'或者说'企业主义'、'企业本位主义'、'竞争社会'等。"②

在日本，企业与政府间的"癒着"关系由来已久，战后的民主化改革不

---

① ［日］相良亨：《日本人的心》，东京大学出版会 1984 年版，第 101—102 页。
② ［日］渡边洋三等编：《日本社会と法》，岩波书店 1994 年版，第 1 页。

仅没有减弱、消除此种关系，反而使之变本加厉。"从战后初期以来，政治拨款就一直是日本金融和政治机构不可分割的一部分。国土交通省批准的所有公共设施建设项目，中央政府必须承担 50% 的费用。县可以通过发行债券筹集余下款项的 95%，债券到期时，政府必须再次介入，因为政府要以资助金的形式偿付最高可达 66% 的债务。实际上，中央政府赞助了全部开支的 80%。政府为公共设施建设提供资金的做法，助长了令中央政府各部及政府机构中的官僚、地方政客、私营企业主都皆大欢喜的同谋。这一事实众所周知，甚至还有一个专门的说法——'铁三角'。包括知事和地方议员在内的政治家让东京批准公共设施项目，建筑公司以及相关的供应商就会支持他们的竞选活动。这种支持常常就是贿赂和回扣的委婉说法。这笔钱往往从政治家本人手里经过，有时企业会作出保证，让他们退休之后在公司董事会里担任利益丰厚的董事之职。"①

第二次世界大战后初期的民主化改革，采取的是以占领军的"绝对权力"为基础，通过日本天皇和现存政府机构进行间接改革的方式。但是，"日本政府在与盟军总部的接触过程中，总部指示一点改革一点，而不想多改革一点。就是说，对改革表示了顽强的抵制"。②作为经济民主化重要举措之一的解散财阀最终搁浅就是一例。财阀是一种垄断资本集团，是政商勾结的产物，也是支撑日本军国主义对外扩张的经济基础。1945 年 10 月 15 日，占领军当局公布了《对付财阀的根本原则》，表明要"打碎具有集团主义性质的垄断力量的经济实力，迫使日本军国主义丧失死灰复燃的能力"。解散财阀的具体措施包括解散控股公司、排除财阀家族对企业的统治权力、股份分散化和排除过度集中等四个方面。然而，1950 年朝鲜战争爆发后，美国改变了对日占领方针，开始积极扶植并利用日本工业力量和军事基地为其亚洲

---

① ［美］约翰·内森：《无约束的日本》，周小进译，华东师范大学出版社 2005 年版，第 205 页。

② ［日］升味准之辅：《日本政治史》第四卷，董国良译，商务印书馆 1997 年版，第 951 页。

战略服务。1951 年 7 月 10 日，日本政府宣布解散财阀工作结束。1952 年 7 月 11 日，"持股公司整理委员会"解散，其他有关解散财阀的法令陆续废除。财阀势力没有根本遏制，却在随后不久的 60 年代中期形成了新的垄断财团——三井、三菱、住友、富士、第一劝业、三和六大企业集团。

整个日本又可称为"日本有限公司"。企业与政府相互补充、完善，这是日本第二次世界大战后迅速崛起的一个重要经验。这一传统由来已久，可以说是日本资本主义的一个"法宝"。明治初期，由于民间缺乏资金、技术、经营能力，暂且由政府出面办起官办工厂。一旦民间资本有了积累，生产力提高后，官办企业就先后以较低价格卖给了民间企业。日本政府常常进入本来是由企业负责解决的事务之中，企业也积极地参与本来属于政府行政职责范围内的事项，政府与企业各自的经济活动和职能的界限经常随意地打破。

从更广泛的社会层面上看，企业型社会的存在还导致了国民难以对日本政府有效监督，这方面的最显著表现就是日本政府、行政部门将保障国民福利的责任推诿给了企业，降低了普通国民的福利水平。由于大企业为其员工提供了良好的福利，如低息购房贷款、交通补贴、退职金、丧葬金等，而政府为非企业员工，包括家庭主妇、小业主等所做的极少，以致有日本学者指出：在经济上，日本是世界一流国家，在政治上是二流国家，在福利上则是三流国家。① 福利水平低使不少日本人深受其害，如幼儿园、保育所严重不足，就使许多有心外出工作的妇女无法遂愿；学校教师人数不足，"学级崩坏"事件频繁发生；养老金过少，许多老人不得不依靠子女的帮助。

大企业与小企业的悬殊是日本社会不公的一种主要形式。大企业不仅占有更多的社会资源和人力资源，而且能为其员工提供更好的福利，但对社会的责任却未按比例增加。有日本学者指出，大企业应主动意识到自身的使命，尽可能减少就业或工作条件、环境、待遇等方面的差距，这样的差距妨

---

① 参见［日］福武直：《日本社会の构造》，东京大学出版会 1987 年版。

碍平等、公平的社会价值观的实现，消除这样的差距将极大改善日本社会成员间的第二次分配。① 日本知名经营学家水谷雅一也作出了这样的分析，"20世纪的现代资本主义的最大特征是，由于证券的大众化（随着所有权与经营权分离的扩大）出现了'法人资本主义'式企业。……这是与 A. 斯密和 M. 韦伯时代的个人资本主义（所有权与经营权实际分离以前）性质完全不同的形态。法人资本主义表现为有组织的形式，有必要在组织中确立自主控制和共生的基本思考方法。"② 企业与社会共生的基础是尊重公众的心声、遵守社会的共通规则。

不过，尽管存在大企业与政府、政界的高度关联，但这并不等于说日本的政府或政界就可以随意支配或践踏产业界或企业内部事务。现代日本确立起了牢固且独立的司法体系、自由竞争的市场以及受到尊重的私有财产权，因此，企业作为营利部门不仅主要遵循的是商业法则和市场游戏规则，而且企业与政府的主动示好也是以自身利益最大化为目的的。企业不会做"赔本买卖"，它只是继续延续了明治维新以来的良好政商关系，以减少来自政府的过度干预，并借助政府的政策倾斜以换取最大收益。只是相对于英美的"小政府大社会"而言，日本企业有更多的"越界"行为和更多的政府"照顾"，这样的政企关系严格来说体现的是"文化差异"，而非制度因素。

3. 日本的派阀体系

在一个注重集团、以对集团归属为基本道德的社会中，人际关系的帮派化大致总会比较显著。在日本，加之纵式社会结构鼓励了上下等级依从，帮派化不仅更加常态化，而且呈现出更加"整齐"的层级结构。

---

① ［日］山下袈裟男：《日本社会论の再检讨》，未来社 1995 年版，第 78 页。
② ［日］水谷雅一：《経営倫理学の必要性と基本课题》，《日本经营伦理学会誌》1994 年第3 期。

日本政治中的派阀现象尤其严重。它大体包括"族"与"派"两个层次。前者以"族"议员势力为代表，实际是某个特定领域的代言者，其背后是庞大的政治游说集团，如"道路族"、"邮政族"、"国防族"等；后者即党内的派阀，有家庭人脉或个人声望的议员或党魁组成了自己的"派"。"族"与"派"并非截然二分，二者也有重叠，但一般来说，"族"要纳入"派"的体系，并通过"派"来表达利益诉求。各派不但思想上、政治上自成体系，而且大都有自己的组织形式，各派都会根据需要建立事务所、会计和执行机关等具体机构，管理本派事务，研究本派的活动策略。每个派系还有自己的基层组织，通常以"会"的形式出现，向公众展开宣传，扩大自身影响，吸纳新的成员。

根据日本的相关法律规定，在议会有 5 个以上的议席或者在最近的国会选举中全国共计的得票率超过 2% 的政治团体就可以称为政党，日本至今符合此条件的政治团体有 8 个，也就是说，日本有 8 个政党，包括日本共产党、自由民主党（简称自民党）、民主党、社会党、公明党等。日本各个政党内都有很多派阀，如日共第二次世界大战前有"劳农派"和"讲座派"，第二次世界大战后有"行动派"和"国际派"。如果说日共的派阀还主要基于政治理念和行动策略的分歧，还保持了政党的纯粹政治性和在野党的批判性，那么，占据执政位置几十年的自民党的派阀则因人脉而形成了各自派别就有点不可思议了，如 20 世纪 50 年代初期的吉田派、70 年代的大平派、90 年代的桥本派等，至今还有二阶派、町村派、高村派、麻生派等。日本社会党更是奇招迭出，该党是除日共之外的所有社会主义势力的联合成立的，最初叫"日本社会民主党"，但成立不久就分裂成"左派社会党"和"右派社会党"，分合了多回，1959 年更名为"民主社会党"。

派阀政治当然有其"弊"，这主要集中于两点：一是"密室政治"、"国民缺席"，二是"金权政治温床"。虽然国会议员都是国民的一张张选票选出来的，可实际的政治议程却操纵在极少数派阀大佬手中，且决策过程缺乏透明度，离现代社会的政治文明还有相当距离。派阀的存在更加疏远了国民的意志，身处派阀之中的议员或党员将派阀的利益置于最高位，派阀成员必须服从于派阀领袖，派阀内成员相互协调，对外采取一致行动。作为派阀领袖，要在资金分配、选举支持等方面"施恩"于本派成员；作为回报，下属要同领袖保持行动上的一致，这又体现了传统的"恩主关系"、"亲子关系"的家社会和纵式社会结构的特征。广大国民则被当作"局外人"，他们的利益和呼声都被屏蔽掉。由于暗箱操作和闭门会议，几个主要派别或关键人物就可以起作用，因此，对他们的收买就变得很容易，这就极易演变成"金权政治"。

不仅正规公司、公开的政党活动存在派阀体系，就是在犯罪集团内也是有派阀的。日本犯罪集团各派阀之间有很多规矩，由此，也保证了他们一致对外，将境外的犯罪势力阻挡在国门外。派阀间的相互牵制也使得黑社会有所约束，他们严守自己的势力范围和"经营"种类，与当地警察取得了"默契"，获得了一定程度的"自治"、"豁免"。同时他们也以各种形式与从事正当活动的公司、政党建立相互信赖却未必合法的"交易"。1997年3月日本社会出现了"大地震"，日本最大的证券公司野村证券承认对总会屋——专门以扰乱股东大会从中渔利的灰色团体——提供了不正当的金钱支持，不久多家媒体披露许多日本大企业包括山一证券、大和证券、日兴证券、第一劝业银行、味之素、三菱汽车等都有类似的行为。

日本多数民众对派阀有着十分复杂的情感：一方面派阀现象分布在几乎所有的社会生活领域，政界、财界自不用说，就是学术界、艺术界也不能幸免，这增大了人们社会交往的成本，必须"站队"，而且要幸运地"站对队"，才能使自己未来生涯（包括政治、学术、事业等各个方面）获得助力而一帆风顺。另一方面派阀现象也正是在无数普通日本人投身其中、热衷于此的氛围和行为方式下而持续存在并不断蔓延。就像中国人对"走后门"的评价一样，多数中国人反对的是别人走后门而剥夺了自己的机会这样的相对不公

东京大学红门（刁榴摄），东京大学本部校区的正门，原为江户藩主的私宅，1949 年被列为国家重点文物，现"红门"成为东京大学的代名词。

平，但并不一般性地反对走后门，因为一旦有机会走后门，通常他们自己也是不会放弃的，此时"公平"、"正义"的诉求就被置之脑后了。日本人也总是被裹挟入派阀之中，他们冷静评价时的态度与他们身处其中的行为存在着极大的不一致。

从人际关系的性质角度看，派阀体系表现出私人间的"伙伴"关系的公共化的倾向，将生死与共这样情谊性的"伙伴"意识投射到具有公共性的政治、行政、社团交往、集团合作等社会生活之中，而派阀体系不过是对此予以了事实上的制度化，这其实就是东方式宗派主义的系统化。日本的宗派主义并非以民意为基础，而是以封建官场政治斗争的形式通向权力之路，特别是自民党政治尤其如此。选民只能通过选举选择某个政党掌权，却无法通过宪法程序决定内阁成员的去留。这样，当某个政党（如自民党）长期执政时，内阁的变化便成了党内各"派阀"暗箱操作、包揽政治、无视民意的非民主的政治过程。建立在根深蒂固的"伙伴"意识的基础之上，孕育了"派阀"、"世袭"和"学阀"等宗派主义政治文化。执政党政权的政策倾向、人事安排甚至首相人选，最终大多取决于"派阀"集团之间的政治平衡。

三、缓和二元式社会结构的各种机制

二元式社会结构长期存在，一定会有多种支持性因素：一方面它已经从内部赢得了社会成员对此二元式社会结构的认同，另一方面它还要从外部建立起稳固、有效的体系以起到自我修正、相互疏通的作用，从而减少对二元式社会结构的冲击或破坏力量，以保证二元式社会结构持续地存在。在日本，支撑二元式社会结构的观念性因素是"立身出世主义"，制度性因素是各种层次、各种水平的共同体组织，矫正性因素则是高度自律且专业的传媒业。

1."立身出世"的个人成就观

从一定意义上说，上文讲到的"家"、"家元"制度都包含了对"立身出世"的鼓励。虽然封建时代的日本也与其他农业时代的国家一样，并未出现个人主义式的权利、自由思想，但在"家"观念支配下，为了延续"家"、扩大"家业"和"家名"，日本人，特别是长子或家主，都有强烈的成就事业、立身扬名的内在动因，这是一种类似新教伦理的世俗主义成就目标。因此，那些各自为"家"的发展而努力的日本人之间存在激烈的竞争，日本传统社会也由此获得了类似市民社会的世俗化生活的活力。

日本近代实业之父涉泽荣一（1840—1931）很好地诠释了立身出世主义。

他本人就是一个靠立身出世而获致成功的人，他类似于美国的富兰克林，成为日本"新教伦理"的身体力行者。他一生既从过政，辅佐过中央政府，办过实业，经他手成立的公司多达数百家之多，他还勤于写作，留下了许多劝世育人的名篇。他提出："不管从事什么工作，都要尽量保有浓厚的兴趣，这样，即使不能完全按照自己的想法进展，至少也能与自己心中一部分的理想或欲望相配合。孔子有言：'知之者不如好之者，好之者不如乐之者。'乐是兴趣的极致表现。因此，一个人对自己的职务不能不满怀热诚。"①

当时有本畅销书，叫《东京学》，讲了许多立身、经商、谋利的道理。怎样创立事业？作者提出要注重品行，洁身自律，无愧于人，才可能立起事业。那些要立事业的人应在品行上下功夫，以欺诈的方式骗人，终究不能立真正、长久的事业。要"全心全意、无所愧疚地投身事业，对事业倾注热心、忠诚乃至信仰，事业才会无所不成"。有产是一个人的立身之本，也是他的信用基础。人们为什么不愿借钱给没钱的人，就是因为他们没有信用，无以立。努力工作，获取利益，积累财富，就是建立起自己的信用，这是每个人立身的根本。信用除了以资产为基础外，对个体来说还与他的相关背景有关，如学历、才干、业绩等。作者还援用中国古话"人无恒产，则无恒心"，一个一无所有的人是承担不了任何责任的。资本不一定非得是数额巨大的钱财，一分钱、一元钱都可以成为资本，百元千元万元当然更是资本，重要的是，无论是怎样少的资本，其持有者都应当考虑怎样发挥资本的作用，有所作为。

明治时代，日本人就开始接受这样的观念：商业并非唯利是图的领域，经商就是做人。经商的人一定要有深重的责任感，将自己的或他人的钱投下去，就要为钱的赢利承担责任。而且投入的资本是自己的全部所有，就是自己本身，必须殚思极虑，努力使投入有较高的产出或回报。② 成就事业还须

---

① 参见［日］涉泽荣一：《商务圣经——〈论语〉与算盘》，九洲图书出版社1994年版。
② 参见《东京学》，转引自《明治文化资料丛书》，风间书房1984年版，第390页。

具备"置于死地而后生"的品格，将自己的全部资金投进去，无所保留，不留余地，就不得不持之以恒，执着不懈，视事业为己身，世人为其精神所感动，就会争相提携，他的事业才可望成功。在现代社会，除了极少的例外，没有知识的人，没有受过一定教育的人是难以谋职的。因此，要根据自己的资质，进行智力投资，以获得普通人以上的知识水平，才能有所作为。无论是做官还是经商，都要认真学习，积累知识，培养才干，抱守过去的经验或似是而非的道听途说的观点都是有害的。

明治维新后，受到西学影响，"立身出世主义"开始与现代工作伦理、个体独立性意识以及能力主义评价原则联系起来。将手头的工作当作实现人生价值的手段，主动积极、全身心投入，忘我工作，这样的主人翁工作伦理经过学校教育、工作场所的劳动纪律以及社会观念的培育而不断被普通日本人所接受，并成为他们的基本工作态度，这也是为人称道的日本员工高素质的重要表现之一。

个体独立首先体现在个体对事关自身重大利益和愿望时的自主选择，这与个体的意志自由和人格相关；其次体现在个体的经济条件或者说财产占有的能力上，个体独立的现实化就在于他如何创造和拥有财产，正是在这一过程中，个体独立的意志、精神和品质得到全面而真实的展现。私有财产观念产生于近代资本主义社会，成为市场经济社会的主要原则，其原因就在于私有财产是解释个体、个性和实现独立、自由的基础性条件。日本近代以来，随着政府大力推行殖产兴业政策、法治体系的建立，财产私有观念得以稳固确立起来。

需要指出的是，看重金钱、肯定营利正当性的观念，在日本的德川时代就出现了。例如当时著名的市井小说家井原西鹤（1642—1693）和近松左卫门（1653—1724）在大量小说作品中都歌颂了金钱和牟利行为。认为以金银和享乐为目标，长于算计、能赢得利润的人，也是值得敬重的人。周到、勤勉、节俭、才识是商人最大的美德；守家业、报恩和服从是商人的义务。在这种氛围影响下，不仅在城市，在富裕的或紧邻城市的农村，许多人也开始接受为存钱而辛勤劳动的生活方式，赚钱、勤劳的伦理意识出现了。人们认可赚钱、勤劳的正当性，而且充分肯定赚钱本身作为目的的可取性，为了赚钱，许多德性受到赞赏，如坚持不懈、俭约、守本分、计划性和精明等。与商业交易相伴随，产生了奋发、创新、遵守契约、勤劳等实践伦理。

人们大多注意到日本社会盛行的等级制，但常常忽视能力主义评价原则在日本社会同样十分广泛。日本集团内并非一团和气，个人的业绩和能力会得到差别化评价。若干年后的升迁和提职不仅取决于他的人际关系水平和在集团内的服务年限，更取决于他本人所创造出的成果和工作绩效。日本集团首先反对的是背叛者，其次是懒人，即对集团无甚贡献者。日本集团鼓励和引导成员间的积极合作和富有成效的工作。能力主义评价原则的存在，不仅弥补了"资格主义"、"资历主义"的偏差，而且与追求效率的目标导向式现代生活方式相一致，促使日本经济部门得以维持优胜劣汰的竞争格局。

"立身出世"的个人成就观，为个人的自我努力提供了动因，但比这更重要的是，它也成为解释个人间的成就差异以及个人的失败或暂时失利的有力归因。在追求事业和参与社会活动中，总会有成功的佼佼者，也会有不尽如意的失败者，为何会有如此大的不同？如果不能给出有说服力且具有积极暗示的原因，人们就可能对此差异产生消极的归因，或者归结为"命运"、"运气"，最终放弃个人努力；或者视为"体制不公"、"竞争起点不平等"，从而对社会生产怀疑、对现行制度产生怨恨等。但在日本，多数人会坦然接受这样的差别，因为他们倾向于认为他人的成功是他人有足够的自身条件和不懈的努力，自己的失败则源于自身的诸种不足和不够持久的努力，他们大多不会迁怒社会制度，更不会将他人的成功看作是对自己的"剥夺"。换句话说，立身出世主义补充了二元式社会结构所可能造成的社会群体的隔阂，为社会成员提供了游走于相对静止层级的积极心理暗示，从而不断再生社会阶层流动的动力。

2. 无处不在的共同体

由于地缘关系的发达，日本很早就出现了纵横交错的各种中间组织。

在德川时代，曾是京都市井代言人的学者伊藤仁斋（1627—1705）主持了同志会，该同志会不同于以往的成员间互助的形式，伊藤曾对同志会寄予厚望，他力图证明民间自治可以成为社会治理的有效形式。该同志会的运营是由总的自治精神和平等主义观念支撑的。"以情为核心的仁斋的思想，显示了企图抵抗幕藩权力把自治组织转化为行政末端机关的京都町众的总町联合。"[①]不难看出，早在近代之前日本就有思想家先知般地预见到社会团体自治的积极意义。

与传统乡村社会的结社或聚众大多以成员内部现实物质需要的满足不同，近代以后的社会团体更加强调共同目标、核心价值和社会治理等公共性内容，这样的社会团体表现为有特定理想价值支撑的精神共同体。这样的共同体几乎与日本近代资本主义进程同时出现。例如，在明治维新后的日本农村，即便是偏远地方，虽然文明开化比都市迟了十年，但也陆续推进了文明开化。向这些地方推广、渗透现代文明意识的，并非政府机关，而是一些有强烈献身精神和务实态度的知识分子。他们在各地建立了许多协会、小组，如嘤鸣社、国友会、交询社等，借助这些协会、小组，组织成员不定期地深入关东、东北各地进行演说、宣传。此外，在地方上，由富农指导的各种学习小组，也在进行着移风易俗的工作，这样的自发学习小组差不多每几个村就有一个，全国达到成千上万的规模。正是这些数以万计的民间自发小组，成为新观念集散地，参与者又将获得的新观念向身边的邻人、村民传播，日本乡村也开始在思想意识、行为方式上接受了近代合理主义精神。多数后发国家在现代

---

① ［日］正村俊之：《秘密和耻辱——日本社会的交流结构》，周维宏译，商务印书馆2004年版，第302页。

化过程中经常出现的城乡显著差异甚至隔绝的情况在日本却未出现。

第二次世界大战期间，日本政府对社会力量的动员也利用了这些民间组织。"'邻组'作为民间社会的自治组织，在战争前早就存在了，但得以大力强化并凸现其作用，是在 1939 年以后。这时，全日本有'邻组'110 万个，每一个由 10 到 12 户家庭组成。大约 20 个'邻组'又划分为一个社区协会。每个邻组有一个负责人，由大家协商产生，他负责从政府、军队方面接受命令，或者要求，然后传达、布置给本组成员。邻组履行着各种全国性和地方性的任务：征收赋税、分发口粮、提供志愿者和慰军用品、开展军事训练、组织防空消防演习和各家掩体的挖掘、执行防范犯罪措施、谴责那些开小差的逃避者与那些浪费资源的奢侈者，以及协调、处理邻里矛盾。"① 一个资源贫乏、国力并不雄厚的岛国却能将战争持续十几年，在 50 年间竟然发起了无数的对外侵略活动，其背后的一个重要支持力量就是被高度动员起来的全国民众。各种小组、协会渗透在民间，他们的工作要比任何政府部门都要高效得多。

日本学术界也有聚友结社的传统。这些或大或小、或正规或非正规的社团、协会、小组等对新思想的启迪、各种理论学说的争鸣与重构等都起到了积极作用。在近代，先后成立的具有哲学色彩的社团大致有：明六社（1873 年成立）、日本弘道会②（1887）、丁酉伦理会（1890）、面包会（1910）、黎明会（1918）等。在一些大学里，学生们也组成了各种思想研究会和关注社会问题的社团，如"新人会"（东京大学）、"民人同盟会"（早稻田大学）、"扶信会"（法政大学）、"社会思想研究会"（第一高等学校）。此外，还有许多学者和思想家在其住地或以学生为主成立了各种各样的读书会，例如，波多野精一于 1907 年在其住地成立了"《精神现象学》读书会"，培养了一批年

① 胡平：《100 个理由：给日本也给中国》，长江文艺出版社 2006 年版，第 167 页。
② 其前身为日本讲道会（1880），再之前是东京修身学社（1876）。会长和主要核心都是西村茂树。

轻的哲学家，包括石原谦、阿部次郎、宫本和吉、小山鞆绘、安倍能成、田边元、伊藤吉之助等人。

第二次世界大战后，这样的结社因宽松的社会环境而得到急剧发展。许多日本社会治理或企业管理上的成就都与活跃的社团活动有关。众所周知，引入并全面推行全面质量控制，是日本企业第二次世界大战后迅速崛起并取得巨大成功的一个关键因素。质量控制本是一件十分专业的工作，主要运用系统统计方法改善和解决生产流程和整个生产系统中产品质量稳定性的问题，但在日本，这一活动没有局限在特定职位的工程师或质量管理员上，而是成为全员、全过程的活动。企业内的"质量管理小组"成为主要担纲者，而这样的小组是自发成立的，企业员工可自愿加入，并利用工余时间开展各种改进质量流程的活动。在整个日本，协调和推进质量控制的工作也并非由官方机构或部门主持，相反，在日本全国范围内有诸多积极推动全面质量控制活动的民间组织，如日本科技联盟（JUSE）、日本管理联盟、日本中部质量控制联盟、日本规格协会、日本能效协会、日本生产力中心等。

在静冈县富士市的车站，站前广场立有一个石碑，上面刻的是"富士市民宪章"，大致内容如下："我们都是在富士山下长大的孩子，继承历史与传统迎向明日，我们要建设发达的产业和文化的乡土；我们要像富士山一样心胸宽大、互助合作携手共进。我们要像富士山一样爱护优美的自然，建立美丽的家园。我们要像富士山一样意志坚定，欢喜勤快地工作，成就健康的家庭。我们要像富士山一样坚强正直，遵守规律，维持和平安定的社会。"日本很多城镇乡村都有这样的"乡规民约"，类似的"市民宪章"。正是基于市民的真实意愿，在充分协商、讨论之后提出的，酝酿和修改"市民宪章"的过程就是市民间相互了解并参与公共事务的过程。对一个具体的国民而言，他更真实的感受来自于对邻人、居住地的感受，扎根于基层的各种草根组织就起到了国民间相互联系、增进情谊的纽带作用。

对日本人重结社的传统以及它与日本现代社会的关系，引起了许多领域学者们的关注。有人指出："日本在发达资本主义国家世界中，大概可以被归入亚洲'社会法团资本主义'（social-corporatist capitalism）的类型，与这种经济基础相适应，它的'现代民主制度'也有自身的特点，就是深受社会内部各种与'人脉'相连的利益山头的影响。在初期阶段，在普选制下，也是一党长期执政，在这个阶段之后，则进入群雄相争的弱势领导时期，使领导人很难进行触动既得利益团体的改革和调整。"① 这与其说是日本人缺少克里斯玛型（Charisma）的领袖，不如说广泛存在的各种社团并没有提供产生这样的领袖的社会基础。即便政党领袖走马灯似的更换，也没有带来日本社会的动荡，这还是因为无处不在的共同体才是日本社会的真正管理者，它们的日常化、合理化活动给日本社会提供了生机和秩序。

日本学者内田义彦认为，第二次世界大战后日本型市民社会已被组织成企业社会，因此必须探寻超越企业社会意识形态的"非权威的——水平规范"的形成。这就意味着要在市民活动的形式、市民团体的组织等方面有所创新，形成能够与企业集团、企业价值相抗衡又能对话的规范内容。在20世纪80年代以后，随着环保运动的深入、福利社会政策的推行以及可持续发展观念的兴起，企业也开始介入各种市民活动中。市民活动的内容加强了当地企业以及个体工商户与普通市民（当地居民）的交流，以城镇、街道振兴（町づくり）为宗旨的市民活动也受到了当地政府的鼓励。许多企业主动与市民分享公共意识，参与各种市民活动。一些企业还引入了"自愿者休假制度"，即当本企业员工参加了自愿者活动，如向海外输出技术、师资培训或者看护瘫痪病人时，企业允许他们带薪休假。一些市民活动团体也开始热心于商店街组织的交流，将活动对象从一般市民扩大到商工业协会、扶椅协会、青年会议所等，由个人间的交流扩大到组织间的交流。

社会领域是介于国家和家庭之间的地带，它同时兼具"公"与"私"双

---

① 　李培林：《重新崛起的日本》，中信出版社 2004 年版，第 19 页。

重属性。这也是日本人热心社会事务、参与社会活动的一个重要社会心理。对日本人来说，公与私的区别只有在不可分割的连续体的极端才是清晰的，而在两个极端之间则是二者相互跨越。二者的关系不断地得到贸易和工业协会、商业机构、专门委员会和各种正式、非正式的国家级和地方级协商——官僚、政治家和实业界人士经常在此碰面和磋商——等活动的强化。政府官员退休后马上就会进入大型私营企业的董事会（"天下り"），或者成为公营企业的董事（"横滑り"），这样的人事安排不断重复（"渡り鸟"），因为公私双方彼此受益。

不过，需要说明的是："日本人的社团并不是像欧美社会的社团那样完全是按'契约原则'缔结起来的。日本人加入社团并非完全割断亲属联系，毋宁说日本人的社团是比照亲属集团缔结起来的，保留了许多亲属集团的特点，这就是人们通常所说的日本人社团的'家族'性质。缔结家元组织的原则（即'缘约原则'）仍或多或少地影响着当今日本人的结社行为。当代日本人的社团……其内部构造都多少具有这样的特点，由关系密切、高度协调的小集团组成：在上位者与下位者之间存在着某种程度的'主从'关系；成员之间以一种等级或类似等级的关系相联结；集团彻底地保护着个人，而个人则绝对服从集团中的权威和对集团本身保持很高的忠诚和献身；当团体与个人的独立发生矛盾时，为了维护团体的利益而宁可牺牲个人的独立；集团内上下级之间、领导与被领导之间的关系类似亲子关系等。"①

3. 促成社会共识的大众传媒

哈贝马斯曾在《公共领域的结构转型》一书中对大众传媒的兴起及其对

---

① 尚会鹏：《中国人与日本人——社会集团、行为方式和文化心理的比较研究》，北京大学出版社1998年版，第124页。

现代社会公共领域的形成、公共交往方式的改变等所产生的影响做了十分精彩的分析。脱胎于私人书信和纪事文学的报纸，在商业利润的压力下，开始寻求创造社会共识，这一方面保证阅读者成为稳定的消费者，从而带来报社或投资人的商业回报；同时也直接促成了现代公共领域的形成，因为某一特定公共事件以及相应的意见、评论在人群之间传播，不仅增进了社会成员间的相互了解，加速了社会成员的同质性，还催生了现代社会的公共空间。

日本近代化的一个重要成果是促成了民族和民族整体观念的形成，并在国家军事和政治力量整合下实现了民族统一。民族的主体是作为类的国民。即便是"国民"这一概念也不是"自然"地产生的，以为支撑近代民主主义的国民间的连带感是从对自己的家族和村庄的人们所抱有的自然感情中延长、扩大的结果，这是不对的。对村庄邻居和家族他人的爱，无论是谁，在日常经验中都可以亲身体会到，因此是具体的感情，这种感情自古便有。但是，国民一体的观念或者更高层次的国家观念、世界意识都是经过多项环节的"加工"、"萃取"后的高度复合物，属于抽象的感情。因为针对"国家"以及国家相关的宏观抽象物的感受无论是从人口的数量之大还是所涉及领域之广，都大大超出了个人日常生活中通过直接经验可以感知到的范围。国家由无数的普通国民构成，但国家只是国民整体的象征，其他未知的国民，即个体所属的血缘集团之外的任意他人不过是"陌生人"。让人们产生对这样的陌生人从接触、了解到认同、接纳，这绝非自然情感的流露，而是来自理性的要求，并依赖于各种制度，如学校、报纸、教会等的持续影响，才能将对这样的他人的感受、经验和认识加以综合、抽象化，并上升到对国家的认同。

日本现代传媒业几乎与明治维新同步兴起，包括图书出版、新闻报纸、各类杂志等风起云涌，大学里较早设置了新闻专业，保证了具有专业素养的年轻才俊源源不断地补充到新闻队伍之中，自愿组合的新闻工作者的结社组团及时反映从业人员的共同诉求，维护了从业人员的基本权益。即便是在战争时期政府执行严格的新闻审查制度，除共产主义宣传和对军部诋毁的文字外，绝大多数新闻报道，甚至一些负面新闻和不同意见也可以得到一定程度的展示。大量图书和报刊的发行，不仅提高了国民的社会化程度，还极大强化了国民间从各自立场去了解和认识所生活于其中的周遭世界，从而对国家、社会、公众这样的集合体产生真切的亲近感，由此形成了"公众舆论"，为观念现代化、生活方式现代化等提供了思想土壤。

然而，我们也必须看到，日本国内还是存在诸多差异，主要是地区差异。日本从最南端到最北端有 2000 多公里长，其间的地区差异是显而易见的。阶层差异也真实地存在，只是不像多数国家那么板结化。但这样的地区差异和阶层差异都未达到对立、势不两立的程度，其中一个原因就是：与绝大多数的西方发达国家相比，日本确实是一个更加高度同质性的国家，每个日本人都讲同样的日语，而且只使用这一种唯一的语言，他们都读同样的报纸，看同样的电视节目，去同样类型的学校上学，遵守同一的法律。

与西方传媒同行相比，日本的新闻工作者整体的敬业精神和职业操守更令人尊敬。日本虽然有色情类报刊，但几乎没有以报道不可靠的小道消息或花边新闻为主的报刊，而且日本的传媒业大多遵守一些默认的"常识"，如不轻易报道涉及皇室的丑闻，以尽可能恰当的语言表达对皇室的尊重，对官方不当措施的批评十分克制，报刊中都设有专门版面进行"社会常识"教育，报刊所使用的语言都是可称为范文的标准语，以维护日语的规范和纯正，等等。很少曝出新闻工作者的职业丑闻，如"有偿新闻"、"软广告"之类，在他们身上很少发生。

日本的大众媒体大多因他们的专业报道、立场公正而受到日本国民的尊敬，日本的十余家报纸都有数百万的发行量，他们所提供的信息不仅在沟通官民、公共部门与私营组织之间起到了桥梁作用，而且在传播中产阶级价值观、推动增益公利政策的实施等方面都发挥了不可忽视的作用，他们克服了市场经济的不确定、社会发展中的部分失衡，在国民中扮演了润滑剂和凝聚力的角色。

第四章
等级制与中流意识

—————— 武家义理物语① ——————

　　跟随摄州伊丹城主荒木村重的神崎式部，奉命去陪伺主君的次子。于是带着儿子胜太郎赶往东国，途中来到了大井川。式部在出发的时候，曾受同僚森冈丹后托付带其 16 岁的儿子丹三郎同行。在渡大井川时，他让儿子胜太郎打头，丹三郎随后，自己监督着人马殿后。但是丹三郎不慎掉进涨水的河中下落不明。式部无奈，想了一会，把安全渡过了河的胜太郎叫过来，说："丹三郎是我从他父母那里接来的，如今在我眼前淹死了，我要让你活着的话，在丹后面前我的武士的脸面就没了。你马上也去死吧。"胜太郎毫不犹豫地回到河边跳下了水。

—————— 丸红公司的子弟受到了"欺负" ——————

　　1976 年，因美国报纸的披露，日本高官牵线并从中受贿而迫使日本公司购买了美国飞机，包括当时的首相田中角荣在内的多名高官与此事有染，

————————————
① 　故事出自井原西鹤的小说《武家义理物语》卷一之五"死则同穴"。

田中角荣因此事件而成为日本第一位受刑入狱的首相。一家大型综合贸易公司——丸红公司是这次商业贿赂事件的主要担当者，丸红公司自然遭到了检方的指控，相关负责人或自杀或辞职，声誉受到了极大打击。令人吃惊的是，丸红公司普通职员的孩子，即丸红子弟们也在幼儿园、学校受到了同学们的欺负，其他孩子说，妈妈告诉自己不要跟那个孩子（丸红子弟）玩，结果，大家都不理丸红子弟。

孩子是成人世界的折射，成年的日本人是将丸红子弟当作了"丸红人"，对丸红不法行为的厌恶也传递给了无辜的孩子！一旦丸红公司出事，作为其员工的每个人无一幸免牵涉其中，人们看不起他们、疏远他们，而且多数日本人认为这样做并没有错。

人们对日本社会的等级关系有着深刻的印象，日常生活中俯拾皆是的等级现象，如男女的差别、上下级的差异、内与外的分别等。但是，不可否认，"平等"的观念和为实现平等所作出的努力同样也真实存在，并且取得了重大成就，如今的日本已经在很多方面更加平等，即便与西方发达国家相比也毫不逊色，例如，在国民收入方面，日本的大企业所有者或高级经营者的收入仅是普通雇员或一线操作工人工资的十余倍，而非欧美国家的几十倍！还需要指出的是，传统的等级制包含了身份对立和人身依附关系，第二次世界大战后的民主化改革中已经在政治和法律上明确废除了一系列等级歧视性规定，公开的等级关系已经不再合法，维护等级对立的言论也受到了人们的抵制，特别是持续几十年的经济高速增长和社会再分配政策的改进，现代日本人的平均生活水平日益提高，开始涌现"中流意识"。

一、等级制及其变形

等级制在当代日本的命运，可以用一个日语词来表示，那就是"形骸化"①，比较接近的中文表达就是"等级制的残留或遗迹"。这样的残留不仅有实体形式顽强存在于社会结构或人际关系中，也有观念形态，在今日日本人的思想意识中还有诸多表现，并且被当作"合理化"的根据来解释现实生活中的部分现象。与亚洲历史主义的精神遗产不同，西方近现代文明包含了更多对平等的肯定思想，日本自近代以来的文明开化运动虽然走了一段弯路，但始终没有中断，明治期间的启蒙运动、大正民主主义，特别是第二次世界大战后经过民主化改造，平等、民主、人权的观念深入人心，而且由于建立起了承认私有财产权的法治体系，现代日本社会的等级制绝非封建时代的人身等级或身份等级，而只是社会学、经济学意义上的差序，如主要表现为集团中的资格、社会组织中的职务等。

1. 等级的形态

一个人的成熟和社会化程度的一个表现就在于他能够建立起自己的人际关系圈子，并能够借助这一关系顺利、通畅地进行各种有效的社会性活动。事实上，每个民族都会鼓励其成员在日常生活中结成各种人际关系，并在这些人际关系中实现与社会、他人的持续交流，但是，这些人际关系的结

①　"形骸"的汉语意思是"人的形体"，但汉语没有"形骸化"这一表达方式。在日语中，"形骸"有两个意思：一个是"人的身体"；另一个是"（无内容的）骨架"，引申为"本应有的内容却全无的表面化的空壳"。

成方式因为与各自的传统社会结构和相对独特的生活方式相联系，又表现出不同甚至完全相异的形式。日本社会人际关系的重要特点是强调纵向人际关系。① 所谓纵向人际关系，就是指在具有明确等级差别的人们之间，依据上对下的恩情和下对上的服从双向原则而建立起来的社会性结构体系，它注重具有明确差别的人际特征，将人际关系划分成不同的性质、程度。由于纵向人际关系存在上与下、高与低、贵与贱的差序，因此，对这样的纵向人际关系的确认与维护就被称为"纵向等级观念"。大体说来，它有着如下的人际交往和行为模式方面的特点。

第一，纵向关系的优先性。在具体的组织或单位中，纵向关系如何确定？可以依据行政级别，如股长、课长、部长、局长、次长、大臣；或者公司的管理序列，如课长、部长、社长、专务、总裁等，还有进入职场的先后顺序，这就会产生大前辈、前辈、后辈、新人等的不同。在同期生或同年入社的人当中，又可以因年龄而确认出纵向关系的上下之分。

纵向关系一旦确立，就成为非常稳定的属性。如田中曾是佐藤的学生，这一师生关系无论今后田中获得了怎样显赫的地位和辉煌成就，他都仍然必须对佐藤行师生礼。同样，在公司中，后入公司的人在先进入者面前总是要毕恭毕敬。

纵向关系优先导致了主体的相对性。英语对自身指称为 I，对他人指称为 you，无论与谁谈话，说到自己一律用 I，说到对方则用 you。就是说，自己 =I，而对象 =you，言说和指代的主体都是十分明确且稳定的。日语中的

---

① 中根千枝最早提出这一概念。她指出，"场"（人们生活的空间）和"资格"（个人先天或后天获得的社会属性）是缔结集团的两个要素，日本人在缔结集团时对"场"的强调甚于对资格的强调。由于同一个"场"内的人有不同的资格，就需要一种力量把这些人凝聚到一起，纵式关系可发展出一种力，凝聚集团内各种资格的人。在纵式集团内按上下关系把每个人的社会位置确认并排列起来，形成了一种"序列"。"序列"是一种比身份、地位更细致的区分，他不仅存在于不同地位和身份的人之间，在相同身份、地位和资格的人之间，也依据一定标准形成精细的等级序列。

皇宫二重桥（刁榴摄），通往皇宫的正门。每年在位天皇的诞辰日和新年元旦，天皇及其家人会在皇宫接受普通国民的"参贺"。

第一人称单数却是灵活的，它可以根据不同的对象发生变化。例如，一个男子依据他与谈话对象的关系性质不同而使用不同的自称：在自家的孩子（おまえ）面前，他会称パパ；与朋友（きみ）谈话时，则使用ぼく；面对长者（様），他则恭敬地自谦わたし；在自己的兄弟（あにき）面前，他又会换成おれ。反过来几乎也成立，一个旁观者只要听人们谈话时"我"的措辞就可以大致准确判断谈话双方的关系性质和亲密程度。

当然，纵式人际关系意义不仅在于上下尊卑分明，更重要的是各司其职，每个职位都有相应的角色期待，这就是纵向关系中的各自排序。"一个人如果被提升为常务董事，人们总希望他的言谈举止同他以前做部长和科长时要有所区别。如果一个主要官员总是无拘无束、随随便便的，并想要同他的下级建立一种亲密的关系，喜欢在他的公司里有一种随便自由的气氛，这对日本人来说是不可理解的。他们会认为他是失职而对他不屑理睬。"① 因为人们所扮演的角色是由集团、组织中的森严等级制（纵向人际关系）所明确限定了的，这些都构成了不必言明但人人心中自明的非正式惯例。

纵向关系优先也促成了群体优先于个人的行为模式。有学者认为，日本迅速完成现代化转型和经济腾飞，其原因之一是与纵向连接的力结构发挥了作用。这一组织结构的优点是，"领导者的指令能迅速下达到最下层，而且极富号召力"。②

第二，纵向关系的排他性。若将这一点与中国（见图 4-1）和西方（见图 4-2）的情形进行比较就会显得十分明了。

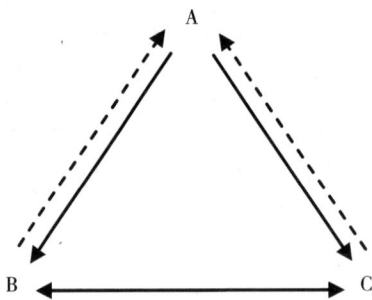

图 4-1　中国人的纵向关系特点

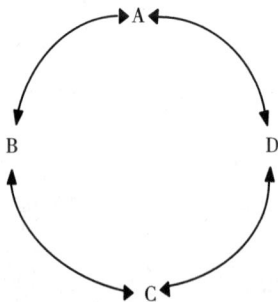

图 4-2　西方人的人际关系特点

---

① ［美］马克·齐默尔曼：《怎样与日本人做生意》，潘力培等译，上海科学技术文献出版社1989年，第63页。

② ［日］中根千枝：《日本社会》，许真、宋峻岭译，天津人民出版社1982年版，第65页。

中国人之间既存在纵向关系，也存在横向关系（同乡、同友、同龄人关系同时十分盛行于古代中国社会）。在纵向关系中表现为金字塔式的结构，即最顶层的上司与最底层的下属仍然有通道可以直接沟通，这样的越级联系有时会受到赞赏：如最顶层的上司（如微服私访）过问最底层的人，这被看作是"亲民"；最底层的人也获得机会向最顶层的人直言，如通过科举而获得功名的平民后代就可以登上朝廷，知识阶层的直言相劝和据理陈述也得到了充分肯定，并被认为是"进谏"。但中国式纵向关系也存在矛盾，主要是来自同级别人员间的钩心斗角和上下间设置障碍，相互沟通在现实中比理论上困难得多。

现代西方通行的社会关系形态呈现圆形的闭环结构。现代科层制建立起来之后，社会关系的内容以有机的分工合作和组织目标的实现为宗旨，即便存在纵向关系也主要表现在职务分工和职责划分上，这样的纵向关系同时还受到其他因素的制约，失去了相邻层级间对抗、刁难的空间。但其弊端是，人们是因职业种类而被安排在一个部门中，一旦某人辞职，在短时间内人际关系的平衡就会被打破，甚至影响当下工作的承接。

日本纵向关系是排他性的树枝状形式式（见图4-3）。属于纵向关系的人群之间不仅有明确的命令发出者和命令接收者，人员上下关系明了；而且这种关系是排他的，即一个人不可同时属于两个并列的纵向序列。其优点是纵向式上下交流顺畅，但横横向联系却不够，甚至出现停滞。

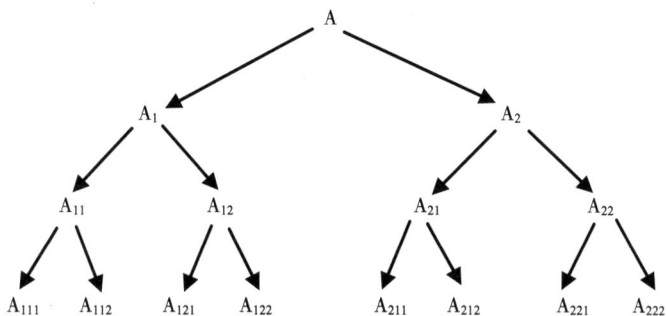

图4-3 日本人的纵向关系特点

在日本社会中，一个人很难在两个以上的群体中保持同样的地位，但是在现实生活中，个人又总是属于两个以上的群体，这时，对一个日本人来说就必须作出取舍，他面临着孰轻孰重、何者先何者后的选择问题。他应当明白而且群体中的其他人也懂得：他首先属于某个群体，其次属于另一个群体。不过，"第二归属与第一归属有质的不同。例如，在第一归属里难以维持时，这对个人是致命的打击。因为这种情况下，即使有第二归属也往往起不了太大的作用。因此，从结构上讲，只能有一个归属群体"。①

与中国不同，日本更强调层层相因、级级负责。在中国，同一行业或领域内，所有的上级都可直接干预所有的下级，越俎代庖之事就会时常发生，如民间故事中的蒙冤平民拦住帝王御驾鸣冤，要求昭雪；或者皇帝本人微服私访，直接与百姓接触，亲自考察地方官员的政绩。但在日本历史上，越诉与强诉一样，都是犯上的行为，要受到严厉惩处，官方和民间舆论都不支持跨越层次的接触。

第三，纵向关系的连带感。日本的纵向关系是温情性的，它以相关人员之间的直接交往为前提，日本纵向关系不鼓励壁垒式的隔绝或单纯事务性的公式关系，相反，主张通过保持情感纽带，使纵向关系加上温情脉脉的元素，为此，要加强纵向关系中的双方彼此多走动、多联系，始终保持经常的不断接触。在日本，各种礼仪、礼节的高度发达也是为了保证上下关系的圆滑进行，如敬语、敬体、问候、"年中行事"等。"在日本，同公司的职员们进行社交活动被认为是一个人工作的一部分。一个日本商人工作之余总是泡在酒吧间里，这并非是想'逍遥'一下，事实上他们的目的正相反，他们感到只有公司职员们的关系亲密无间，才能使公司的事业兴旺发达。"②

---

① ［日］中根千枝：《纵向人际关系》，文成峰、王处辉译，云南人民出版社1989年版，第31页。

② ［美］马克·齐默尔曼：《怎样与日本人做生意》，潘力培等译，上海科学技术文献出版社1989年版，第84页。

纵向关系的连带感不仅表现为下对上的服从，更表现为上对下的关照。这样的上下互动和彼此呼应，就可以预先起到回味二者共处的空间，从而不断重申共同目标的作用，这事实上也会产生某种积极的组织管理方面的效果。试举一例，第二次世界大战结束后不久大日本啤酒公司被迫拆分为两家公司，一个是朝日啤酒公司，另一个是札幌啤酒公司。分裂后，两家经理交往仍然很密切，并倾向合并，二人协定，合并后由朝日啤酒公司的经理出任总经理。但是人们都知道，朝日啤酒公司的经理很专横，消息传开后，札幌公司的全体人员群起反对，声称拒绝在一位专横跋扈的经理手下工作，所以，合并的消息公布仅两天就因遭到强烈反对而告失败。人们也许会问，札幌公司的经理为何不运用他的影响和权力强令他的属下同意合并呢？他没有这么做，因为"日本领导人的权限，在很大程度上是受集团舆论牵制的。如果他违背属下的意愿，强令合并，就会失去他们的效忠与合作"。① 这表明，日本集团的领导人不是靠权力强制他的下属，相反，是靠个人的人格魅力和对下属意愿的洞察并加以迎合来实现对下属的控制和引导的。"领导人越是通情达理、豁达大度，他的下属也就会越忠顺精良。"②

由于纵式人际关系具有连带性，不仅个人需服从上司意志，个人的道德感也必须让位于纵向关系所依托的集团之利益。"并没有任何抽象的道德准则能制约日本人的行为，日本人不允许道德代码超越个人对集体利益所负有的责任。"③ 如在日本政界、警界甚至企业不断出现的"不祥事"、"隐蔽"等事件，就是无法摆脱这种人际关系压力的不良后果。因为，"在日本，无论是以什么样的主义或思想作为旗帜的群体"，其群体的生命力不在于"个人

---

① ［日］中根千枝：《日本社会》，许真、宋俊武译，天津人民出版社 1982 年版，第 53 页。

② ［日］中根千枝：《日本社会》，许真、宋俊武译，天津人民出版社 1982 年版，第 61 页。

③ ［美］马克·齐默尔曼：《怎样与日本人做生意》，潘力培等译，上海科学技术文献出版社 1989 年版，第 12 页。

忠实于这种主义或思想，而在于相互的人际关系"。① 换句话说，纵向关系的连带感很容易提供相互包庇、攻守同盟的温床。

日本社会注重纵向关系，轻视横向的平面交往，这就可能导致水平面的关系过于松散，缺乏活力，极易造成派阀党争等潜在的和现实的分离势力。但是，对纵向关系的强调，也造成了"权威集中"的效应，又可以部分地抑制这种离心力的分裂作用，缓和平面人际交往中不稳定因素的消极影响。

2. 等级的原理

在日本，不仅人际关系分成纵向等级，几乎一切社会领域都被划分出高低、大小的不同等级，如大学有一流大学和非一流大学；企业有一流企业和非一流企业，就是餐馆也分成有人气餐馆和无人气餐馆等。推动日本企业主和企业员工以及所有日本人孜孜不倦努力的一个动因就是追求更高的等级序位。普通日本人最迷恋的梦想是成为"一流单位"的一员。有学者认为，日本人对市场份额及名列等级的共同热衷，与日本农村司空见惯的各家庭间的竞争类似，从某种意义上说，日本人的价值观念更倾向于社会的而非经济的目的，利益的动机从属于对名望的需要，即在社会、行业的等级序列中占据主宰、霸权的地位，这成为支配现代日本人的最重要的内在愿望。就对日本劳动关系和职业生活的影响来说，纵向人际关系导致了重场所或集团所属、而非个人职业分工的取向。

正如上文所指出的，现代日本社会的等级已经"形骸化"，其实际存在的社会意义只是表现在人际关系中的纵向式关系形态上，它是人群交往的一

---

① ［日］中根千枝：《纵向人际关系》，文成峰、王处辉译，云南人民出版社 1989 年版，第 90 页。

种历史传统，并由此构成了具有显著行为指导意义的社会资本。

在美国学者普特南（Robert D. Putnam, 1993）看来，社会资本是"社会组织的特征，例如信任、规范和网络，它们能够通过推动协调的行动来提高社会的效率"。虽然从后果上看，日本纵向人际关系提供了社会交往的规范和网络，也促成了社会成员间的协调行动，但与普特南的初衷和他最主要关心的焦点不同，日本的纵向式社会网络远比水平式的社会交往更加发达，普特南认为，这样的纵向式社会网络虽然可能维持一个集团内部的合作，却难以跨越社会分层建立起更加广泛的社会性信任与合作，因此，就会导致总体社会生活的低效率。然而，日本的纵向式社会网络虽然没有建立起发达的横向平面关系，但发达的社群生活、开放的社会分层流动等都极大缓解了纵向人际关系的刚性，现代日本社会存在"抽象的平权观念对具体的等级序列的升华和改造"，我们将之视为日本现代社会等级的原理。

公元七八世纪日本在引进中国的律令制度的同时，也引入了中国的官员选拔制度——科举制。日本最初设立的科举考试科目较多，包括秀才、明经、进士、明法、医、针等，但同时规定有资格报考的学生只限于大学寮的学生，而大学寮相当于中国古代的官方教育机构——太学，学生主要来自官僚子弟和贵族子弟，这实际上就是只限官宦子弟方可报考，因此日本科举制很快失去了平民性和促成社会流动的意义，日渐贵族化。11 世纪以后，虽还保留了式部省试，但考生皆由权贵推荐，且全部应考者均及第，科举制在日本就名存实亡了。与朝鲜半岛和越南较长时间接受了与中国高度雷同的科举制不同，日本的科举制不仅存在时间较短，而且一开始就出现了"变异"，它对考生资格进行了严格限定，只有贵族子弟才有资格报考；考试内容大多以满足和体现贵族修养的内容为主，结果，日本科举制不仅没有为普通平民开放上升的通道，反而成为提升贵族后代总体素质的手段。日本科举制之所以发生了如此"逾淮为枳"的变化，根源在于日本朝廷将科举的平等精神剥离开，仅仅强调它的手段价值，结果，它进一步扩大了贵族与平民的差距，这其实也反映了日本等级制自古以来就有着较强的自我复制、自我修复的能力。

尽管今日的等级制表现为纵向人际关系形式，仍然存在由上而下的等级差序。那么，纵向等级所延伸到的最顶端，即位于纵向等级塔尖的大人物是如何产生的？他们是君临天下的暴君还是有所限制的明主？这些问题正是等级的原理所要集中回答的。与中国的绝对等级制不同，日本是有限等级的观念，因为，即便是等级顶端的人也不是无法无天、胡作非为的。在日本有这样一种说法，叫"非、理、法、权、天"。这说的是一物降一物的道理，即非＜理＜法＜权＜天。"非"就是非理、无理；"理"是讲道理，但不是知识论意义上的"道理"，而是"义理"中的情理；"法"为规则、规定；"权"指直接管束自己的权力，如幕府时期的将军、近代的天皇和现代的社长等；"天"意指高高在上的权威象征，它是一种政治理念和对人类存在状态的哲学抽象。现在的日本，在制度层面上，与欧美无异，但在具体执行过程中，权力大于法律的现象仍时有发生。然而，权势再高的人也要有所敬畏，因为"天"永远在一切人之上，君临人世，它才是一切是非正误的终极裁决者。这种观念提供了限制现实人类各种权力（者）的信念支撑。

如何看待等级制及其对当今日本社会的影响？日本社会学家中根千枝就曾这样指出："'权威主义'不是万恶之源，'民主主义'亦不是混乱的起因，最令人担忧的恰是日本人深层的习性，日本社会没有遵从（或被遵从）并受影响（或影响）而设定的规则，并遵循于它的传统，这是最大的危害。"① 就是说，等级制本身并非一无是处，也非完美无缺，重要的是，在日本社会中，由于等级制的无处不在，日本人普遍地表现出对既存等级制的认同和维护，下位者依据一定程序，积长年的努力，逐步爬入等级的上层；上位者则

---

① ［日］中根千枝：《纵向人际关系》，文成峰、王处辉译，云南人民出版社 1989 年版，第75 页。

以等级为借口，施加集团成员以服从、归属的压力，在这种驯化中，独立于人缘、权力、资力之外的规则的力量就会被模糊和弱化。因此，进入日本社会的各种组织、集团、社区，重要的不是了解成文的规则，而是尽快适应、熟悉、洞察既存的等级序列，并使自己的言行表现出与自己所占据的位置相一致的恰当方式。

等级的原理也充分体现了日本社会的二元性。在观念上，一方面人们认为等级的存在不仅是事实，也是必然的，另一方面人们又接受了现代新观念，对等级持怀疑和负面的评价；在现实社会中，各种等级既是构成社会交往和人际关系的纽带，与此相对的平等的同辈关系也逐渐获得青睐。这一点也许再次验证了许多学者所指出的，日本人大多是行动的现实主义者，而非抽象规则的信奉者，更非普遍规则的追随者，所以，"现实为王"的随遇而安就比较符合等级"形骸化"的现状：等级的形式还在，但反等级的努力使之难以获得堂而皇之的合理性，只是作为一种传统、一种习惯而得到随大流式的遵从。当然，对传统的重申、对习惯的强调，这恰恰在现代日本人中有比较高的一致性，因为"共同的过去"正可以成为联络无数原子式个体的共享主题，也可以从中获得超越具有冲突性个体利益要求的精神力量。越是在民意可以充分表达的民主法治社会，社会的最小公约数往往会归结到那些看似"我们都有的"若干传统之中，它成为划分"我们"与"他们"的界限标尺，也成为"我们"相互认同、彼此接受的共同文化暗示和符号。

3. 等级的各种变形

等级的适度存在不仅对社会流动有价值，而且本身可以成为社会发展的活力源泉，最重要的是，等级与个人主义完全可以并行不悖、相依而存。在尊重个人权利的现代法治社会，人与人之间的距离显得十分必要。人的尊严之所以可能就在于每个人都是独特的、不可替代的，这就意味着：真正完全被他人了解是不可能的，所以，才要充分尊重每个人，给他们展示自我、发展个性的机会。

日本社会等级的现代形态主要体现在职务和职业分工的差别上。在这点上人类显然有了巨大的进步。众所周知，在人类历史的早期阶段，一定的职业活动曾被作为某人的社会身份固定下来，如西方的古希腊时代、日本的江户时代都是如此。这种意义上的职业活动，不单具有经济性质，还包含了与传统社会规范相联系的伦理内容。这就形成了相应的"职分"观念。例如古希腊的"四主德"原本就是取自借助职业活动而形成的基本伦理规范。去除人身依附和人格高低贵贱的前现代内容，那么，"职分"仍然保留了值得肯定的职业伦理意味。在日本，"职分"总是与"间柄"有着不解之缘。"间柄"这一概念，通过日本哲学家和辻哲郎的倡导而受到广泛重视。依他之见，"间柄的本质是，我的志向已经从第一次谋面起受到对方的规定，并且反过来也规定了对方的志向"，① 就是说，"间柄"指自己与他者在存在论及意识层面上的相互影响，即"自他意识的渗透"。在工作场所，有物、人，还有责任，但是，人，尤其是人与人之间结成的关系是最为重要的。有时，即使没有特定的职分，从前结成的间柄仍然存在，例如工作场所中的先辈与后辈的上下关系，即便调动、退休以后仍然有效。

日本近代工业的萌芽，可以追溯到江户时代。当时的企业（或者说类似企业的组织）差不多都是以家庭为中心进行经营的，家庭成员间的联系强化了"职分"意识。它在工业化进程中得以保留，"职分"一方面获得了现代职业操守的洗礼而被认同，但另一方面它所内含的差序等级意识也被无批判地延续下来。日本员工的守纪律、爱社如家等意识可以说是"职分"所培育出来的。"与欧美式的利益社会不同，日本企业是这样的场所：人们因有缘而进入该企业，就应终其一生以谢恩之情尽忠地劳动，企业是拟制家庭，所

---

① ［日］和辻哲郎：《伦理学》上卷，岩波书店 1937 年版，第 73 页。

有员工是一家人。"① 因此，对不少日本人来说，"职分"不只是应当克尽的职务，更重要的是借助工作场所形成的特定且具有约束力的人际关系和行为方式。"职分"的社会性后果远远大于个人的经济所得。

持有高度职分观念的人，就会产生对自身言行的限制以符合既有的职分规定，这就是日本人通常所在意的"自肃"、"远虑"等意识。这与等级有异曲同工的作用。它使进入不同行业、从事不同具体职业活动的人，以职业的标准来要求、规约自己，使自己首先成为一个职业的代言人，此时他的主观任性就被所要从事的职业活动、所要进入的职业群体所包含的社会性所取代，他因自身符合共同标准的职业行为而成为文明社会的一员。关于这一点，福泽谕吉有过类似的论述，他说："分限，基于天的道理，顺从人之情，不妨碍他人，达到一己的自由。自由与任性的区别在于，是否妨碍他人。"② 然而，在日本"职分"并非纯粹、至上的，优先于职分的是所属的职场（如工作单位、政府机关、学校、企业等）。一个推销员不是单单以推销员这一职业而自豪，只有当他是索尼等大企业的推销员（一种身份归属）时，他才有无比的荣耀。对普通日本人来说，最重要的是所属的工作单位，职分只是针对这一所属企业的。在一定意义上说，在日本企业，职业伦理并不发达，工作伦理却非常深入人心。在日本的各种组织中，还有一个有趣的现象，即类似同僚、同事、先辈、后辈等用以指称在同一单位工作的人际关系的词汇非常多，但是，相当于同行（people of the same occupation）的词却几乎没有。因为从事同类职业的人之间难以结成超越各自工作单位范围的亲密关系，也无法产生相互的认同感。

由于传统文化的持续影响，现代西方人与东方人存在不可忽视的行为差别，对待不平等的问题就是一个实例。西方人大多在平等中找到心的安宁，

① ［日］岛田桦子：《日本人的职业伦理》，有斐阁 1990 年版，第 103 页。
② ［日］福泽谕吉：《学问的进步》，岩波书店 1943 年版，第 14 页。

东方人却在完全平等的人际关系中感到局促不安。日本人通常是在不涉及群体归属的问题上痛快承认人的平等，因此，一致性不是个人间的，而是群体性的。当与个人的群体归属无关时，多数日本人是可以做到平等待人的，但当面临集团归属的冲突时，就常常难以做到了。

不过，近些年在年轻一代中出现了新动向。根据《日本白皮书》的调查表明，年轻人的职业观以及与所属单位的关系有了与他们的父辈、祖父辈非常不同的表现，产生了劳动方式的中长期变化。对职业的态度也发生了改变。"通过不满 30 岁的年轻人第一次选择职业的理由可以看出，重视企业的规模、知名度和未来前景的人数比例十年间不断下降，取而代之的是，重视工作的内容、职业种类的人数在增加，年轻人的就职愿望正从'就社'转向'就职'。"[1]但由此推论人类在走向同一、世界在趋同，还为时过早。年轻一代的趋势不仅不是确定的，而且时代的变迁也并非单向度和一维性的，更加可能的结论是：由于意见和愿望表达的渠道及方式越来越多样，人们更容易知道各种不同意见和愿望的并存，此时要取得一致意见将更加艰难。

二、中流意识的真相

中流意识是第二次世界大战后民主化的产物。传统的、有严格等级的家制度和旧有的专制政治体制受到否决，经济持续高速发展和工会运动的活跃都促使广大公众得以分享社会进步的成果。各个阶层间的收入趋于平均化，加之教育、传媒、城市生活等的普及，国民间的相互认同度极大提高。日本社会学家富永健一就主张可以把第二次世界大战后日本社会的特征归结为

---

[1]　日本情报教育研究会：《日本白皮书》，清文社 1999 年版，第 501 页。

"均等化的大众社会"，所谓"均等化包含收入、教育、职业声望等阶层地位本身的差距的缩小以及意识的中间阶层化两方面"。[①]

1. 中产社会的到来

在社会学的研究中，"中产阶级"的划分基本上采取的是两种方法，一是根据收入、职业、消费、生活方式等客观的综合指标，二是根据阶层认同的主观指标，二者的定量分析都要依据大规模的问卷抽样调查。从1955年开始，日本社会学界进行了首次全国的"社会分层与流动调查"（Social Stratification and Mobilitu Survey，简称SSM调查），以后每十年进行一次追踪调查，到2005年已经进行了6次SSM调查。日本首相府宣传室也从1958年开始，每年都在全日本范围进行"国民生活舆论调查"。根据这些实证社会调查数据，大致可以得出结论：日本以白领职业为特征的"新中产阶级"人数比重从1955年的25.5%上升到1995年的43.2%，这与一般发达国家白领职业人群的比重相比差不多。然而，日本政府的"国民生活舆论调查"还带来了"一亿总中流"的说法，因为该调查的提问是把人群分为"上、中上、中中、中下、下"五个阶层，结果选择"中上、中中、中下"阶层的达到总样本的90%。一些日本学者对此分类有不同看法，认为它有误导之嫌，得出的数据失真。日本社会学家们所做的"社会分层与流动调查"，是把人群分成"上、中上、中下、下上、下下"五个阶层，选择"中上、中下"阶层的近70%。[②] 在局外人看来，即便是70%的人自称中等，将自己划入中产阶级范围，这比例也是明显高于其他多数发达国家的。

依据富永健一的观点，中产社会的主体是那些被称为"新中间大众"

---

① ［日］富永健一：《日本的现代化与社会变迁》，李国庆等译，商务印书馆2004年版，第185页。

② 参见李培林：《重新崛起的日本》，中信出版社2004年版，第55页。

(new middle mass) 的群体，他们受惠于高等教育的普及、城市化的加剧和工业活动的兴盛，这些人群包括专业技术人员、管理性职业从业者、事务人员、营销人员等，其所占人口的规模从 1955 年的 28.9% 上升到 1985 年的 43.3%。与其他发达国家不同的是，日本同时出现了白领与蓝领重合、蓝领与白领的区分日渐模糊的趋势。这一方面缘于日本学校和企业联合所成功进行的各类教育提升了蓝领的业务技能，促使他们的工作内容有了更高的技术含量，他们的工作变得更加复杂；另一方面由于日本组织（政府组织和企业组织概莫例外）实行人才内部选拔的惯例，一个有能力、行事干练、忠心耿耿的普通员工都可能在持续工作十余年或数十年后得到升迁机会，升至领导层，自动成为白领甚至成为高级管理者。

日本各类组织是非常强调"即战力"的，所以，对员工的学历并没有统一的高要求，很多技校、中专毕业生都可以在各类组织找到自己的位置，一般管理者的学历也大多只是本科。例如，在日本最成功的创新企业——本田汽车公司中，直到 1988 年，也只有 3 名工程师拥有博士学位，其中一位便是创始人本田宗一郎（荣誉博士学位），另外两位逐渐淡出公司的日常业务。学历差距不大，也弱化了公司成员间的距离，使他们的平等显得更为真实。务实的能力主义评价体系促使人们更加关注实际的工作绩效，而非工作者本人的特殊身份，这样的社会评价显然有利于削弱依附在各种身份符号上的"魔力"。

"获取地位及财富"的方法，或者用更专业的术语说，"资源分配机制"通常表现为人们职业选择和职业所属状态。日本传统的职业评价以论资排辈为主，这可能会压抑年轻、有才干者的积极性，也会带来职场内丧失进取心等不良后果。20 世纪 90 年代一些日本大企业开始导入"年俸制"、"弹性工作制"、"风险事业部制"等新的管理方式，确立起以重点评价个人能力及其相应业绩为主的评价体系。在社会生活中，"能力"与"努力"不同，后者注重的是当事人的主观动机和表现出来的心迹，前者以所作出的行为及其绩效为主。传统日本人强调的是"努力"，体现在人们之间的彼此关照和对集团的向心力上，不让一个人掉队；但"能力"则使个体间的差异得到突出，同时也显示了个人与集团的距离，"能力主义"盛行避免日本走向均质化社会，但最终可能会带来集体主义的衰亡。这也是当今日本社会一个引起较多争议的现实问题。

但日本另一位代表性的社会学者佐藤俊树则提出了相反的观点。他认为当代日本社会出现了日益严重的阶层分化现象，而且上层精英群体日趋固化，从而加剧了社会的不平等，日本正在告别"全民中产"，进入"不平等的日本"时期。"机会平等是自由竞争社会的大前提，但并非一实施市场化就能自动实现机会平等，这种天堂般的市场只有经济学的公式上才存在。投身现实市场中的现实的人绝对不是光溜溜、不着一字的白纸，每个人都有各自不同的背景——其优劣深深地限制着每个人的存在。"[①] 佐藤俊树给出的医治良方是以业绩为指标确立起对人的能力及其地位的新的评价体系，由此构建公正的社会。然而，佐藤俊树所给出的建议并非新的提案，而是日本不少组织正在进行的实践。正像日本学者熊泽诚所指出的，日本社会不仅不是远离能力主义的，甚至在许多方面实行的是比欧美更加彻底的能力主义，问题的关键不在于日本社会是否已经接受和推行能力主义用人制度，而在于能力主义雇佣制度同样可以导致中产社会。中产社会的主要表现是社会多数成员在收入、生活水平和文化教育程度、思想意识倾向等方面的接近程度，其根源在于社会再分配体系，而非第一次分配的结果。北欧诸国的福利社会主义就是这样。

当然，中产社会并非平均主义社会，中产社会也存在国民间的差异和社会生活的多样性。"事实上，存在着收入差距、财产差距、学历差距、职业

---

① ［日］佐藤俊树：《不平等的日本——告别"全民中产"社会》，王奕红译，南京大学出版社 2008 年版，第 132 页。

威信的差距、晋升机会的差距等各种各样的差距，只不过战后日本社会不再像 19 世纪欧洲社会和战前日本社会那样，使这些差距累积成为整体阶级上的巨大差异，相反，这些多种多样的差异在某种程度上相互抵消，结果实现了一种比较平等的社会。"① 社会总体状态的稳定、相似和均势，才是中产社会的核心特点。这样的社会结构及其相应的国民意识促成了社会成员间的高度同质化，尽管仍然存在社会阶层，但阶层间的流动和上升通道是开放的，这些都可以促使社会成员的自身地位确认显得更加真实。

2. 中流意识的盛行及实质

所谓中流意识就是这样的社会心理意识：深信自己的生活程度和社会地位都属于中等水平，将自己类比为社会的中间阶层一员，并且满足既有的自身状态和社会现实，怀有重视与周围的人保持高度同质性的普遍的社会心理意识。在现代日本，中流意识有多方面的表现，并且受到多数日本人的追捧。例如，在中流意识占据主流的企业，员工和经营者的对立被和解，经营者所制定的方针、计划基本上无任何阻力地被推行。而且，在员工看来，个人的成果并不被特别看重，同事间的争执、刁难之事都要极力避免。持有中流意识的员工们首先想到的是怎样与工作单位的他人，甚至是社会中的其他大多数人们保持一致，因此，自己既不做出类拔萃的员工，又不想成为低于平均水准的"劣等人"，在居间状态下，个人的心理平衡了，工作动力也被维持。在中流意识支配下，组织内的同质性实实在在地得到了保证，"共同体"也从中获得了稳定的基础。所以，在日本的各个组织中，有关联的人之间会相互遵守既有的规则和秩序，采取步调一致的对策，维持工作场所内的

---

① ［日］富永健一：《日本的现代化与社会变迁》，刘国庆、刘畅译，商务印书馆 2004 年版，第 278 页。

"和"的行动样式被特别看重。

上文讲到"中产社会的到来",其原因之一是平等的社会再分配体系,这也是中流意识盛行的重要前提,从一定意义上说,中流意识构成了中产社会的社会意识基础,中产社会则提供了中流意识的社会经济条件。不过,二者并非只是一元的单向关系,也存在相互制约,有时也有不一致之处,一方面中流意识主要存在于相对较小的人群或群体内,社会的中流意识则是叠加、传递的结果,而非直接的表现;另一方面中流意识还可能脱离中产社会,成为对当前状态的一味肯定,对可能危害自己当前利益,但会带来长远利益的决定、行动持抵触心理,倾向于维持现状、不愿冒险,不愿做改变现状的新尝试。

中流意识的本质在于,这是一种内向型封闭的思考方法。中流原本是一种比较性的相对表现,是限定在某一范围内的相对概念,所以即使是某组织的中流者,在别的组织可能只属于下游。而且,如果止步于中流状态,看不到自己的缺点,就会失去不断改进、提高的热情,此外,强调人际关系的和气重于完成工作的组织风气也极易给工作的开展、工作任务的完成造成困难,也会伤害那些想做事、有作为者的士气。更可怕的是,在被中流意识所笼罩的组织中,上司与下属间、组织内全体人员都持有相同的情报信息,相互激发的创造力减弱;即使是组织的领导层,如果偶然地获得了错误情报,却不易得到有效和及时矫正,就会得出与市场、时代不符的判断或决策。我们可以举出崇光百货公司为例。曾经位居日本零售业前茅的崇光百货公司,2003年资不抵债,宣布破产。崇光倒闭的原因有很多,但是,在崇光内部,上司与下属、员工之间,准确情报的传递被各种形式的层级结构所阻挠,一团和气的氛围也使有真知灼见的逆耳之言难以传达,对市场反应迟钝,上下沟通不畅,这样的状态不能不说是其走向倒闭的一个重要原因。

在工业化时代,以大规模生产为基础,步调一致、废寝忘食式的"拼命三郎"作风是有效的,但在信息时代,需要的是独创性、发散性和多样性的思维，20世纪90年代的日本在信息技术方面与欧美角逐中的失利，其中一个重要原因在于日本许多组织都难以及时地调整组织结构，吐故纳新，对外无法快速适应变化的周遭环境，对内也不能有效鼓励员工的多样化和独创性的思维，这与中流意识所导致的组织文化均质性的滋生脱不开干系。

中产阶级和中流意识都是第二次世界大战后经济高速发展和社会再分配更加平等化所带来的积极后果，二者间也存在高度的正相关：中产社会的到来更加促成了中流意识的传播；中流意识的形成又强化了中产社会的意识形态。不过，中产社会是发达工业国家的共同特点，但中流意识则更具有日本社会和日本人思想意识的独特性。一方面传统的农业文明遗迹使普通日本人十分在意保持与周围他人的一致，极力不成为集团内"出格"的人，坦然接受不上不下的中流状态，中流意识自然就有了比较广泛的舆论基础；另一方面日本人大多生活于各种集团中，自我身份认同是以与群体目标的一致来衡量的，这就使得日本人的"自我"并非自主性的独立自我（小我），而是与群体、集团求得和谐的"大我"，"大我"倾向于以均质化为主要评价方式。

中流意识在今天也受到了各种挑战，最主要的来自社会文化缓慢而持续的变化。与工业时代相对应的社会文化是大众文化，而与丰裕社会（也有人称为后工业时代，或成熟工业时代）相对应的社会文化则是"小众文化"（或者说"分众文化"）。公众不再是整齐划一的巨大群体，而是包含了多个不同的、二级甚至三级层次的群体，即"小众"，他们明确表达各自有差异的意愿，公开追求具有独特性的权利，安于"我与他人一样"、"我与大家差不多"的"中流意识"就遭遇到无所依附、无所参照的尴尬，因为"他人"、"大家"已经出现了分化。日本正在经历着这一流变。

"在生活环境恶劣和地位获得机会不平等的境况下，过去人们动员起来为民主、平等和改善生活机会而斗争，那时阶级政治和地位政治具有中心地位，而当一个社会实现基本的民主、平等和富裕的情况下，人们开始追求个体主义的多样性的生活价值，'生活格调'（life style）与'生活方式'（mode of life）不同，它不是群体性的选择，而是个体主义的选择。在后现代社会中，知识—技术转化为财富的过程也大大缩短，大企业组织为降低成本而采取的'外包'和'订购'策略使中小企业获得新的发展，网络、生物、文化等新型产业的快速发展提供了大量新的社会阶层流动机会，弹性工作方式和社会服务的多样化使个体化工作大量产生，所有这些因素都使社会流动速度加快，并弱化了传统的组织权威和科层等级，而生活格调和社会态度的个体化也在消解公共领域和私人领域的传统分野。在这种大的背景下，人们的社会身份认同也更呈现出'断裂'（breaking）和'碎片化'（fragmentation）。"①许多思想家都敏锐地洞察到了这一点。哈贝马斯将之视为"未竟的现代性使命"，鲍曼则看作是"后现代社会的文化变迁"。如何解读当下我们身处的社会，这不仅需要深刻反思那些有关当今社会认识方面的多面性难度和主观偏差，而且也需要检视我们认识者各自的立场差异。具体到日本，当我们考察中流意识的真相时，还是会回到我们本书的基本主题：日本是个二元结构的社会，中流意识是对等级差序的修正，二者看似对立，却起到相互加强和维护的作用。中流意识部分掩盖了等级差序的根源，却积极再现了等级差序的"最大幸福"后果，它不是公平的却是有效率和有效果的。即便在高度信息化的今天，日本社会很难出现经典发达国家所面临的"碎片化"、与传统"断裂"的冲击，其原因就在于二元结构的持续削弱了两极化发展的趋势，促成各种力量向均衡状态靠近。

3. 中道难寻

近代以来将追赶西方、实现现代化作为"国是"的日本政府，制订社会

---

① 李培林：《重新崛起的日本》，中信出版社 2004 年版，第 57 页。

政策的主导思想采纳的是生产主义，而非福利主义（北欧—西欧模式）、放任主义（英美模式）。国家全力扶持各项工业事业发展，相当部分财政支出都用于刺激经济发展和市场活动，而与民众日常生活切近相关的一些民生事务，如幼儿园建设、老人看护所的设立、妇女就业的扶持等相对被忽视。明治政府所提出的"富国强兵"的国策自不必说了，即便到了 20 世纪 60 年代，日本中央政府仍然确立的是生产第一、政治稳定第二、福利第三的发展战略。由于政府的财政支出和再分配的主要去向是刺激经济发展和技术更新，国民福利以及与民生相关的事务大多由企业承担，表现为"公司福利"，而非"社会福利"，许多学者将此称为"法团主义模式"（corporatist）。企业职能的扩大，一方面意味着企业社会责任的担当，企业的部分利润被转换成公司福利，使员工和部分国民因此受益；另一方面则是企业过度僭越非竞争性的一般社会生活领域，导致企业中心主义获得社会价值的正面认可，但事实上却模糊了市场与非市场的界限，纵容了企业的过度作为和政府的相对不作为。与此同时，那些不在企业就业的普通国民的基本福利就被相对剥夺了。

然而，自 20 世纪 80 年代中期以来，既有的政治权威主义受到挑战，社会秩序也发生了显著变化。自民党在 1993 年的议会选举中第一次（自 1955 年以来）失去了多数席位，并在 2004 年大选中以 49：50 输给了民主党。自民党的主要政治支持力量是广大农民和城市建筑工人，因为农民得益于自民党的农业保护政策，建筑工人则受惠于自民党内阁每年巨额公共建设方面的财政支出。而民主党的主要支持群体是城市居民，政党轮替的出现也意味着日本社会发展政策开始出现引人注目的变化。另一方面，日本在 20 世纪 90 年代初经历了经济衰退，并由此陷入长时期的经济停滞，恶化的经济条件和劳动力市场的状况增加了社会风险，刺激了人们对国家福利的需求，日本民众开始抛弃一直奉守经济发展至上的自民党。事实上，"日本在 20 世纪 90 年代也出现了国家福利和市场福利渐进的和有选择性的扩张。在日本，社会保障支出占 GDP 的比重由 1990 年的 8.9% 上升到 2000 年的 15.0%。"①"丢车保帅"的失衡性社会政策难以为继，但如何在变化的世界和经济下滑的局势中维持经济的适度发展以及国民生活水平的稳定好转，正在考验着日本执政党，但日本国民对执政党和政治家们的诸多表现大多十分失望，多年持续走低的国民信任率显示了国民仍未从当权的政党那得到可靠的承诺。

"中道"曾是古今中外许多思想家推崇的重要德性，也是评价社会政策和社会发展的重要尺度，对"中道"的解释，似乎比较一致，它是"过"与"不及"之间恰当、合适的度，难点却在于何谓"恰当"？如何判定"合适"与否？对"中道"的实践更是难乎其难。在现代法治国家，"中道"往往成为"民意"的代名词，人口的多数的意见被视为最具有代表性、从而获得了天然的正当性，依其而行就被视为"中道"。此时"中道"早已经褪去了哲学思辨和理性审视的内容，在民主政治的游戏中成为后果主义的护身符。

需要指出的是，"中道"在传统日本思想中的地位并不高，没有取得显著的影响。无论是日本神道，还是佛教和儒学都不以追求中道为圭臬，这一点也是日本古代思想明显有别于中国之处。可以说，中道在日本是近代民主政治引入后才逐渐形成的。当然，不能说中道是西方文化的代表性因素，准确地说，中道是在应对西方文化的过程中提出的："全盘西化"有其弊端，就要恢复部分东方传统思想来加以折中；社会主义思潮将带来剧烈的社会革命，就要用民主主义来调和之；自由主义体系下的个人主义、拜金主义可能威胁既有的社会生活秩序，就用权威主义的政府干预来构建有限的自由市场体系，等等。第二次世界大战后，这样的防范心理远未消失。日本政府和日本人努力从别国的经验教训和自身的实际国情中找到"执其中庸"的路径，一系列相关的努力和措施形成了被称为"日本式资本主义"的模式。其典型表现是：日本企业经营模式、日本政党—国民关系、日本社会福利政策、日

---

① 林卡：《东亚生产主义社会政策模式的产生和衰落》，《江苏社会科学》2008 年第 4 期。

本劳动关系形态等。近代以来的日本政府不懈追求中道，以至于许多人误以为"中道"是自古以来就受到日本人青睐的"黄金律"，这显然是个误解。严格说来，它属于外来刺激后的应变之策，可以纳入"现代性转换"的范畴之中。

"中产社会"的形成需要一定的物质基础，同时也要有较强、较公平的社会资源分配制度。虽然"中流意识"是对中产社会的思想再现，但更多受到了政府意识形态的操纵，从这一意义上说，"中流意识"可以脱离中产社会，在中产社会之外存在，换句话说，中流意识不仅对中产社会起到道德赞许的价值肯定作用，也可以起到麻痹人们对现实的批判精神，误将应然的中流意识当作实然的中流社会＝中产社会。日本社会中的"中道"就扮演了这样的功能，蜕去了德性力量，"中道"既非个人品性的设定，也非社会理想目标的指南，仅仅成为对现状加以粉饰，甚至是某种形式的逃避改进现状的无奈和慵懒。看似平和、包容的"中道"实际上却成为政府不作为的借口、部分民众社会责任流失的帮凶。2011 年 3 月 11 日福岛大地震和海啸造成 15000 余人死亡或失踪，还有 10 余万户无家可归者，如此惨重的损害赔偿是任何一家民营公司（保险公司、电力公司）都无力独自承担起的，但日本政府一直以"无先例"、"无法律规定"为由拒绝施以援手，使得灾区重建计划一再推迟。在"守法"、"民主协商"的名义下，"中道"彻底沦为"按其原样"的现状维护主义。

三、日本式人我关系

有学者从关系强度的四个方面，即认识时间的长短、互动频率、亲密性及互惠性服务来区分，将现实的人际关系分为三种类型：强连带、弱连带和无连带。[①] 强连带表明当事人之间存在长期的稳定关系，彼此的互动较多，亲密度和互惠性都比较高。但从知识社会学以及人际关系的经济后果来看，只有弱连带能传播较新鲜的信息，从而鼓励社会成员的高流动，促成社会的生机和活力，这些都更有利于在高度流动的市场社会下，在陌生人之间建立起有经济意义和社会后果的关系。也就是说，相比于强连带，弱连带更容易将社会交往范围扩大到血亲圈子、熟人关系之外。依据这一分析，日本、中国在内的东亚国家大多属于强连带的人际关系，欧美国家则主要属于弱连带的人际关系。但与中国不同，日本的人际关系的强连带不是来自天然的血缘纽带，而是对共同集团的归属，是地缘性的（有时是业缘性的），这也使得日本强连带人际关系只是模拟血缘，可以在延伸或扩大了的空间内建立起稳定的强连带关系，因此，它属于偏弱式强连带关系，或者非血缘基点的强连带关系。这就使得日本人的"我"有别于其西方盟友，主要表现在"人间"、"义理"和"世间"等深度关联中。

1."人间"中的"我"

在汉语中，"人"主要指作为类的人，等于现代词汇的"人类"、"人们"、"人群"。"个人"这个概念是在引入西方文化之后创造出来的，因为"具有独立意识且自成一体、要求他人给予尊重"。这样的主体（即个体），显然不是中国文化关注的焦点。即便中国传统文化鼓励存浩然之气、养大丈夫精神，但此时强调的不是主体的个别性或独立性，而是浩然之气或大丈夫精神这些伦理价值的具体化或实践。

日语也有类似之处。传统日语（即"和语"）中并没有"个人"这一词，

---

① M. Granovetter, Economic Action and Social Structure: The Problem of Embeddedness, *American Journal of Sociology*, 1985, 91(3): pp. 481-510.

而且比中国更甚的是，"人"在日语中很少单独出现，主要是以"人间"的形式出现。"人间"这一表述更加突出"与他人的共在"，现实的人都是生活在具体的、与他人相关的场景中，这样的场景既是人言行的背景，更是人的存在本身，用海德格尔的术语表达就是"此在"。"人间"已经在意识上预先排除了生活在世外桃源或与世无任何牵连的人的存在，这一点正体现了日本语言学家大野晋曾提到了的现象，日本人思维的"即物性"，日本人倾向于对具体、可感的事物作出判断，并不热衷思考超出个别事物、由意识构造的精神对象。因为现实中的人、具体的人都只是生活于"人间"，日本人就无法想象还有脱离这一点的人的存在，这表明日本文化传统并不推崇对人的抽象观念。

"人间"注重"人"与"我"直接的互通无碍，强调的是同类感。在日本历史上，受到佛教影响，"人间"往往成为情的世界而非理的世界。例如，对弱者的同情，被认为是来自武士道的遗产。武士只对同类、同等力量的人展开决斗，但对手无寸铁的平民、对处于无助状态的败者则会给予同情，并手下留情。例如，2011年的地震因引发了海啸，福岛县内多个村庄遭受灭顶之灾。在地震发生后一段时间内，许多非灾区的日本人自发性地"服丧"，他们自觉地限制自己的日常消费，减少娱乐，并以各种形式帮助受灾人群。与此同时，日本灾区境内的商业和企业也没有趁火打劫，相反，仍然坚持开业，保持平价销售生活必需品，内部消化灾后提高的运输成本、保管成本和人工成本，尽可能不转移给灾区的居民。与以前不同，此次灾害的全过程以网络、电视等媒体的深度及时报道而广为人知。令世人震惊的是：日本人在灾害面前自动地团结起来，灾民的泰然自若、非灾民的感同身受式连带表现，让世人刮目相看。而且，日本商人没有"见钱眼开"、唯利是图，而是充分考虑到其他国民的感受，自主履行企业社会责任。

此外，"人间"强调的是"小我"，甚至是"无我"，以人间一员的身份立身处世，其实是将自己融入与相关的他人同呼吸、共命运的一体感之中。"人间"既是一种强连带，具有深重的情感因素，同时又是一种实体性社会结构，反映的是社会组织的联系和建构原理，"人间"可以为社会成员提供超出狭隘家族血亲关系的地缘导向关系，建立起类似"城邦国民间的友爱"（亚里士多德语）、"共同利益感"（休谟语），这表明"人间"可以创造性地转化成现代工业文明中社会成员间广泛存在的社会信任。

　　欧美的个人主义萌生于基督教改革所传播的新思想，即强调神与个人的直接关系，以内向、孤立的个体的独立精神（一种清教思想）为根基，这可能导致轻视现实的人与人之间的相互连带，而重视人对神、人对抽象原则或普遍事物之类超越的关系。其实，欧美的格言常常告诫人们对最亲近的朋友也不要过于依赖。人有许多弱点，很可能会做出始料不及的事，在"囚徒困境"中，就丝毫看不到人与人之间相互信任的因素。显然，个人主义者从根本上说对他人持一种不信任的态度。

2."义理"中的"我"

　　上文指出，日本人之间有很强的连带感，但这样的强连带并非基于自然血缘纽带，因此，可以扩展到一般社会成员，不过，这样的"一般社会成员"是共同居于或属于某一集团、团体或组织机构、单位之中的人们，身处于地缘性的强连带人群中的日本人特别强调有特定关系的人之间的信任，如父母对子女、朋友之间、师生之间等，对他人的承诺要兑现、要偿还得之他人的恩情，这样的义务意识构成了日本人的"义理"。"义理"是日本人最经常考虑的道德行为方式和内在的动机根据。同样，正因为彼此对信任有较高期待，一旦某一方做出失信的行为，就很难恢复从前的信任状态。在日本，企业的不名誉行为一旦被披露，且没有及时采取措施表现出诚恳的悔过之意，公众是无法谅解的，这个企业就将失去市场，没了人气，从此一蹶不振，甚至最终倒闭关张。

"义理"并非是理性思考或计算的产物，相反，它主要是一种情感规范，或者说基于彼此的长久信任而形成的相互义务，这样的义务不能全部转化成现代法律契约式的明文规定，而主要是一种惯例，诉诸各自的心境，所以，履行"义理"需要的是无私的精神。为了顾及他人，即便牺牲自己的私利、私欲也要尽善尽美地成全对方，"我"的要求、"我"的权利被置于对关联中他人的考虑之后。

在现代日本企业的人力资源管理中，义理也得到了充分的运用。企业与员工彼此顾及对方的利益，恪尽自身的义务，这在管理实践中的具体表现如下：第一，组织（通常由高级管理者作为代理人）为员工提供长期雇佣、安全的收入和各种培训机会，作为回报，每一个员工要对组织表现出全身心的忠诚和承诺；第二，组织为员工（主要是男性员工）提供工作升迁机会和逐年增长的工资，各级管理者指导和控制下属服从他们的上级和组织价值、规则等，相应地，那些很好地完成了各项义务的员工将会得到提升；第三，高级管理者对他们的下属采取家父长主义的态度，对他们在组织这一"家"内的个人适应和事业成长显示足够和全面的关心，有时还会帮助他们相亲或租房，而下级则要对此好意时刻保持感恩，并不断回报这份恩情。

日本人在行动时非常强调"远虑"和"自肃"这样的观念，"远虑"和"自肃"就是己方在观念中时刻意识到他者，要避免追求无限的私利，将他人置于自己同样的地位，设身处地约束自己以体察对方之内心，从而不给相关人或周围的他人增添麻烦的意思。"远虑"和"自肃"不仅是一种自我约束的观念，更是一种将他者置入自己意识之中，并采取兼顾他者利益而行动的内省意识。有学者指出，由"远虑"而带来的自肃行为方式有助于解决"囚徒困境"。如果两个人都持如下的态度：只要在法律许可的范围内，利用他人也没关系，甚至以为反正也不认识对方，自己即便做了不对的事对方也不会马上察觉，他们就都会毫不犹豫地只为自己打算，谋求个人利益的最大化。在信息不完备和利益冲突的情境下，就会出现"囚徒困境"。但是，若两个人不首先总是为着自己的利益，在观念中为对方留出一些地盘，充分考虑自己的行为可能给他人带来的影响的话，他们相互就会有所克制，会努力谋求对双方都有利的合作式选择。东京是人口稠密的国际化大都市，也是世界上犯罪率最低的首都，这缘于生活在东京的绝大多数日本人持有在公共场所活动时顾及他人、主动约束自己，不给他人带来麻烦这样的自我检点意识。①

美籍日裔学者福山认为，信任是一种文化积淀，这样的文化成果对不同国家的现代化进程产生了深远影响。他将中国大陆、香港地区、台湾地区、韩国、法国、南意大利、俄罗斯作为低信任文化的国家或地区；而将日本和德国视为高信任文化的国家。低信任文化的国家，能够信任的人的范围只限于家族成员，家庭成员之外的人员间缺乏建立信任的心理基础和文化支持，他们之间的合作常常处于极大风险之中，因此，突破家庭成员范围、巨大规模的企业就无法建立。可见，信任还是一种社会资本。福山的分析很好地解释了同属东亚文化圈的日本和中国为何在工业化发展程度上存在如此巨大差别的成因。

"义理"中的义务并非普通的契约式义务，而是长久，甚至终身的义务（或者说超义务），这样的义务准确地说是一种"债"，结成"义理"的双方构成了无期限的债权—债务关系。并进一步形成了施恩者对受恩者的关照和受恩者期待并享受这一关照的心理状态。当这样的心理状态成为多数人的日常生活事实时，它就演变为一种社会现象了。"一个日本人期望他的尊长帮助他应对生活中的一切挑战——感情上、社交上和经济上的。'尊长'将安排其被保护人的婚姻，还要对所有私人事务提出意见。最重要的是向当权者说情，以使自己的年轻人得到晋升并全面实现其奋斗野心。……对这种依赖

---

① 参见李萍：《现代化中的日本文化》，《成人高教学刊》2003 年第 4 期。

症的迎合能带来明显的好处：当一个日本人确信他自己受到保护——或更准确地说，感到自己在所效忠的团体中获得了一个安全、受尊敬的地位时，他可以以某种程度上的献身精神和专心致志的效能从事工作。"①

然而，"义理"、"远虑"并非普遍性义务，更非一视同仁的信任，而是一种强连带人际关系内的相互义务，所以，超出这一特定人群之外，"义理"、"远虑"都不会发生作用。例如，在 2000 年至 2001 年间，在世界许多地方出现三菱帕杰罗（Pajero）V31、V33 造成人身伤害事故后，经过权威机构的检测，证实上述两款越野车存在后制动油管使用中被感载阀磨损的质量问题。在世界多地，当一些受害者得知事故起因是三菱的设计隐患之后，即向三菱公司提出索赔要求。三菱风波在中国出现后，日本三菱公司对中国消费者的态度一开始十分强硬，他们提出事故是因为中国的路况不好造成的，后来又提出，他们只为通过正常贸易渠道进口到中国的三菱越野车更换制动油管，其他的车概不负责。经过艰苦谈判，在中国有关部门介入并表明严重关注的态度后，三菱汽车公司北京事务所同意为中国境内所有 V31、V33 越野车免费提供检修并更换后制动油管。再后来，三菱公司宣布，由于近期国际市场上三菱汽车屡次出现质量问题，三菱将召回全球 150 万辆有潜在问题的汽车，但中国境内的 7.2 万辆帕杰罗 V31、V33 越野车不在此列。三菱北京事务所对此的解释是："由于中国没有汽车召回检修的相关法律，三菱对什么情况下进行召回并不清楚，所以一直在等候中国有关部门的指示。"三菱公司"因地而异"的行事风格看似不太符合义理，但这并没有被大多数日本人看作反义理行为，这是因为三菱公司并没有与中国消费者或中国社会结成义理关系，当然它就不必承担与义理相关的超义务，而仅仅做到法律所规定的内容即可。

---

① [美]罗伯特·C.克里斯托弗：《日本精神》，马泉、孙健龙译，光明日报出版社 1988 年版，第 44 页。

3."世间"中的"我"

有学者指出，日本人的生存状态既不是以神为中心，也不是以人类为中心，而是以自然为中心。但所谓"自然"并非自然界的自然（生态环境）或自然科学的自然（研究对象），而是"整体的自然生命的节律"或者"宇宙大生命"。对人而言，这样的"自然"其实就是人身处其中的世间，日本人相信，人与世间浑然一体，每个人都是世间不可分割的部分。

对一个地道的日本人而言，如果说"我"在"人间"确立了自身的社会属性，"我"在"义理"中获得了自身的道德依据，那么，"我"在"世间"才展示出自身的积极作为。在日语中，表示一个人结束学业、走向社会，并取得了一定成就，叫"立身出世"。"世"的原意是指时间维度的过去、现在、将来（又称"三世"），后泛指人周遭的环境以及人的行动所生成的状态，"世"成为一个动态的词，强调的是人对环境的主动作为。"世间"给人一种生生不息、勃勃生机的动感。人在"世间"会留下痕迹，它是人与环境持续互动的结果，所以，身处"世间"既要审时度势，更要顺势而动。积极有为才是可取的态度，坐以待毙或清静无为都无法容身于"世间"。

这样的世间观形成了日本人的行动主义倾向，遇事总是采取主动迎击，不退缩、不回避的进攻式立场。与现代工作伦理相结合，这样的世间观成为日本人重现场、重反馈、重直接经验的现实主义精神。日本的领袖，无论是政界领袖还是企业领袖，都是从基层一线职员中提拔的，这一用人模式又进一步深化了日本人脚踏实地、紧盯现场的工作作风。

有意思的是，日本文化并不推崇"大写的我"，即便主张现场、现实和积极进取，也要套上"自然而然"、"顺势而为"的外衣，极力削弱"我"的意志和意愿，突出"我"所处的情势、环境和集团，一句话，"我"所处的"世间"。在日语的表达中，表示意志的词する常常用于自谦，而表示自然而然的词なる则用于敬语，这可以反映出日本人认为自然而然是可取、向善的

倾向。但自然而然并非"无为"，而是把它当作不知真相的命运去对待。"お
のずから"一词就很形象地说明了这一点。おのずから的本意是"由我而为"，
因此其中也包含了主观的努力，但这种努力不是有意识为之，而是存在自身
所本来具有的力量，因此就是顺势而为。正像相良亨指出的，"'自然而然'
并不排除'尽心'，在'尽心'中也承认'自然而然'地活动。仔细考虑一
下就知道，唱歌也是'尽心'的活动，'尽心'本来是指所谓的'作为'相
区别的，它只是在极力排除设定标准而行动的方式中存在。"① 从这一意义上
说，在行事处事上，日本人比中国人少了强烈的道德感和主观立意的主体精
神，当中国人对历史问题、人们的行为等持明确的道德意识时，日本人则将
它们当作"自然而然的趋势所致"，是"自然生成的"。由于不强调人本身的
作用，道德评价也就退居幕后。

　　洞察人情并以此而行动，这样的人就是日本人理想的"好人"或"有心
之人"，因此，"好人"并非特立独行或独善其身的人，而是时刻揣测对手，
并以对手的心理感受去行动的人。日本近代著名的国学家本居宣长曾指出，
中国儒学所宣扬的仁义礼智是人为的扭曲，而非人性的自然流露，只有"人
之情"才是实情。他所理解的"人之情"就是未被现实社会玷污的"婴儿之
心"，或未受"天理之辩"误导的"处子之心"。换句话说，他所理解的"实情"
就是没有伪诈、没有修饰的人心的本来存在方式。他的这一思想被许多人视
为很好地归结了日本思想特质的经典观点。与"我"一样，"好人"并非特
立而行或独立的主体，只存在于世间中，好人是那些充分洞察了交往中的他
人，并以对他人的心理预先加以理解，由此做出义务性、善意行为的人。

　　"世间"通常被等同于"人之情"，即中国人所讲的"人情世故"。但是，
世上并无全人类共同承认的"人之情"，每个民族所理解的"人之情"都是
不同的，有很多民族甚至不注重"人之情"，因此，强调"人之情"这一事

---

① ［日］相良亨：《日本人的心》，东京大学出版会 1984 年版，第 230 页。

实本身就是具有特定文化传统的思想倾向。诉诸"人之情",并将它理解成日本人有别于其他民族的重要特征,这反映了日本人对"人"的属性的总体认识。与强调"人之理"的文化传统不同,"人之情"靠的是共同生活所结成的感情基础,并以心传达。从这一意义上说,"人之情"与日本社会盛行的中流意识存在高度的内在关联:对"人之情"的揣度以及他人反复暗示的"人之情"的共性,使日本人习染了这样的共享价值观念。松下公司的创始人松下幸之助被日本人尊为"经营之神",他的经营秘诀之一就是"体察他人"。他曾在新进员工培训大会上说到,你即便赚钱了,也不能自以为是地想怎么花就怎么花,还要考虑周围人的感受。如果你想为你的孩子买件很贵的裙子,但你的其他邻居家境都不好,他们不能为自己的孩子买新衣,你就必须有所节制,要让你的孩子和你本人保持跟周围人的一致。当然,松下公司的成功决不仅仅是这一点。但"体察他人"的经营原则确实保证了松下公司在世界各地灵活应变,充分迎合和满足不同消费者的需求,成为他们的贴心人,这些消费者也就成为松下产品的忠诚用户。

第五章
集团主义的光与影

————————————— 三光汽船公司破产事件 —————————————

三光汽船公司是一家独立企业，不属于任何企业集团，它被看作日本航运业的"孤狼"。独立性是三光公司的鲜明特点，这是它成功的尚方宝剑，也是它日后破产的根源。

三光公司管理层一直以自己的独立性自傲。为了显示自己的独立姿态，三光一直在三个不同银行——大和、东海和长期信贷银行之间平衡其金融关系。这使它不必依附任何一家银行，也不必看任何一家银行的脸色行事。但麻烦也来了：谁是三光公司的"主要银行"？1985 年秋，当三光公司遇到资金周转困境、需要银行救助时，这三家银行开始犹豫不决，最初谁都不愿出面牵头，当大和银行最终想站出来承担主要责任时，大势已去，三光公司还是倒闭了。这成为当时日本历史上最大的公司倒闭案。

银行不是从自身债务关系和未来收益出发，而是着重考虑经营性公司与自己的长久性归属关系，并将这种归属关系的考虑置于优先地位，这一思维方式正反映了日本企业间广泛盛行的"企业联盟"、"企业系列"的事实。置身于企业集团之外的单个企业很难有扩大发展的足够空间。

活用"二八定律"

　　"二八定律"据说是犹太商人早就发现的现象，后来经过西方近代理性主义洗礼和科学主义淬炼，变得精致起来，成为定律。在顾客与企业的利润之间有个"二八比例"关系，即对某企业产品坚决忠实的顾客只有20%，剩下的80%均为态度不明朗的顾客。但是，不忠实的80%顾客只为企业提供了20%利润，企业80%的利润是由忠实顾客给予的。据此，欧美许多企业宁愿舍弃不重要的顾客，而全力为重要的、可以带来高额利润的顾客提供高品质的服务。

　　日本企业却对此进行了反向思考：20%的重要顾客就可获得80%的利润，如果重要顾客的范围再扩大一些会怎样？不重要的顾客与重要的顾客难道是一成不变的吗？日本企业人照此思路进行了革新。首先，他们将对少数重要顾客的最好服务均分到其他多数顾客身上，使所有的顾客都能得到较好的或者相对更好的服务。其次，他们建立了完善的顾客资料系统，为所有顾客建档，及时分析顾客的购买力，从中筛选出重要顾客。在欧美一成不变的少数重要顾客在日本成了动态的、可以不断增生的群体。第三，他们提出了"弱者优先"的原则。"弱者"就是那些购买力并不充足，靠固定薪水生活的人们。这些人在社会生活中总是占据多数，忽视他们就是一大损失。此外，对于企业而言，还有一种"弱者"，即那些遇到麻烦的消费者，如因产品缺陷而蒙害的人。倾听他们的抱怨，满足他们的要求，可以将他们转化成忠诚顾客。花王公司在这方面做得特别好。花王设立了顾客接待室，专门接待投诉的消费者。针对消费者提出的问题，给出种种建议，如更换用品，调试其他种类的用品，以后若有新产品上市又适合该消费者的需要，公司将寄去样品供顾客无偿试用。这样，消费者对花王的抱怨不仅烟消云散，而且深深感激花王的关爱，于是，又一个忠实的消费者就培养成了。与欧美只注重已有的顾客不同，日本企业更强调挖掘潜在的顾客，并且主动培育忠实顾客。

"自我"概念通常被认为是现代社会的一个基本概念，甚至有人以是否有明确的"自我"来划分社会的现代化程度。但这一观点是经不起推敲的，一方面"自我"并非现代化的前提，而是在现代化过程中不断改换自身的形式和内涵的，甚至在一定意义上说"自我"是现代化的产物；另一方面，至今人们并未对"自我"是什么取得完全一致的认识，用这样一个充满歧义的概念作为尺度来衡量同样复杂的"现代化"这一现象，是很难令人信服的。其实，"自我"不是独立自足的，而是在社会生活中与他者、社会相对区分才显现出来的，所以，"自我"与他人、"个人"与社会的关系性质（如亲密度、关联度、作为根据的先在性或者作为价值的合理性出处等）不仅为"自我"提供了社会历史背景，从而限定了"自我"的实际水平和状态；而且也确定了个体与社会的关系取向。一些国家（或文化体系）更加强调社会、集团的重要性，个人是放入社会或集团之中来理解的，个人的价值被认为取决于他对社会或集团的付出，这样的国家就被看作是集团主义的（collectivism），与之相反的观念取向和行动方式则被看作是个人主义的（individualism）。需要指出的是，依据这一维度，虽然所有国家在集团—个人关系中都可以占据一个特殊位置，但真正处于完全集团主义或完全个人主义的国家仍是极少数，绝大多数国家是处于一个程度有别的、渐变的中间序列之中。依据荷兰比较管理学家霍夫斯泰德所做的实证研究成果，在他所观察和实证对比的74 个国家或地区中，美国的个人主义分值最高（91 分），危地马拉的分值最低（6 分），日本相对居中（46 分），中国大陆 20 分。但在发达国家中，日本得分仍属最低（如澳大利亚 90 分、英国 89 分、加拿大 80 分、意大利 76 分、法国 71 分、德国 67 分、以色列 54 分）。① 与其他发达国家相比，日本的个人主义色彩最轻、集团主义表现最显著。但与包括中国在内的发展中国家相

---

① 参见吉尔特·霍夫斯泰德、格特·霍夫斯泰德：《文化与组织：心理软件的力量》，李原、孙健敏译，中国人民大学出版社 2010 年版，第 83—84 页。

比，日本的个人主义色彩又要浓重得多。这说明影响某个社会"自我"概念和集团主义倾向形成的因素是多方面的。我们不能用单一因素，无论是传统文化的影响，还是现代市场经济的推进，来解释日本的集团主义。既要看到其中的传统文化的制约，更要肯定制度变迁所带来的社会现代化导致的集团主义形态的演变这样的历史轨迹之多重后果。

一、发达的社群组织

集团主义作为思维方式和思想意识来自于日常生活中的集团主义行动方式，正是在环绕身边的各种直接的集团主义行动中不断强化人们的集团主义意识。社群组织——民间的和官方的，正式的和非正式的——是培植集团主义的演练场。日本的传统和现代社会都分布着多种形式的社群组织，发达的社群组织不仅提供了日本社会的活力，也催生了日本人的集团倾向。需要指出的是，现代的社群组织大多是功能性公民集团，主要扮演中间社会的角色，为其成员提供现实感，增强社会的活力，但是传统的社群组织则主要遵循地缘原则，是同村或地理上相近的同业人员的自愿聚集，具有排他性，更多满足的是其成员的情感心理、经济生产、日常礼俗等具体需要。

1.传统的"讲"

前驻日美国大使赖肖尔曾注意到了日本的封建制与欧洲的相似，即地方政权（藩）具有独立于中央（幕府）的各项重要权力，因此，日本封建时代在社会结构上并没有采取亚洲国家大多采取的帝国制，而是领主制。这就为民间社会的发育、为基层社群组织的成长留下了充足的空间。日本政治学家丸山真男也有力地证明了这一点：日本封建时代的社会意识中就有脱离中国"正统"思想体系的创新表现，特别是"自然"（客观）与"人为"（社会）的区别这一思想的提出，更使得日本人将"圣人设教"理解为因时变更、适时损益的历史进步主义，并不因循守旧或者固守所谓正统权威，这就为日后接受西学扫清了方法论上的阻力，并提供了消化、融合、再造外来文化的思想基础。美国人类学家许烺光通过对"家元"的分析，解释了日本社会中人际关系建立和扩展的基本形态，表明日本式的集团是社会多中心、个人全身心服从式的，"家元"就是一种有机的、可以不断扩大边界和高度自组织的社群组织。虽然上述学者具体分析的问题领域不同，但都不约而同地发现，与其他亚洲邻国相比，日本社会的中间组织自古就比较发达，这不仅为摆脱中央集权控制提供了空间，也为民间各种新思想、新活动的尝试提供了平台。换句话说，发达的社群组织使日本社会保持了足够的弹性和适度流动，在现代化进程中完成了日本版的"光荣革命"。

其实，传统中国社会也曾十分盛行各种各样的自助组织，"社"、"会"、"门"、"组"等曾是民间自发联络以满足成员的特定社会交往需要的自治性组织。这些民间组织弥补了国家力量不及的空白地带，又因聚合了志同道合者的共同力量，可以多方面地满足组织内成员社会互动、经济互助、政治抱负等愿望，完成祭祀、礼俗活动等多方面的社会功能。一定意义上说，这些民间组织是维持中国传统社会基本格局的重要补充力量。

与中国有所不同的是，日本传统社会的许多社群组织，或者直接，或者经过改造，而保留到了今天。寺庙所办的"寺小屋"曾经是穷人子弟免费获取读书识字机会的场所，虽然今日的寺庙仍然有对公众开放的施教宣传机构，但基本教育功能已经被国家教育部门和地方学校所取代。传统乡村社会的"讲"最富有代表性。

早在德川幕府时期，为了加强对地方大名的实际控制，德川幕府于1635年推行了"参觐交代制"（又被称为"出使江户制"），要求地方大名每年都有几个月要交替地在自己的领地和幕府将军所在地（当时的江户、今日的东京）居住，住江户的时间长短取决于领地距江户的远近，以及大名的身份（是谱代大名——忠于德川家族的世袭大名，还是外样大名——在关原之战后才顺服德川家族的大名）等因素。当这些大名返回各自的领地时，他们的妻儿却必须留下，作为幕府的人质。这一政策实施的后果是：一方面强化了幕府的控制力，削弱了大名的财力；另一方面也促成了全国范围的公路网建设，同时还带来了商品经济的发展。"各藩国为了获取现金以充作旅费和在江户的开支，就必须生产剩余的大米和土特产，到城市和全国各地出售。结果造成了程度相当高的地区性生产专业化以及比当时任何其他亚洲国家先进得多的全国性贸易经济的发展。"① 日本虽为封建制，却因此具有统一的语言、相互交换和往来的公路，以及一段时间的共处所形成的、超越地方差异的相互理解，这就为在全日本范围内形成单一的民族实体做了铺垫。

在藩国内，大名具有绝对的权威，但大名是通过他的随从——武士来统治辖内的民众的。由于实行"四民身份制"（士、农、工、商四种主要等级），武士并不会直接到农民或商人家中去，也不会去他们的工作地点，因为这样做有损武士的形象和身份，一些顽固的武士甚至也不屑与农民或商人见面。于是，发展出了农民或商人的代言人（中介）来与武士交涉，这些代言人往往就是当地农民们的自发组织的领袖或者商会的负责人。这些代言人的地位并非官方设置的，所以，他们要靠自己的个人能力和为成员谋取的利益来巩固自身的地位，因此，他们有动力，也有兴趣在平时参与各种组织活动，广泛倾听和了解成员的需要，以便与武士进行深度、建设性的讨价还价，他们所领导的各种民间组织总是十分活跃。

"讲"最初是一种互助组织，当时人们的经济状况普遍仅够糊口，要去远方朝觐、修行或办理人生大事都需要做很长时间的准备和积蓄，于是，村

---

① ［美］奥·赖肖尔：《当代日本人》，陈文寿译，商务印书馆1992年版，第55页。

中一些有相同愿望的人聚成一"讲"，每人每月出少量金钱，每年或每月资助一人去远方朝觐、修行或经办家庭重大事项，去远方修行或经商回来的人会顺便为大家采购或捎带一些物品。后来，"讲"有了很多形式，为筹备婚丧嫁娶也可以组成某个"讲"，以最小的投入获得急需时的较大金额的资金。全国公路网建设以及商品经济的渗透，"讲"开始向公共生活、公共事务领域扩展。

18世纪时，日本已经进入到了一个以城市商业经济为主的新阶段。江户人口已达到100万，大阪和京都约有40万人。当时的日本人口中有近1/10的人住在城市，过着完全城市化的生活。江户、京都、大阪并称为"三都"而驰名，但它们各有特色，江户为武士的都市，京都为皇都，大阪才是真正的商都。在江户，武士占总人口的50%，而在大阪，武士只占3%，大阪成为当时全国商品流通的中心地。据说这一遗风还留存在今日的大阪人身上。

京都的町自治（城市中的工商户以街区为单位所实行的自我管理组织）有几百年的历史，这在日本也是最久远的。在京都，町联合或者以町为单位的共同体具有极强的凝聚力。遵守町规约，是每个町内成员必须履行的义务，破坏或违背这些规约就意味着将可能被驱逐出该町。町规约的内容包括小到町内某人红白事的送礼，大到设立"购金"制度，町内人员可以从所在地的大富豪那里无利息地借贷，以渡过难关等。"一町一家"这样的意识在成熟的街区得到发展。就像村民离开村无法生活一样，商人离开町共同体也难以维持城市生活，从这一意义上说，町共同体具有很强的命运共同体的功能。在幕府末期，町在与幕府及领主的相依相争中，获得进一步发展，町和城市的行政能力和组织能力都得到了极大加强。

中国传统社会虽然也有多种形式的社群组织，但是占意识形态统治地位的儒家所极力主张的是差序原则，因此，对家的重视远远甚于对一般社会、他人（即家外世界）的重视。中国传统社会就表现为孙中山所痛心疾首的"一盘散沙"。日本的社群组织没有受到如此强烈的思想压制和习惯势力的阻挠，具有比中国更为积极和宽松的成长环境，从而得到了广泛的推行。日本的很多传统技艺，如歌舞伎、茶道、剑道、花道等之所以能够发扬光大，其中一个重要原因就是这些传统技艺本身就有多个门派和宗系，每个门派和宗系内师徒传承关系明确、代代沿袭，相互之间又存在竞争，同宗派内的不同分支就不得不作出适应性调整，从而不断推新，造成了常生常新、生机勃勃的多种文化繁荣共存现象，无数被标榜为"传统文化"、"祖传技艺"的东西借助结构严谨、依托民间力量的社群组织形式得到光大，避免沦为摆在博物馆的文物，或极少数传人所独占、供人猎奇的对象之境地。

2. 现代的"组合"

日本有组团结社的传统，这些组织在本质上不是血缘家族集团，而是各种各样的功能性组织，如在近代以前农村中的团体主要是为了分配稻田水源、处理税收和在其他行政管理事务上进行协作的单元，此外，还有领主—家臣集团。特别是第二次世界大战后民主政治的确立，为民间组织和草根组织的生长、发育提供了充分的制度保障。各类社群组织非常发达，不仅遍布全国、种类繁多、功能齐全，而且各个不同阶层、人群、利益集团都能找到适合自己或者代表自己的社群组织。总之，在日本现代社会，种种不同的团体同样发挥着巨大作用。在此，仅以与经济生活密切相关的领域为例，作一简略评述。

（1）工会

日本的工会出现较早，几乎与日本近代工业同时出现。日本工会最初只是工人自发的抵制活动的临时机构，后来马克思主义理论和社会主义运动的传入，使日本的工会开始走向政治化和组织化。在军国主义时期，工会和共产党都受到严酷镇压，活动被迫转入地下。第二次世界大战后，在告别旧体制的过程中，社会民主化程度极大提高，工会受到肯定，工会组织迅速发展。但在经营管理层全力推行温情主义的政策下，不仅蓝领工人与白领工人的界限日渐模糊，同时员工对企业的认同度得到维护，超越不同公司、企业的工会间横向联系逐渐减弱；相反，以公司为界限的各自独立的工会形式得到鼓励，最后形成了"企业别工会"。

在世界多数国家，工会往往是根据职业种类组织的，如船员工会、司机工会、煤矿工会等。在罢工时，工会的影响将波及工会会员和企业外的广大社会，产生全国性的影响力。但在日本，工会几乎只在企业内活动，即各个企业设立自己的工会，工会会员只是本企业的员工，不同企业间在工会事务上的联合比较少见。在同行业内，不同的企业工会之联系也是松散的，缺乏实际的约束力。

行业工会与企业别工会有着十分不同的行为方式、价值观念和社会后果。工会的基本功能是创造出有利于工会会员的额外租金，这是工会存在的基本使命，行业工会和企业别工会都会以此为目标，但是它们所采取的手段却完全不同。对行业工会来讲，除非给予雇员较高的额外收益，否则它们将有动力减少整个行业的就业和产出水平，以便创造出可以分配给雇员的垄断租金。而企业别工会无力创造垄断租金，因为它们只能签订覆盖本企业的契约，这样，企业别工会只能通过扩大本企业的产出或市场份额来降低竞争企业的产出或市场份额，即把本企业的"馅饼"做得更大，工会成员才能从中获益。这就意味着企业别工会更鼓励与本企业所有者和经营者合作，而非对抗。

其根源在于企业别工会将"团体交涉"和"劳资协议"结合在一起。"团体交涉"是指工会以劳方代表身份与资方就劳资间的重大问题进行有组织的谈判。这种交涉不局限于某个企业。"劳资协议"是企业的工人代表与资方就本企业的经营、福利等问题进行磋商，以达成某种协议。在日本，这两种形式被不加区分地融合在工会的活动中。工会并不单方面地强调自身的权益，而是努力赢得工人、雇主双方的共同利益，实现二者的合作。企业别工会促使劳资关系发生了显著变化。

这就是所谓协调型的企业别工会。这样的工会将极大丧失对工作现场的约束力，如对劳动方式、工作分配、不同工种间合作等都失去了制约力量。20世纪70年代的石油危机之后，国际竞争的压力更加强了这一倾向，对经营决策层而言，跨企业的工会组织可能产生分化、瓦解的势力，因此，为极力避免这一倾向的抬头，即便是协调型的企业别工会，也是被限定在并不重要的车间或部门，让员工"自发"地"参加"，以免挫伤这部分意欲表达自己的员工的积极性。企业文化所提供的归属感和长期雇佣所产生的"企业一家"的认同感也成为削弱工会的利器。

事实上，在日本企业，工会领导并未完全脱离企业管理层的控制，有数据显示，董事以上的干部中，工会出身的约占15%。决定着日本工会性质与行为的关键之处在于，所有工会成员，包括工会的领导都是公司的雇员。在此情形下，工会很难仅仅站在普通员工或工会会员的立场上作出决定。此外，大量公司上市使得公司的所有权极度分化，现代日本公司越来越像"社会公司"。很多大企业的董事、总经理只是较高水平的工薪员工，他们并不一定拥有公司股份，虽然有时他们会以个人身份在证券市场购买本公司或关联公司的股票。加之工会干部和经营者之间没有明确的界限，因此，他们也很容易做到"现场主义"，到生产第一线，到普通员工中去，工会会员与管理层的对立变得模糊或者"钝化"。企业别工会强化了员工与企业的一体感。

从全国性组织体系看，大多数日本私人公司的工会或从属于国家4个贸易工会中心或联盟中的一个，或从属于另外90个小型联盟中的一个。4个大联盟之首为日本劳动工会总评议会，大约有500万成员，受左翼政党控制；全日本劳动总公司同盟位居第二，拥有大约200万成员，被认为是具有政治中心倾向的团体；第三位是中立劳动工会联络会，人数刚刚超100万；第四位是全国产业组合联合会，大约有7万成员。这些全国性的工会联盟所做的唯一有价值的重大举动大概就是一年一度的"春斗"了，其他时候只是为企业别工会提供咨询、联络、协调等服务。

按日本法律规定，拥有 10 名雇员以上的企业才可以成立工会，个体户、夫妻店式的微小企业员工大都没有纳入工会之中。日本劳动大军中组织成工会的人数不足 30%，这个比率每年还要下降大约 1%。企业别工会也限制了日本企业结构与功能的普遍有效性的发挥。有学者指出，几乎所有在美国成功地推行了自己的经营方式的日本公司都属于一种特殊类型，这些公司所在的领域中没有难对付的、全行业一体的工会组织。而且，日本在美国经营得好的分公司，职工总数都在 1000 人以内。在此情况下比较容易实行日本式的企业制度，如重视人际关系，使普通工人感到自己是企业的一部分，弱化工会影响等。但日本式管理在盛行行业工会的领域，在五六千人以上公司中也许就很难奏效了。

（2）经济类协会

在日本有各种类型的经济协会或经济团体，数量之多，也是举世罕见的。据统计，日本民间经济团体有近 10 万个。156 万余家大、中、小企业几乎都加入了某个团体，相当多的企业甚至是多种经济团体的成员。

各种经济团体都有一个共同特征，即任何一个经济团体，都是以参加本团体的企业利益的代表者身份出现的。经济团体不能形成独立于企业之外的自身利益，否则，会员企业就不会放心地由它来代表自己的利益。可见，经济团体的作用在于服务于企业的共同利益，团体内通行的原则就不可能是市场交易原则。这是因为"对任何一个涉及全体利益的问题，各个企业从中可能获得的个别利益都是不一样的，即或对大家都有好处的事也会由此发生很大的意见分歧。在出现意见分歧时，既不是按民主集中制原则进行少数服从多数的表决，也不是按市场交易原则进行每个企业利益得失之间的一一补偿。反复磋商，讨论说服，最后逐渐达到统一，是所有组织普遍采取的共同做法。……反复磋商的过程实际上是企业对共同利益的逐渐认同过程，是在明确了共同利益的基础上就个别利益相互做出一定让步的过程。"①

这些由企业或其法人代表所组织起来的各种类型的团体，包括小店主的联盟、全国性的大银行或钢铁企业协会等不同规模和各种形式。医生、牙医和其他专业团体也按照同类方式紧密地组织起来，农业组合和工会联盟也是这种组织形式之一。这类团体自下而上地组成金字塔式的、广泛而有效的全国性组织，其顶点是中小企业组成的日本商工会议所、大企业组成的日本经济团体联合会即"经团联"、日本经营者团体联盟和经济同友会等四大全国性经济组织。

经济同友会是四大全国性经济类协会中最年轻的，成立于1946年4月，与其他经营者团体不同，它由经营者中有相同志向的个人间联络而结成。日本经济的再建和民主化这样的共同理想成为会员的精神支柱，加入者当时都是年轻气盛的经营者。这些年轻的经营者对第二次世界大战失败后日本的基本认识是：(1) 旧财界领导者对推进第二次世界大战时经济负有不可推卸的责任，应限制他们的发言权；(2) 工会是经济民主化所必不可少的力量，但现实中，许多经营者视之为危险物采取限制态度。经营者应放弃对工会和员工的敌意，转而采取合作、信任的态度，向员工传达的善意将成为企业经营改善的前兆。

经济同友会自创立以来，设立了以问题或专业为门类的研究会和分会，开展多种多样的研究活动。经济同友会的显著特点是：对劳动问题和劳工运动给予积极关注，在企业经营中主张资本的作用与经营职能的分离。1947年8月，经济同友会发表"企业经营民主化计划"，这被称为"修正的资本主义"。其中阐发了同友会意识形态的核心内容，提出，股东不是从前的企业主人，而是企业的构成一员；经营者提供经营、劳动者提供劳动、股东提

---

① 中国经济体制改革研究所赴日考察团：《日本模式的启示》，四川人民出版社1988年版，第31页。

供资本，三者缺一不可；企业的财产是经营者、劳动者和资本家三方共同运作的产物，其增值部分，经营者、劳动者和股东都享有分红权，等等。1956年秋天在同友会全国大会上倡导"经营者的社会责任的自觉与实践"，企业不能只是追求一己利益，还要与社会相协调，有效地利用各种生产要素，生产出廉价、高品质的商品。

（3）农协

"农协"是农业协同组合的简称，它是一种合作社。农协的章程规定，"耕作10公亩以上的土地者"，每年有90天以上"从事农业者"，才可称为"农民"，只有农民和从事农业经营的农事合作社法人才可以获得农协正式成员资格。正式会员每人有一票的表决权，可以参加负责人的选举和被选举，同时也有出资和缴纳会费的义务。

日本农协有三个特点：第一，几乎全部农户都加入了地方农协，日本农民是具有高度组织化的现代农业劳动者。第二，农协的活动以支持农户的经营和日常生活为主，包括了广泛的综合性业务。日本的农协以信用业务为核心，综合性运营与农民的生产、生活密切相关的销售、供应、保险、水利、生产经营指导、仓储运输、福利、生活、文化等各项业务。第三，农协按业务类别建立起基层—地方—中央三个级别的全国性组织体系。

日本是个法治国家，所有社群组织都有相应法律的保障，农协也不例外。早在1900年日本就制定了《产业组织法》，但是当时只有农村富裕的家庭加入了产业组合，绝大多数农户因贫困而无力加入产业组合。1943年设立了战时统制农业经济和农业的"农业会"，但并没有在社会结构上做出新的举措，虽然大部分普通农民被迫加入农业会，"农业会"却不能真正反映农民的心愿，其职能主要是完成来自政府的指令。1945年至1950年的土地改革，农民获得了赖以经济自立的基本条件，成为自耕农，以农户为单位加入农协成为可能。此时，政府着手对农业会进行改组，在此基础上成立了农协。农协是在官方扶持下推进的，具有自下而上的组织动员的特点。不过，成立以来，农协始终以服务农民为宗旨，并没有沦为政府的附庸。至今，日本农协和地方政府仍然有很多合作，其中一个比较成功的做法就是鼓励保持村庄原貌和注重发挥区域特色的"一村一品"运动。所谓"一村一品"运动，就是充分利用本地资源优势，因地制宜，创建和维护地方品牌①，以促进地方经济全面和可持续发展。

在日本现代农村，农协也有各种竞争者，因为还有其他许多民间组织活跃在农村，为农民提供多种类型的服务。据统计，在日本农村同时存在大量的民间互助团体，一个不足一千人的村庄就可能并存着数十个社团，平均每20人就有一个组织。这些互助团体有按照年龄组织的，也有按照功能组织的，还有按照生活内容组织的。这些形式多样、功能分化的自愿式民间组织的存在及其有效活动，不仅丰富了日本农民的生活，而且推动了日本农村始终保持足够的活力和能量。

3. 灰色中间组织

社会中间组织，即社群组织，其主要功能是满足人们的合群、结社的需要，实现社会交往，为社会的有机存在提供内在的组织结构和动力源泉。社会中间组织只是一种描述性判断，并不包含价值因素，因此，社会中间组织并不天然地就是合乎道德的，即便"凡是现实的都是合理的"，但"凡是存在的未必就是合乎道德的"：一方面"现实"与"存在"不同，前者内在地包含了"本来就必然存在的"，是合乎自身逻辑的内容；后者只是事实性的存在，很可能是昙花一现的现象，并不具有必然性。另一方面"合理的"就是合乎自身发展的规律性，因而其展现的是具有内在根据的，包含了"道德"

---

① "品"可以是一种产品，如地方特产，也可以是非物质遗产，还可以是民间节庆、祭奠、文化活动等。

的根本要义，"合理的"与"合道德的"具有高度一致性。既然社会中间组织只是存在性的事实，那么，任何一个健全的当代社会都包含了多层次、多属性的社会中间组织。从道德上看，有合乎道德，也有不合乎道德的，还有在道德上无法界定、难以言明的"非道德的"灰色中间组织。日本现代社会的灰色中间组织就属于后两类。

"非道德的灰色中间组织"往往是不具有显著社会恶性，但又以有别于正面社会价值体系所推崇的生活方式为目标的中间组织，如"暴走族"，一群青春期的年轻人，因厌学而未毕业就逃离学校，以危险的驾驶方式，伴着巨大的声响在居民区、道路上骑摩托呼啸而过。但是暴走族的成员并不固定，而且许多成员在成年后会离开它，它只是一个流动、松散的伙伴群体。

"不道德的灰色中间组织"则是指那些组织的价值中包含了与通行的社会道德观念相违背的内容，这类组织因组织目标明确、组织成员联系密切，而通常有较为稳定的组织结构。这类灰色中间组织在所有人类社会都不同程度地存在，它既非现代的产物，更非社会基本制度的产物，而是与人类群居性这一物种本能相关的表现形式，至于它违反道德标准这一点，也并非十恶不赦，因为这类组织即便违反了人类的基本道德（如守法、仁慈、互助等），但仍然存在维持这些组织长期存在的底线道德（如忠诚、守信、勇敢等），所以，它们绝不是置身于"道德真空"地带，那些毫无道德观念、道德行为的组织早就会因自身内部无休止的钩心斗角、相互倾轧而瓦解。

就横向比较而言，许多法学家、国际关系学者都承认，日本的灰色中间组织是世界上最有组织性、纪律性的群体。例如，虽然日本色情业和赌博业都是合法的，而且日本本身是个开放的资本主义国家，但是绝少有外籍性工作者进入日本，日本的色情业基本上由本国灰色组织控制；同样，日本好赌者较少大规模地移师美国、中国澳门等地，而是主要在国内"消费"、"娱乐"，因为日本的灰色中间组织相互间攻守同盟，可以为长期的共同利益而配合，共同抵御外来者，同时"改善"服务，不断开发新技术、新品种，保持较高的"消费者满意度"。有学者指出："日本的犯罪率只有美国的二十分之一，但是日本的匪徒比美国多 20 倍。组织化犯罪有助于维护其所谓的公共秩序。犯罪集团与警察合作将外国的毒品赶出去，从而保护它自己的生意，并使日本的毒品问题便于管理。组织化犯罪也抵制了外国妓女的涌入。不受控制的色情行为不仅破坏了国内的价格结构，在这个艾滋病盛行的时代同时加剧了公众健康问题的恶化。"①

日本的灰色中间组织中也有一些被其他国家称为"黑社会"的组织，不过，在日本，部分"黑社会"也赢得了民众的同情，例如，以前的"贱民"、后来的"部落民"所组成的灰色中间组织，他们在为自己的共同利益向主流社会抗争，其他日本人基于历史的不公和"欠债"对他们表示愧疚，因而就会默许他们的部分或轻微违法行为，甚至一些日本大公司都被曝光多年来向这些灰色中间组织持续交纳"保护费"。

二、集团主义的支配原理

人们经常谈到集团主义的种种好处，特别是那些十分欣赏日本社会集团主义的人更是对集团主义的积极作用如数家珍。然而，所谓"好处"、"积极作用"都不能孤立来看，集团主义的利与弊、集团主义的光与影，其实是一个硬币的两面，同时兼具，难以截然分割。它所具有的优点同时是它的缺点的原因，同样，它的缺点也是它的优点的根源。实质上，集团主义作为一种统合式的社会价值取向，本身并无好坏可言，都是适应该民族的生活方式、

---

① ［美］彼得·J.卡赞斯坦：《文化规范与国家安全——战后日本警察与自卫队》，李小华译，新华出版社 2002 年版，第 77 页。

该民族所居住地域的风土气候等的产物。所谓"好处"或"坏处"的功能主义判断是从局外人的立场做出的，而对身处其中的日本人来说，集团主义既是其文化传统的主要取向，也是现实生活的种种制度设计的价值指导，他们生于斯、长于斯，长久浸淫其中而不自知。

1. 集团主义的实质

对日本集团主义的属性和运作方式等诸多问题的认识，学术界存在深刻的分歧。比较极端的观点认为，日本集团主义是一种超越社会主义和资本主义的"第三条道路"，是独特的；相对温和的主张认为，日本集团主义是传统价值观与现代制度相结合的产物，具有有限的普遍性。需要指出的是，在第二次世界大战后直至 20 世纪 60 年代末，"集团主义"一度成为日本社会的"忌语"，因为其被视为军国主义的帮凶和皇道思想的根源，人们避之唯

京都金阁寺（刁榴摄），完成于 1397 年，日本著名古刹之一，1994 年被联合国教科文组织指定为世界文化遗产的重要历史建筑。

恐不及，例如，今天的日本企业文化强调的是"爱社精神"，而非"企业集团主义"；学校教育目标推崇的是"增强对他人与社会的责任感及合作的自觉性"，而非简单的"民族凝聚力"。但 20 世纪 70 年代以后，随着日本经济长期高速发展、经济总量和人均 GDP 稳居世界第二的宝座之后，日本国民的自信心重新上升，开始注重自身历史、文化的"日本特殊性"，甚至"日本人种独特论"的腔调也开始抬头，承认并公开鼓励集团主义再次成为主流。

日本人的集团主义是现代功利主义和前现代忠诚伦理、归属意识相融合的产物。为什么这么说呢？集团主义无疑具有东方式、儒家色彩，其他东亚国家也表现出了不同程度的集团主义倾向，但是，现代日本集团主义仍然主要是在适应近代资本主义、市场竞争，并取得了足够的经济合理性等要素基础上发展起来的。这可以说是日本人的"谋划"。作为晚发现代化国家，在迈向资本主义过程中所采取的路径选择，大多是以国家为代表的大集团和各个归属组织的小集团构成社会结构的主体，无数国民个体则隐身其后。日本人的集团归属不仅体现在一般社会生活中，也同样显著地表现在企业组织中，日本发达的企业联盟、企业系列就是明证。

日本企业集团主义并非只是精神的产物，事实上，日本的企业福利主义是企业集团主义的根源。企业本身的成功可以为员工的未来提供保证，正是企业提供了全面而细致的各项福利，企业或企业主扮演了施恩者的角色，才有了员工忘我献身和兢兢业业的工作，因为员工们与其说是自我牺牲，毋宁说他们是在"报恩"。任何一个日本企业组织都会以各种方式鼓励成员的归属意识和荣誉感，从历史上看，企业集团主义与明治中后期出现的"经营家族主义"有关。工作的主体不是个人，企业内的地位也不是按个人的职务来决定，而是在"课"这样一个单位集团中的共同分配，一个课内的全体人员分别承担某项工作的不同方面，以完成整个工作。每个人的作用只与他的经验、主观努力程度或者职务相关，每个人都尽力履行与自己所处状况相一致的责任，但最终评价是以"课"为单位进行的。

不少人认为，作为日本人特点的集团主义是个人对集团的全面沉入和毫无疑问的忠诚，这是不符合实际的。日本人所理解的集团主义并非个人主义的对立物，而是强调在集团内的成员相互合作，努力达到集团目标，并通过这一过程确保所有成员生活需要的满足，因此日本的集团主义不是集团中心主义（groupism）或集团优先主义（collectivism），而是一种协作团体主义。"对大多数日本人来说，个人主义不是指追逐最大限度的利益或'自我实现'的'强式'个人主义，而是在给定的条件下首先考虑将不利益减到最小的'弱式'个人主义。因为大胆地坚持个人主张，将会导致与所处境遇发生冲突而受挫的重大不利益局面出现，为了避免这一点，日本人考虑的就是'在这一给定的情况下我能做什么？'"①

日本著名学者村上泰亮认为，已知的集团主义有三种类型。一是支配型集团主义，上司或领袖人物为了最大限度地贯彻自己的意志而压制下属或群众的主张，这是一种专制的集团主义；二是契约型集团主义，例如在近代以来的企业中，基于订立契约而给予双方进入或退出的自由，这是与个人主义价值并存的经济运作原则；三就是日本的集团主义，它建立在家、村这样的传统人际关系基础之上，属同族型集团主义。在这样的集团中，成员将各自的主张和利益融入集团的目标中，全员一致为这一目标努力，表现出集团内以和为本的行为方式。日本人并不是纯粹的集团主义者，日本的集团主义中个人与集团并非一组对立的概念，而是强调个人与集团之间的互利共生、成员之间的协调。从这一意义上说，日本的集团主义又可以称为"协同团体主义"。有日本学者进一步指出，在西欧，近代化是依据个人主义的价值观而达成的，但是，这样的近代化所采取的价值观只是历史上的特例，并不具有普遍适用性。近代化是一项全面的社会变革，也意味着全体社会成员的介入，集团主义或许比个人主义更适合近代化的社会整合目标，在日本的近代

---

① ［日］竹内靖雄：《正义和嫉妒的经济学》，讲谈社 1992 年版，第 44 页。

化过程中，集团主义所起到的巨大作用正可表明集团主义并不天然地与现代化、工业文明相对立。

日本现代哲学家和辻哲郎通过批判康德思想解读了日本人的集团主义倾向。"和辻哲郎认为康德的伦理律并不适用所有的人类，主要有以下四个原因：第一，康德要求人们避免那种自我矛盾的生活的做法是一种欧洲中心论的伦理。第二，康德认为自杀必须要遵循某种原则，如'自杀为我更好'这一点是错误的假设，自杀并不总是有原则的。第三，自杀是一种显示'中间状态'因素的人类行为。很多情况下，自杀者会留下一些诸如向家庭朋友表示歉意的字条，即使在这个'自私'行为中，我们也能看到人的迹象。那些自杀者承认，一方面他们能够违背别人的期望，另一方面他们也基本上依赖于别人。对和辻哲郎来说，自杀行为的错误之处并不在于它的不理性，而在于它对信赖的背叛，而且我们还能完全肯定，自杀行为是否涉及背叛的问题。通过写致歉字条，自杀者肯定了信赖的存在和意义，而同时他又背叛了信赖。这种否认彼此联系性的行为同时又肯定了这种联系性。这种双重特性意味着，自杀以某种根本的方式属于人类或'人间'。第四，我们不能用一个原则对所有自杀行为进行抽象判断。自杀并不总具有同样的形式，自杀的形式要取决于它们出现的情境背景。如果我们不对这些情境背景进行考察的话，我们就无法对自杀行为进行正确评价。"①和辻哲郎强调人的伦理行为是在与人的关系中产生的，即便伦理原则也必须放到人际互动中理解，脱离开人际存在的抽象伦理是没有任何意义的。和辻哲郎并没有简单主张集团主义，只是认为集团主义因其包含了对人际联系的承认而更具有现实性与合理性。

2004年3月，发生了三名日本国际志愿者和新闻记者在伊拉克被武装集团劫持为人质的事件，该武装集团以此要求日本政府从伊拉克撤军。人质家属闻讯赶到东京，要求政府接受条件尽快解救被扣人质。时任美国国务卿

---

① ［美］金黛如：《地方智慧与全球商业伦理》，静也译，北京大学出版社2005年版，第80页。

的鲍威尔也明确表态，解救人质是政府的义务，而且高度肯定了被扣留的日本人。但是日本政府抵住家属的请求和美国的压力，公开指责这些国际志愿者，认为他们给政府和国民带来了巨大麻烦，而且日本的多数媒体也在此问题上采取了与政府一致的态度，不仅批评了被扣的人质，也批评了人质家属。有人对此事件作出评论，这标志着日本社会告别了集团主义，开始强调个人责任、自己对自己的行为负责。"自己责任是个体社会的重要标志。每个国民的安全和幸福不再依靠国家的保障，而是个人直接面对身体性、物理环境性、经济性、精神性以及知识信息性等各种风险进行选择，承担风险，享受自由。"① 其实这种解读并不可信。个人的责任同样可以在集团主义价值观下承担。集团主义的核心是以集团、国家整体利益优先，在人质个体和日本政府之间，多数人无批判地站在政府一边，不正是集团主义的充分证明吗？

集团主义意识也使日本人在工作现场或管理组织中比较缺乏由个人的专业、责任感所体现出的独立主体性，而倾向于采纳相互主体性，集团中的每个人忠实地承担工作上的义务，即"职分"，不仅要完成工作，还要随时调整与同事的关系，日本人的主体性是集团层面上的。

日本著名社会学家富永健一认为，过度的集团主义意识是有问题的，它反映了日本现代社会仍然残留着不符合时代的内容。而且他相信，随着日本社会的变迁，集团主义意识会呈现衰弱、减退的趋势，他说："日本人的集团主义是由于社会、文化近代化的落后而被带入了近代产业社会。这种落后的社会文化近代化的产物必然随着农业人口比率的减少、家族共同组织和村落共同组织的解体以及激烈的资本主义竞争遍布整个日本社会而逐渐走向解体……"②

---

① 黄亚南：《谁能拯救日本——个体社会的启示》，上海辞书出版社 2009 年版，第 20 页。

② ［日］富永健一：《日本的现代化与社会变迁》，李国庆、刘畅译，商务印书馆 2004 年版，第 250 页。

2. 内外意识

内外意识的出现与上述集团主义高度相关，甚至可以说是集团主义的一个后果，因为集团主义在实施中总会遇到集团定位不明的困难。是单个的部门、企业，还是区域、国家，抑或是人类？如果不是将整体放大到全体人，任何整体都只是相对的，都将存在难以解释的现实空白。中国的集体主义把价值根据确定为"国家"或"人民"，这固然保证了外延的周全，但在现实中却难以落实，"大家的公共利益"往往沦为无主，从而陷入被忽视的境地。日本的集团主义大多把忠诚的范围限定在"企业"或"共同体"，这可以使人们的忠诚变得具体可感，却又极易导致相对主义、内外分明的境地。"日本人对所属组织，例如企业、学校、政党等持有很高的忠诚态度，他们一旦成为其中一员，不仅以它为荣，也会努力与它同舟共济。'身在曹营心中汉'的言行都被视为不忠而受到人们的谴责。不少日本人最难原谅的过错是背叛，例如离开原公司之后反戈一击或'挖墙脚'之事，日本人是较少参与的。"①

日本的集团主义是以地域共同体的形式表现出来的，属于一种"内群体"，它是地域性的、利益性的，而非血缘性的。这样的集团主义会表现出如下的行为倾向：只对与己（本集团）相关的人（间接的他人或完全的他人，如普通消费者、陌生人、城市生活中的邻居或企业所在地域的居民等常常被忽视）报以好感，甚至采取严重倾斜的方式，形成了事实上的不义或不公正的结果。集团主义是培养这种"内向型思维"和行动的思想土壤。在这样的思维方式中，成员关心的只是自己手中的活、身边的事和交易的客户，只在意本集团的利益，融化成了"集团人"。一旦发生了过失，成员间相互包庇，不是首先考虑事件所可能带来的社会性恶劣后果，而更看重此事对集团内人际关系的影响。

---

① 李萍:《现代化中的日本文化》,《成人高教学刊》2003 年第 4 期。

日本东方学家中村元在跨国比较思想的研究中，对日本人的内外意识所包含的相对主义作出了深刻反思，他说："日本人思维方法的一个特点就是以自己所属的封闭性的社会组织为中心，而无视普遍性事物，在过去尤其是这样。我认为，日本只关心自己的国家的自然基础是日本的岛国地位，海洋将日本与大陆隔离了，还有这样的历史事实，就像在蒙古入侵和第二次世界大战这样的情况下，日本只间接地意识到其他诸国的存在。"①

任何一个集团作为社会组织之一，必须与其他社会领域保持关联，社会成员，包括社会中的每一具体集团内的成员都应在思维方式、行动取向等方面参照社会的普遍规则。但在集团主义社会，本人所属集团(例如企业集团)的要求（如依收入、费用、获利而测得的经济成本）与社会的要求（即从对社会一般公众的义务之立场出发的公共利益）之间发生矛盾时，怎样做才适宜呢？这一问题是集团成员，特别是集团决策层们不得不面对的现实。究竟是立足于集团以外的社会的观点，还是仅仅站在集团自身的立场上？前者是尊重正义而作出的抉择；后者是依据妥协而取"平衡"的思虑。

在现代化过程中，出现了社会集团的功能性分化，人们面临着从属多个集团的困境。对各个不同集团的忠诚就会彼此发生冲突，出现涂尔干所说的"社会失范"，个人的人格也可能产生分裂，导致大量的自杀、越轨行为。为了避免这一矛盾，日本人的做法是：对与自己切身相关的集团采取家族主义的结合方式，而将与其他集团的交往限制在最小程度内。近代日本企业也是依照传统村社的家原理而组建起来的。企业不论大小都采取了家族主义结构。企业内的社会关系，与乡镇的手工作坊没有本质区别。早期，企业中的劳动者流动性很大，以后企业采取了培养骨干工人的做法，用年功序列制笼络员工，像对待自己的儿子一样对待员工，于是就形成了温情式关系。矿山业首

---

① ［日］中村元：《东方民族的思维方式》，林太、孙鹤译，浙江人民出版社 1989 年版，第298 页。

先开始提供良好的福利、生活设施，采纳带有恩赐性质的奖励措施，推广劳资一体的意识。在战争年代，企业主的家长主义恩抚策略大大减轻了工人的不满，同时也得到政府的支持，当时的产业报国运动也以此为基础推行开来。

内外意识进一步强化了日本人重视上下等级式关系、忽视横向水平式联系的倾向，笔者对此深有体会。笔者留日期间，在埼玉县三乡市住了一年。住的是住都公团的房子，一个很大的"团地"（类似国内的住宅小区），外国人比较多。民间的"日本语教室"就有三个。但这三个"教室"由不同的人发起，上课的时间也不一样。如周三上午的由市公民馆的工作人员主办，周六的主持人是位叫雨宫的家庭主妇，周日则是先平（さつき平）社区的一个团体负责。有趣的是，他们互相从不往来，也未有迹象表明他们将会采取任何合作的形式。

内外意识，在一定意义上体现的是"我们"的认同感与对他者的有限接受程度。任何健全的社会都会在成员间培育起有利于共同行动的"我们"意识，并适度地区别于"他者"，以强调自身的特性。但是，脱离由普遍价值支撑的共同体而一味突出直接参与其中的生活集团（如家庭）、职业集团（如企业）、社会集团（如族群）等，就可能会走向相对主义，在强化内外差别、自他不同的同时，美化自身、妖魔化对方，这常常成为现代社会族群间冲突、重大社会运动，乃至国家间纷争的导火线。换句话说，适度的内外意识是确立主体性、担当自身责任、权利的前提，但极端片面的内外意识则会陷入种族优越论和排外主义的泥潭。

虽然历经战争的一代人把日本特有的价值观念融入择业、消费、婚姻、社会参与等所有领域，但随着第二次世界大战后出生的一代人逐渐成为社会的中坚力量，近年来包括集团主义在内的一些观念被视为上一代人的东西而受到挑战，集团主义的内涵和重点都在发生变化。此外，背离集团主义意识的年轻人日渐增加，20 世纪 70 年代后期以后出生的人们不再接受第二次世界大战结束前后出生的人们，即他们的父辈的价值观，如对企业的忠诚心，他们的集团主义观念明显减弱，一切以追英超美为目标的社会发展指导思想也受到了他们的冷淡。在他们中盛行的是"即便不归属于某个公司组织也很好"的态度。他们不想消除与工作单位或固定集团的距离感。不是作为正式职员，长时间地以自由职业、临时工、小时工等形式就业的年轻人也在日渐增多。"大家都这样"，许多更年轻的人毫无阻抗地接受了这样的就业形式。日本经营者团体联盟（日经联）在 1995 年的报告书中开始把临时工、小时工、计件工、派遣工等"软雇佣形态"视为今后应注意的雇佣形态之一。这是日本社会劳动方式、就业态度、个人与企业的亲和力发生深刻变化的一个现实。

3. 欺负现象：另类集团主义

在日本学界，"欺负"现象经常被看作一种社会病理现象，这是因为"欺负"并非一对一的，例如，个子高的欺负个子矮的，身强力壮的欺负身材弱小的，业绩好的欺负业绩差的，而是一群人欺负一个人，显示了"抱团"特征，所以，"欺负"也是一种集团主义的反映。

"欺负"经常发生在学校的班级、工厂的车间或机关的办公室中，即在一个相对封闭、隔绝的空间内，形成了主流和非主流的差别，那些主流群体以集团化身自居，对非主流的个人（或极少数几个人）进行制裁、惩罚。从社会心理学上看，树立共同的外部敌人通常是催生集团凝聚力的手段，但当外部社会结构高度均质化、社会流动相对稳定之后，内外的矛盾不再成为主导矛盾，转而在内部进行"清洗"、甄别，划分出"更像自己人的人"和"不像自己人的人"，因此，群体性欺负正是为了强化集团主义。

不过，通过欺负方式实现的集团主义，并非好的集团主义，而是一种另类的集团主义。此时，集团被少数骨干所把持，其他成员无法制约或监督他们，集团的利益就被转换为少数骨干的利益，少数骨干就可能以个人偏好（如肤色、身材、出生地等）来决定集团的"敌人"，筛选出受欺负者，将之视为集团的"叛徒",被欺负者不仅因此自责、自卑,也会因被集团抛弃而陷入无助、无奈的绝望之中,由此还会产生精神疾病、自杀等更严重的问题。

"欺负"现象往重里说是一种社会不公,往轻里说只是一种人际交往不顺而已。每一个具体的"欺负"事件中总有受欺者和欺人者,但受欺者和欺人者并不总是两类固定的人群,否则,就不是欺负,而是社会压迫、阶级对立或种族隔离了。"欺负"现象只是轻度的不法行为,通常没有严重到违法的程度。"欺负"有很多形式,包括言语辱骂、肢体攻击、冷遇、视而不见等。在现代文明社会,特别是在日本这样比较含蓄的国家,"欺负"大多表现为冷遇、视而不见。

在报刊上经常披露的是中小学校发生的欺负现象。一些受到欺负的学生不堪凌辱、无法接受被孤立的处境而选择了自杀。这样的事情每每发生,都会在事发地的学校、教育局和地方社会引起热烈的讨论,人们会持续讨论事件的来龙去脉、分析悲剧发生的根源,最后提出一些改进、防范措施。但事件年年发生,难以禁绝,其背后的深层原因在于日本人普遍存在这样一种社会心理:受到欺负是由于自己没有处理好各种关系,集团是自己不得不去适应的环境,无论条件再恶劣,他人再刁钻,自己也要忍耐,要咬牙挺过去!人们并不同情受欺负者,尽管没有家长会愚蠢到怂恿自己的孩子去欺负别人的程度,但他们都会告诉自己的孩子要跟同学处理好关系,要承受班级中发生的一切!正像硬币总有两面一样,接受集团主义的积极作用,就要忍受它带来的负面后果,这大概是最平凡的道理了。

三、日本式资本主义

日本无疑是资本主义国家,但无论是日本人还是欧美人,都始终没有认为日本是经典资本主义的"模范生",相反,日本有太多不同于其他发达国家之处,以至于有人提出日本式资本主义(笔者称之为"合作资本主义"),以区别于英美式资本主义(竞争资本主义)或北欧式资本主义(福利资本主义)。日本式资本主义的表现是宏观上财界与政界的高度合作、微观上雇员与雇主的高度合作("劳使一体")。日本资本主义主体不是一个个市场主体,而是联合舰队式的企业集团或劳资融合的企业兵团。

1. 日本式管理

明治时代开始的日本资本主义发展,建立起了现代企业制度,一些与今日日本企业管理相关的惯例、规范也逐渐生成。明治维新有两个突出的特点:一是全国都有一种压倒一切的危机感;一是从武士阶层中涌现出新的领导力量。这些武士"大多数来自西部的外样藩,有反对德川家的传统。他们是特别年轻的一群,1868 年时一般才 30 出头。大多数是在藩里,特别是通过军事服役而晋身这一传统发展道路的。由于不是占有土地的贵族,他们成功的野心,只能通过政府服务来满足。幕藩制度的分散性,使他们有许多政治舞台来表现自己。像在革新以前的美洲,日本的创业者也学会了在领导国家之前,先领导好自己的地区"。① 分割的领地成为培养未来新国家领导人的舞台。从一定意义上说,在明治时代日本式管理虽未成型,却留下些许印记,并制约后期发展的轨迹。

(1)日本式管理的形成

日本式经营的起源在哪?对这一问题众说纷纭,有江户时代说(认为与幕藩体制下的家、村相关)、明治大正时代说、40 年代说(20 世纪 40 年代

---

① [美] 约翰·惠特尼·霍尔:《日本:从史前到现代》,邓懿、周一良译,商务印书馆 1997
年版,第 206 页。

的战时统制形成了企业与国家组织的协作和勾结关系，这些特征战后仍被延续）。笔者认为，日本式管理的最终形成还是到了第二次世界大战以后。

美国学者哈必森[①]指出，日本工业化初期的推动者们，既不是欧美那样的新兴中产阶级，也不是苏联式的革命的知识分子阶层，而是出身于世袭的精英家庭（即武士们），最初他们依靠国家的支持，以后继续得到了国家的强力援助和全面保护。

然而，一方面武士即便拥有旧时代的社会管理经验，但对新世界的运行规则还缺乏足够的了解和适应，在掌握这些规则过程中少不了要走一些弯路，要交不菲的党费；另一方面实际参与工商业事务、直接从事经营买卖活动的主要是封建时期的商人、匠人、农民，他们既要承受市场竞争的压力，又要应付社会价值观剧烈转型所造成的混乱，无力提出体系化的管理思想。事实上，明治维新后直至 1910 年日本初步建立资本主义体系的期间，日本社会充满了矛盾、冲突和对抗，日本式管理完全不具备形成的条件。之后的两次世界大战更使得国家经济目标和企业独立经营权变得十分脆弱。只有在第二次世界大战结束后，日本在占领军指导下开展了一系列大规模的全面改革，特别是和平宪法在内的诸多重要法规的颁布，日本步入持续稳定、现代文明并进的轨道，日本企业经营环境变得宽松和自主，日本式管理才得以逐渐成形并确立起来。

日本资本家开始广泛地重视制度化的劳务管理是第一次世界大战之后的事。资本家和经营者对劳动者问题的最大苦恼是，如何以封建的身份关系为前提培育出日本的精神主义、形成独特的劳务管理制度？如在工厂设立"劳动委员会"，以后又形成了"协调会"，就是这样的尝试。

1921 年，资生堂在由个体经营改组为合资公司时提出了"五大主义"的基本理念，它们是：质量本位主义、共存共荣主义、注重零售主义（以后

---

① Harbison, F., and C.A.Myers, *Management in the Industrial World*, N.Y., 1959, p.249.

改为"注重消费主义")、坚实主义和尊重德义主义。为了贯彻"五大主义"，资生堂做了许多细致工作，首先在公司内进行问卷调查和访谈，然后广泛了解作为竞争对手的其他公司的动向以及消费者、市场的动向，并征求与资生堂有交易、有业务关系的人员的意见，制订了具体的实施方案，其间历时20个月。

松下电器产业的松下幸之助社长的"水道哲学"，是很有代表性的日本式管理的典型。在1932年的创业纪念日上，松下幸之助对全体员工做了"知命年的宣言"。他说："我们公司所承担的使命是什么？企业人员的使命是救社会于贫困并走向富裕。企业人员通过物的生产履行自身的使命，要提供像自来水管的水那样无尽的、价廉的商品。因缘分而就职于松下的人们，以此为使命，团结起来，把完成这一使命作为无上的人生价值。今年我们意识到了自身的使命，就可以称做'知天命第一年'。"

第二次世界大战后，以美国为首的占领军强制推行了"经济民主化政策"，特别是实施了劳动立法，对祛除残存在日本资本主义中压制劳动者的封建残余势力起到了积极作用。但美国的占领政策也有一个局限，从前的经营家族主义式的意识形态和以恩惠方式进行的劳务管理，被伪装成美国式的实用主义，作为"现代"经营管理制度和劳务制度而得到保存。

日本式管理的最终形成是在20世纪50年代，当时的日本经济受惠于朝鲜战争的特需，此外，国际政治上出现了美苏对抗的冷战格局，日本决定作为西方世界的一员参加到国际意识形态斗争中，经济运营上也采取了与之相适应的管理形式。

在这样的国情下，新的管理思想产生了，最富代表性的是日清纺织樱田武社长的"全员经营论"。樱田社长在日本战败后，准确洞悉了经营方向的新趋势，并深刻总结了日本战前经营方面的错误，开始构思他的"全员经营论"的思想，花了很长时间向公司员工进行"经营五功能论"的演说。他的这一思想被认为是日本管理的代表性理论。财阀解散了，作为资本的股票通过股市投向市场，任何一位日本人都可以买卖股票，因此，全体日本人都可以是公司的所有者，企业从根本上说成为社会性存在。因此，员工在企业劳动本身就是奉献社会。"全员经营论"的核心观点是：第一，市场的变化非常剧烈，但是，要在市场中获胜，不能给企业所有者——股东造成负担，经营者的权力同时意味着这样的责任。第二，企业是独立的组织，与政府、官厅的勾结、企业间的串通、业主间的媾和等都是失去独立性的自杀行为。企业有责任强化自身力量，抵制腐败。

第二次世界大战后，日本企业管理制度参照美国管理学的成果，特别是质量管理理论，迅速地实现了工业现代化。但是，第二次世界大战后初期的一段短暂时间中出现了管理者无作为以及工会运动激化等问题，从而使日本资本主义的社会矛盾有所凸显。日本的管理者痛感全盘照抄美国管理学的成果在日本并不能发挥有效作用，他们在各自的企业进行各种尝试。在不断的试错过程中，强调"日本特性"的管理体制开始悄然形成。

（2）日本式管理的特点

日本管理学家氏家康二提出，管理就是"准确地对企业所处的环境作出反应，创造并不断地向社会提供新的价值的过程"，所以，"管理活动，并不是只靠技巧和理论便能得到推进的。它应该是在人与人之间的不断交流中，在心与心之间的接触中被不断推进的"。[1] 这句话非常深刻地触及了日本式管理的核心特点。

"日本式管理"在国际上最早是由美国学者阿本格兰在《日本的工厂》[2]一书中提出的。他认为日本管理体制在许多方面不同于美国。"终身雇佣关系"（a lifetime commitment）是最突出的一例。他说，日本的企业组织具有

---

[1]　[日] 氏家康二：《公司发展与干部意识》，朱东平译，立信会计出版社 1994 年版，第 10 页。

[2]　Abegglen,J.C. *The Japanese Factory—Aspects of its Social Organization, Glencoe,III*, Free Press, The Center for International Studies, Massachusetts Institute of Technology, 1958.

如下特点：（1）日本的生产集团的构成员都是永久、终身的员工；（2）录取到生产集团中，不是依据个人的特殊职务或技能，而是个人的性格、特性；（3）自进入该集团之后，生产集团内的身份就形成了，它是广义的社会身份的继续和延伸；（4）生产集团支付的报酬，只有一部分为货币，而且支付标准不是企业的生产标准，而是社会的标准。工资与年龄、教育、连续工龄、家庭成员有关，反映不同职务或个人能力部分的工资只占很小一部分；（5）决策功能由多数人或全体的集团作出，对该决定的责任也不分解到个人；（6）企业渗透到员工经营外的各项活动中，企业对员工的责任是广泛的。

津田真澄从组织结构的角度分析了日本式管理的特点，认为日本式管理有如下特点：（1）最高管理层没有采取西方世界的"管理"形式，而是从企业内确认后继者，企业组织是封闭的；（2）事业、业务部门的构成也没有吸收西方世界的"管理"手段，第二次世界大战前的企业组织构成被保留下来；（3）"身份"制度因受劳工运动冲击表面上消失了，却改换成各种"资格"而仍然残存着。如蓝领工人中分成"职员"和"工员"两种。但在20世纪六七十年代的经济高速增长期中，员工基本白领化，身份差别基本不存在了；（4）组织内的升迁以入社后连续工作的年限为原则；（5）完全否定了西方世界近代经营的"职务中心主义"，日本人并没有很好理解职务（job）思想，而把干事的"勤劳者"称为"全职者"（generalist）；（6）引入了美国的提高质量、生产率的管理技术，但是在美国，管理技术的对象只是个人，而在日本的企业，它被作为全体集团或企业内非正式小集团的管理技术而应用，这些技术的实践变成劳动时间之外无报酬的自主活动。

松本正德教授[①]指出，支撑日本式管理需要多种条件。第一是企业与国家、财阀垄断的高度融合。在第二次世界大战前，为了保证不断有低工资的

---

① 参见［日］松本正德：《日本的经营及"合理化"》，中央大学出版社1993年版。

劳动者，国家起了巨大作用。第二次世界大战后的经济民主化，结束了劳动者无权利状态。但是企业与国家的垄断关系却愈加严重，对有自主意识、不服从的劳动者采取敌视的态度。第二，"教育"的问题。在第二次世界大战前，以天皇制和"家"为中心的封建的道德教育发挥了重大作用，这种教育宣扬灭私奉公、忠君爱国的思想，一方面导致了侵略战争，另一方面也成为镇压劳动者的意识形态。第二次世界大战后虽然经历了民主化改造，但是，文部省对教科书的审查制度、企业内员工教育都在很大程度上维系了传统的员工教育体制。第三，日本劳动者的过重劳动。与第二次世界大战前相比，劳动时间缩短了，但仍然远远落后于其他先进国家，劳动者的过重劳动，可以产生更多利润，提高生产率。但对劳动者而言，由于劳动时间过长，增长工资的实效为零。日本劳动者的工资水平是美国、德国的1/3，英国的1/2。而且，员工终日陷入繁重的工作中，无暇他顾，其他的社会活动、个性培养，甚至反思批评能力都被压抑。第四，固有的价值观。在封建思想中，佛教思想渗透其中，培养了权力崇拜、偶像崇拜的思想，在管理理念中，这类思想与"私益与公益同一"等改良式资产阶级意识形态相结合，劳动者被资本家支配，受到经济、政治和思想三重压迫。

还有学者将日本式管理概括为如下方面的内容：（1）以欧美为目标，以追赶欧美为基调，重视应用开发而非基础研究；（2）在采取护送船团方式的保护性行政下，行业内采取协调方式进行受到限制的竞争；（3）在要成为行业第一思想支配下，采取扩大市场份额式竞争；（4）在缓慢的通货膨胀政策和经济持续扩大的基调下，采取长期的投资方式和模糊化经营责任；（5）重视企业间相互持股、集团系列、人际关系和信赖关系；（6）存在大企业与中小企业的二重结构，以及母公司与下承包企业的系列；（7）重视人才的自主培养，重视员工和工作现场；（8）采取自下而上式的"意思决定"和集团主义；（9）建立在命运共同体式的归属意识基础上的凝聚力；（10）实行长期雇佣、年功制、企业内工会。

笔者认为，日本式管理的显著特点之一在于树立了企业的价值观，即努力营造自身的企业文化。"在日本，公司被视为一种社会机构，而不是一种经济机构。虽然公司的目的是挣钱赢利，但管理者和雇员却将他们自己的活动视为众多社会活动的一种。管理者认为自己应该对员工的福祉负责，因为他们要面对别人。有些管理者甚至还向他们的员工提供诸如墓地、约会服务以及团体大宗购买等方面的支持。一些美国行为论者则认为日本人所接受和推崇的这种做法是一种温情式家长做法。"① 从管理方式上看，日本企业管理的特点是提倡三现主义（现场、现物、现实），三者又以现场为核心，只有了解了现场（设计现场、销售现场、生产现场等等）的客观情况，才能作出判断，从而对实际产品（现物）和市场状况（现实）作出正确估计。

总之，尽管人们关于日本式管理的特点存在诸多不同观点，但都积极肯定日本式管理迄今为止对日本经济发挥了积极作用，取得了重大成果。不过，20 世纪 90 年代开始，日本经济进入低速增长时期，甚至出现了负增长的年份，日本人开始反思日本式管理的得失，是否坚持日本式管理在社会各界引起了广泛的争议，一些企业已经先行开始了重大的管理改革。

2. 联盟资本主义

无可置疑的事实是：日本企业集团化倾向远远重于其他发达国家，但这一现象是如何形成的，这一现象的利弊是什么，这些问题才是真正充满分歧的焦点。一些学者将企业集团的成因看作制度演变的自然结果，日本历史上的制度变迁影响了这一状况。例如，有人指出，"日本的当代公司合作模式

---

① ［美］金黛如：《地方智慧与全球商业伦理》，静也译，北京大学出版社 2005 年版，第 109 页。

反映了一些显著的路径依赖轨迹（path-dependent trajectories），它们体现出相当多的战前残留成分。由此，日本的联盟结构存在于这样一个环境之中，它既非完全源自该环境的参与者们的个人行为的聚集，也不能轻易在其他制度背景下再生出同样的形式。"①

广泛的企业间联盟及其在日本经济和社会中所发生的影响力，促使一些学者将日本资本主义归结为"联盟资本主义"。后藤觉②十分肯定日本企业间的集团化行为，因为通过集体组织，公司能够避免规模不经济（scale diseconomies），并控制完全的纵向一体化（vertical integration）可能导致的损失，同时能够提供在未受保护的市场交换情况下无法获得的利益。此外，企业集团还起到了一种"信息俱乐部"的作用，用以促进各成员公司之间的信息共享。

早在 20 世纪 30 年代就有西方学者敏锐意识到，随着管理层越来越成为公司的实际决策人，公司所有者和股东的利益越来越处于"道德风险"之中。由于监督成本高昂和代理人的自利倾向，所有者和股东的利益难以得到有效保障，这很可能会危及资本主义制度的核心——私有产权的神圣性。但是，人们发现，日本的企业间联盟以及管理者内部化可能有利于克服上述困境。《经济学人》一篇评论曾写道，在填补"资本主义的核心真空"——它是随现代股份公司的兴起而出现的所有权分裂的结果——方面，日本的公司间股权结构比大多数西方经济做得更好。③

在公司相互持有其他公司股份的情况下，公司和股东的关系就完全不同于完全开放且竞争性的公司与股东原初的关系内容，主要的不同表现为：

---

① [美]迈克尔·L.格拉克：《联盟资本主义——日本企业的社会组织》，林德山译，重庆出版社 2003 年版，第 25 页。

② Akira Goto,"Business Groups in a Market Economy", *European Economic Review* 19(1982),63.

③ "Whose Firm，Whose Money"，*The Economist*. Vol. 315, issue 7653, Saturday, May 5, 1990. pp.7-10.

第一，公司选择股东，而不是相反；第二，股东无法控制企业，而且企业却对股东的意愿具有真实的控制力；第三，企业从所有者那里得到了几乎完全的独立性；第四，日本公司将利润看作是第二位的，并且倾向于追求每个资本费用中的额外收益（dividends an element of capital cost）；第五，实质上，日本的各种公司制度几乎徒具形骸（Internally, the various corporate systems have become almost completely devoid of content）。[1]

经过德川时代的商人文化、武士文化的洗礼，进入工业时代之后，日本集团主义与资本的逻辑相结合，获得了新的规定性，在企业管理中的集团主义导致日本企业既是功能集团，又是共同体。日本学者中谷磐雄[2]提出了"内含的保险体制"来解释日本企业间的联盟行为倾向。他指出，建立起内含的保险体制，有附属关系的企业的管理者以牺牲眼前的利润和销售来换取风险共担和外部的稳定性。尽管股东能够以有价证券多样化的方式来分散风险，但日本的管理人员却不能以同样的方式来分散由失去工作所导致的风险，所以他们建立了一种结构来减少这种风险，这就是企业间联盟。联合的交叉持股，从集团银行贷款，以及集团内销售，从而建立了一种稳定的企业环境，为他们抵制外部压力——包括敌意的收购和公司的破产——提供保护。

3．合作资本主义

赖肖尔曾提出："直至19世纪，东方国家的文化和社会只出现了非常缓慢的进化，这些进化的动力主要来自东方内部，通常源于更早时期传承下来的文化和社会结构之中。"然而，19世纪中叶之后，东亚发生了十分激烈的

---

[1] Koji Matsumoto, *The Rise of The Japanese Corporate System: The Inside View of a MITI Official*, trans. By Thomas J. Elliott, London: Kegan Paul International, 1991, pp.10-11.

[2] Nakatani, "The Economic Role of Financial Corporate Grouping", in M.Aoki eds., "*The Economic Analysis of the Japanese Firm*", North Holland, 1984.

横滨港夜景（刁榴摄）。横滨港位于神奈川县东部沿海，是日本第二大港口，也是日本最早的对外开放港口。横滨市内有知名的"中华街"。

变化。"促成这些急剧变化的原因是来自技术上处绝对领先地位的西方诸国的、不可抵制的军事、经济和政治压力"①。日本在这种历史变革中虽然不是首当其冲，却真正是后来居上、急起直追的。尽管东亚诸国都先后遭遇了西方列强的坚船利炮，也都生起了图新自强的民族自救运动。但是，毕其功者唯独日本。这恐怕应归之于日本颁布了一系列有利于工商业发展的政策，实行了社会结构改革，揖别了封建制。这其间经历了数次反复和社会动乱，但始终没有中断变革的尝试，也没有停止维新的步伐。对其他后发国家而言，日本的成功经验就是有效的合作机制的建立。

---

① Edwin O. Rcischauer, John K. Fairbank, *East Asia: the Great Tradition*, Harvard University, 1958, p. 669.

（1）劳资合作

日本企业内员工日常性的广泛参与，是劳资合作的一个重要体现。当然，西方很多企业也进行过这方面的尝试，欧洲很多国家第二次世界大战后在公司法、劳动法等相关法律规定中都加入了员工参与董事会、组建工人委员会等方面的规定，从而在立法上充分保障员工的民主参与权。但日本的不同在于，至今日本的公司法和劳动法都没有强行规定员工参与的程度、比率或规模，员工参与不是作为劳动权利而是作为劳资合作、企业共同体的一部分得到落实的。这被一些观察者归结为日本走了一条不同于西方发达国家的"第三条道路"——合作资本主义。

所谓参与式管理，就是指在不同程度上让员工和下属参加正式组织的决策过程及各级管理工作，让员工和下级与企业的高层管理者处于平等的地位，研究和讨论组织中的重大问题。在这样的组织中，员工可以感到上级主管的信任，可以体验出自己的利益与组织发展的密切相关，而产生强烈的责任感，同时参与式管理为员工提供了一个取得别人重视的机会，从而给人一种成就感——员工因为能够参与商讨与自己有关的问题而受到激励。这时，管理者的角色从直接命令、控制和处理信息转变为教导、协调和支持，从发号施令者和监督者转换为协调者和推动者，从"纵向地"管理到"横向地"管理。为什么参与管理如此重要？这是为了促成所有生产阶段上的所有人都能够畅通无阻地沟通，由此，才会有高的产品质量、满意的员工忠诚和好的企业形象。"我们常发现生产工人之间具有强烈的区位主义和敌对情绪，尤其在相邻的生产环节上的工人，更是如此。因此，务必为工作中的所有环节建立起内聚力。"①

员工小组实施的参与企业管理在日本非常盛行，因为90%以上的日本

---

① ［日］今井正明：《改善——日本企业成功的奥秘》，周亮、战凤梅译，机械工业出版社2011年版，第44页。

大企业都建立了劳工管理协商制度，这一制度保障了劳工和管理层就重大问题，例如生产线的改造、新工厂的设立、向海外直接投资、工作环境、工作安全和员工福利以及其他管理决策等方面的问题，都可以借助这个制度进行定期的会商。从一定意义上说，员工的广泛而持续的参与，也迫使员工深层次地介入企业的日常经营之中，不得不与雇主和管理者一道来为企业分忧解愁。不过，日本式的员工参与管理并不是在员工第一次获得管理权利时就出现了主动参与管理的愿望，毋宁说，当员工被要求与企业共担风险时才有了参与管理的愿望，因为与企业共担风险就给了员工自愿关心企业状况的意识。这就塑造出了"内向化"的企业员工，他们会在责任承担、长期决策等情况下相互合作，以促成企业利益，同时也是自身利益的实现。

典型的日本工厂都会在角落里保留一块空间，用来展示车间内的活动情况，如当前的建议水平、小组在近期取得的成就。小组活动可以这样界定：公司内部非正式的、自愿组织的小组在车间内从事特定的任务。因目标不同，这些小组活动也有多种形式：兄弟小组、姐妹小组、质量控制小组、零缺陷运动、无差错运动、提升运动、自我管理、迷你智囊团、建议小组、安全小组、车间参与运动、生产力委员会、目标管理小组、车间讨论班。①

经常性的、大面积的员工参与（加之第二次世界大战后各种民主化的政治措施），日本企业出现了"蓝领的白领化"的倾向，即蓝领以一种与白领同样的形式归属于公司，其结果是培养了忠诚企业的心理，创造出高素质的劳动力。"日本产业社会的独特性就是蓝领职业与白领职业的接近，通过破除两者之间的壁障，使得蓝领靠近白领，从而培育出了日本战后社会优秀的劳动力。"②

---

① 参见［日］今井正明：《改善——日本企业成功的奥秘》，周亮、战凤梅译，机械工业出版社 2011 年版，第 87 页。

② ［日］佐藤俊树：《不平等的日本——告别"全民中产"社会》，王奕江译，南京大学出版社 2008 年版，第 113 页。

在丰田公司，人们最梦寐以求的奖励是总裁奖，这一奖项在员工中极富盛名。这个奖项给予获奖者的不是奖金，而是由总裁在全员大会上亲自交给获奖者的一支钢笔。获奖者还可以事先要求在笔上印上妻子或女儿的名字，未婚者则可以要求印上自己女朋友的名字。颁发这些奖项时，公司高层都会列席大会，借此表达他们对每一位获奖员工的支持。这一奖项完全是丰田公司高级管理者经过审慎计划而实施的一整套员工参与企业日常经营活动、营造企业一家人意识的项目之一。这些项目对于促进员工积极参与全面质量控制，并从中感受到自己的奉献对公司成功的重要性起到了积极作用。[①]

另外，日本企业中的管理决策方式是集体决策而不是个人决策，这种决策方式是从日本传统的禀议制发展演变来的，其事先协商、集体决策的主要精神保留了下来，一项重大决策总是始于下层，并经过自下而上的各个环节后，各有关方面充分协商，决策不是由个人作出而是由集体作出，对决策责任的功过评价也采取了含糊的态度。主要过程包括：（1）起案。由负责经办的基层单位提出问题和处置意见，写成呈文，向上请示。（2）回议。在呈文的准备过程要征求企业各有关部门的意见，写成后向上请示的过程中，再经过各有关部门的传阅。（3）决裁，承认。领导者的判断与承认过程。（4）记录。写成禀议书，记录这一问题的提出、协议和审查的全过程。

日本学者青木政彦[②]提出了一种日本企业的"社团式管理主义"（corporative managerialist）模式的理论，而且他在日后反复撰文不断阐发他的这一理论。他认为，日本企业的雇员是一个与股东具有同样重要性的代表群（constituency），管理部门在制定决策过程中是作为不同利益之间的调解者。他的看法也得到了其他学者的佐证。"从严格的意义上说，日本企业以非正式的就业保障对它们的内部劳动力市场做了强有力的保证，而从宽松的意义

① 参见［日］今井正明：《改善——日本企业成功的奥秘》，周亮、战凤梅译，机械工业出版社 2011 年版，第 19 页。

② Aoki, M.ed., *The Economic Analysis of the Japanese Firm*, Amsterdam: North-Holland, 1984.

上讲，企业和雇员享有一种社会的共同命运。在日本，经营活动的很大一部分是通过基于长时期的相互作用中的社会结构的人们之间的关系来进行的，而不是通过正式的角色和责任定义来进行的"。①

日本组织都十分强调全体成员对组织的认同感，要与组织共存共荣，所以，日本组织对其成员而言，不仅仅是一个"职能共同体"，更是一个"生活共同体"。从日本企业所提出的"社训"就可以看出此点，例如，日立公司的"和"、松下公司的"和亲"、丰田公司的"温情友爱"等都极力倡导组织内融洽和美的风气。有人将现代日本社会归结为"全人的资本主义"（human-capitalism），因为它将具体国民的全部个人生活消弭在就职的企业、求学的学校、参加的社群组织之中，国民的批判意识和独立性极大削弱了。少数政治极端分子就可能操纵了大众的思想意识。有学者质疑道："它真的对人有利吗？在现实的劳动合同中，一名工人出售他的劳动，他并不出售他的心灵……雇员导向的日本企业要求日本人将他们的全部生命，从入职到退休，都花在企业上，以应对激烈的竞争。首先是进入这家企业，然后是在这家企业升迁，为此，雇员不得不牺牲他们的自由和个性、人的情感和创造力，文化追求，在家庭或社区扮演的有价值的角色……精神的贫困换来了物质的繁荣。"②

（2）政企合作

合作不仅表现在企业内的劳资合作，尤其体现在企业与政府的高度合作上。合作资本主义的另一个表现就是政、官、财的"三位一体"式高度合作。与走在前面的其他国家的资产阶级相比，日本资产阶级显得"先天不足"。明治政府是由封建政权直接转变而来，最初只是倒幕运动的旗帜，随后开展的"近代化"成为自上而下的改良，而非来自下层、已经发达的市民运动合

---

① ［美］迈克尔·L. 格拉克：《联盟资本主义——日本企业的社会组织》，林德山译，重庆出版社 2003 年版，第 269 页。

② Nakajima Shuzo, *Kabushiki no mochiai to kigyoho*, Tokyo: Shoji Homu Kenkyukai, 1990, p.265.

力推动的结果。事实上，正是因为当时的日本实业家、商人在政治上的无力，明治政府才不得不在经济、社会、文化等领域扮演多种角色。在进入资本主义门槛之时，日本采取了国家资本主义的方式。

日本企业与政府的合作关系大多数时候是通过中间社会组织来完成的，各种贸易和工业协会、商业联合会、专门的委员会以及无数的能够让政客、官员和商人见面交谈的正式或非正式的活动，这样的中间社会组织和它们所展开的活动在全国和地方等各个层面进行。此外，还有退休后的政府官员到大型私企或下属公营公司担任董事，这些都可以保证企业与政府部门保持良好的沟通。

有关政企合作的"佳话"，人们最经常提及的就是日本政府推出的指导性经济发展计划。第二次世界大战后日本政府所推出的基本国策是：第一，重建战后经济；第二，将经济发展优先于社会福利。日本政府频繁使用"行政指导"（administrative guidance）这一手段，这并非是政府一意孤行或强加自己的意愿，而是基于政府官员和工业界领袖的反复会谈和磋商，政府采取的是劝说，而非法律限制或行政裁断来推行协商结果，从而较易得到全体工业界人士的认可和接受。考察日本经济计划的历史可以发现，由政府发布的经济计划既不是连贯的，也不是静止不变的，相反，总是时时导入必要的修正和调整，以便真实反映那个时期国民经济的实际需要。日本政府十分注意引导各个企业参与经济计划的执行，经济计划中包含了很多让利于民的具体措施。例如，20 世纪 80 年代的重点就是提升中小企业（Small and Medium Enterprises，SMEs）的盈利水平和推进企业向海外市场的扩张以迎合国际市场的分工体系。政府的行政指导或者说经济计划采取了现实主义的目标，重点就是促成经济发展，工业生产、资本投资和政府政策都向经济发展倾斜，当然，这也导致了一些学者所严厉批评的后果，即对社会福利的忽视。但自 20 世纪 90 年代以后，日本经济计划开始转向提倡节俭发展和社会福利的平衡。

日本推行指导性计划始于 1956 年。该计划是政府同各社会集团及其代表人物反复磋商、协议而最后确立下来的"共同纲领"，照顾到了各方面的利益，具有很强的协调性。在反复磋商过程中起主导作用的是各级经济专家，特别是官方经济专家集团，政府行政官员和政党首领都能充分听取专家意见作出决策，因此，这样的计划具有连续性和相对稳定性，同时也由于排除了某个政党、单个企业集团的褊狭利益，保证了公正、客观。这样，在政策的实施上也做到了相互衔接和连贯性，排除了政党波动因素的影响。

日本经济计划是兼采现代西方资本主义国家的预测型、政策型和调整型经济计划之长的混合产物。① 日本经济计划基于对未来或近期社会发展重点以及亟待解决问题之全面分析，在此基础上，对某些领域进行政策性倾斜，如加大投资力度、放宽各项优惠政策等。对于制订出的经济计划，政府不是靠行政权力强制推行，而主要通过各项财务、税收、投资等经济杠杆，加以扶持。例如为了配合"国民收入倍增计划"对扩大出口贸易的有关规定，实施"输出特别折旧制度"，对出口部门的设备给予加速折旧的优惠，这一制度有力地推动了计划期内出口贸易的增长。再比如 20 世纪 60 年代，世界上许多国家都进入经济增长时期。当时的池田政府抓住这一时机，制定、推行了贸易、外汇自由化政策，使日本经济顺利过渡到开放体制。

在日本金融界，政府长期采用"护送船团方式"的企业保护政策，这源于第二次世界大战后为了尽早恢复经济，日本政府压低了贷款利率，从 1947 年开始设定了银行利率的上限，并对金融企业业务进行直接规制。于是，第二次世界大战后很长时期内，金融企业表现出了异常的安定性，形成

---

① 所谓预测型机能（如英美），是指在进行大量科学调查、统计、分析基础上提出的科学论证，对企业的结构、对国际经济局势、对日本社会发展等可以提供权威性的经济预测；所谓调整型机能（如法国），是力图兼顾大中小企业、行政与私营企业、经济与社会发展等方面利益，促进各项政策的协调；而政策型机能（如德国）主要体现在政府通过投资、税收、财政等经济杠杆，作出指导。

了日本的金融神话。但 20 世纪 90 年代以来，经济持续低迷，金融神话破灭了。1997 年 4 月 25 日，日产生命保险公司宣告破产，这是第二次世界大战后日本第一家破产的人寿保险公司，但这只是开始。1997 年 11 月 17 日，北海道拓殖银行破产，它开创了日本都市银行破产的先例，更糟糕的是，有百年历史的山一证券也紧随其后。

英国学者克拉克提出："企业本身在结果上就具有一定的政治组织功能，因为在企业内人们要紧密地服从他的上司和共同的目的以使企业可以在一个民主体制下正常运转。企业在狭义上也具有政治意义，企业经常要参与到国内事务之中。企业所做的行动，它们决定开设或关闭某些工厂，企业在商业上取得的成功或遭遇的失败，等等，都是政府不能忽视的后果，政府也必须努力去改变或提升企业行动的水平。从另一方面说，企业不可能保持对政府行为完全中立的立场，而是经常试图影响政治行为。"[1] 正是基于对企业与政府的不可分离关系的承认，克拉克并不认为日本企业在与政府的关系上有什么应被指责的地方，他多次撰文指出，以为日本工业和政府存在高度关联和相互作用，以至于认为全部的日本工业都在政府的控制之下，将整个日本就看作一个巨大的"日本有限公司"，是严重的误读。实际情况是：日本政府和日本企业都是各自独立的体系，有时政府也会制定出有悖企业利益的决策，有时企业也会采取与政府指令不一致的行动，二者之间经常发生各种对抗、冲突，但因有各种十分发达的中介结构和沟通平台，二者的对抗和冲突从来都没有发展到撕破脸皮或势不两立的程度。与西方相比，日本政府有两个方面的不同：一个是日本政府拥有大量的信息，因为日本政府是各种具体数据的坚持不懈的搜集者，政府的各个省厅会为企业和工业界提供信息服务或政策建议，由此建立起了对企业和工业界的行政指导传统。另一个就是日本政府在贯彻其意志给工业界时总是会遇到各种阻力。"与西欧不同，日本

---

①   Rodney Clark, *The Japanese Company*, Yale University Press, 1979, p.1.

政府的开支占国民总产值的比例非常低，而且日本政府拥有的企业也非常少，所以，日本政府无法拥有英国或法国政府那样的经济力量来要求企业服从政府的指令。"① 例如，日本通商产业省花费了十余年时间试图组建一个大型的日本计算机企业以与美国 IBM 抗衡，当时的日本有很多企业都在生产计算机，但它们之间不仅相互竞争，而且每个企业的规模从世界眼光看都不算大。然而，这个组建新企业的努力花费了很长时间，至今也没有取得令人满意的结果。

日本企业与政府之所以能够结成比较密切的关系，其中一个原因在于日本企业的近代产生直接得益于政府强有力的支持，而且日本企业早期发展正处于日本近代国家兴起和建设的过程中，因此，企业也担当起了民族复兴、国力振兴的重要角色，在某种程度上企业不被看作是利润制造者，而是"国是"的诠释者。"巨额补贴、各种形式的政府贷款、官方扶持、研发机构（research and development，R&D）等，都源源不断地提供给各个工业组织。这一来自政府的有力支持在 20 世纪五六十年代尤其显著。商业组织、中央政府和执政的自民党政客所结成的关系是如此紧密，以至于有人戏称它们组成了巨大的'日本有限公司'。"② 在一般经济学和管理学理论中（显然，它们都是以西方的经验和现实为依据的），企业经营的目的就是追求利润，但日本的许多企业经营者却早在创建现代企业之初，就将经营企业视为实现国家经济富强的"国事"来考虑。为了实现工业化的目标，日本官民一致，明治政府把私人企业当作联合民间资本、对抗外商的重要手段。企业与政府合作的一个不良后果就是大量存在官商勾结的情况，这也直接导致公众利益可能被忽视的结果，在企业内部就是由于受到政府的过重保护，资本的优势压倒了劳动者的要求，因此，日本企业在工业民主方面大多表现不佳。脱离国家

---

① Rodney Clark, *The Japanese Company*, Yale University Press, 1979, p.8.

② Gordon C. K. Cheung, *The Political Economy of Japan: An Analysis of Kokutai and Keizai-kai*, Singapore: Eastern University Press, 2003, p.10.

的立场，作为真正独立自由的个人、相互间围绕利害关系建立起市民社会，在市民社会的基础上形成相互平等交换和公平交易的市场，这是西欧近代资本主义发展的历程。由于日本省略了这一阶段，没有首先建立市民社会，而直接、匆忙地追求工业化，企业的管理运作原理上也没有将经济自由、工业民主纳入议事日程。

关于日本经济的属性，许多学者将之归结为"政府主导型"。与其他西方国家不同，国家权力的影响在日本经济运行方面是非常深入的，这得益于官民一致的经济发展宏观计划。后起发展中国家，特别是亚洲各国，在现代化过程中，大多采取了国家主导型的计划经济模式，其中有许多经验和教训，在这方面日本是付出较小代价而获得较大成功的范例。政府行政人员高效、尽职的工作精神以及独立于政党的公务员体制，恐怕也是一个重要因素。此外，高度重视各领域专家、各企业经营者的意见，广泛征求社会各界的反馈，也能减少宏观计划的盲目性。在政策执行上的连续性、一贯性也保证了宏观计划始终如一的贯彻。

（3）日本式资本主义的挑战

日本政企间的高度合作，被称为是"政府加市场"的模式，也常常被指责为"有限的市场经济"、"被政府治理的市场经济"、"被国家指导的市场经济"，甚至也有人称之为"被管制的市场经济"。

企业与政府相互补充、完善，这是日本第二次世界大战后迅速崛起的一个重要经验。在日本企业集团与政府部门、企业上层经营者与官员、政客的勾结（即政、官、财的勾结，又被称为"铁三角"）是非常普遍的政企关系。政、官、财的勾结有很多形式，主要表现为：第一，企业向对政府、内阁的政策立案产生影响的各省厅的审议会、调查会派出代表，或派出曾任高官的企业顾问，使政策立案倾斜大企业，满足大企业的要求。在美国，企业通过驻在华盛顿的代表机构，借助被公认、制度化了的院外活动，主要向议会游说以制订或修改某一经济、企业立法。但日本的企业，平时就与经济部门的官员们保持密切接触，直接对官僚们制定政策或实施行政监管的过程产生影响。第二，通过国家预算的分配和财政的运用，获得针对大企业的优先补助金和低息贷款，或得到公共事业的工程。此外，在租税上，实施有利于大企业的减税方案。第三，高级官僚退休后到相关企业再就业，利用这些人的余热和势力，大企业又可以获得来自政府部门的更多便利。因此，企业给政府官员回扣、官员渎职行为等时有发生，其根源就在此。虽然第二次世界大战后日本实行了民主制，20 岁以上的公民每人一票参与选举，但"政治献金"的存在严重侵害了公民权益。与美国不同，日本的政治献金不是个人性的，而是由企业或企业协会等法人形式做出的。企业本无选举权，却通过献金获得政治参与权，从而干预政府决策，谋取巨额经济利益。官、政、财的结合是日本社会腐败的温床和主要的权力腐败形式。

从微观的企业管理上看，进入 20 世纪 90 年代后，七八十年代间过热的经济出现了逆转，陷入衰败之中。日本人称之为"泡沫崩坏"①。1990 年 1 月，东京债券交易所的股价大暴跌，危机由此拉开序幕。这一次危机历时之长、波及面之广，是历史上前所未有的，因其发生在平成年间，又被称为"平成不景气"。持续十余年的经济低迷甚至负增长，也迫使人们开始重新反思日本至今为止的经济政策、经营管理、企业伦理等全局性、深层次的问题。在迄今为止的多次不景气中，都有人提出日本式管理出现了危机，即将崩溃，但人们对此类忠告都没有给予太多注意，日本式管理也没有进行任何实质性更新。而 20 世纪 90 年代以来的情形就大大不同了，在学术界乃至在实业界，争论达到了白热化，既有主张保持日本式管理的，也有主张彻底改变日本式管理才能渡过世界性大调整这一难关的。财、政、学各界不同的努力终于使日本经济在 2006 年后开始有所复苏。但围绕是否保留日本式管理的争议仍

---

① "泡沫"是水泡（bubble）的意思。指的是这样一种现象，即土地和股票价长期持续地急剧上升，导致土地资产额和股票资产额的膨胀远远大于固定资产（机械和建筑物）等实物资产价值的增长。

然没有平息，赞成和反对的声音几乎不相上下。得益于开放和自由的市场经济体系、健全且独立的司法制度，不同企业家都可以按照各自的经营思路和对市场的判断自行其是，不再会出现"一着棋错，全盘皆输"的局面，日本经济乃至日本社会在"自发秩序"中获得了艰难却令人肃然起敬的发展。

日本庆应大学教授岛田晴雄提出了"人件的经济学"。所谓"人件"是相对硬件、软件而言的。他认为，20 世纪 60 至 70 年代为硬件（hard ware）的时代，80 年代为软件（soft ware）的时代，90 年代进入"人件"（human ware）时代。硬件时代强调的是提高产品质量和降低成本，即生产出质优价廉的产品；软件时代看重的是智慧、创意、战略和服务；人件的时代注重的是人与人的和谐相处、相互关心，是心的时代。他还说，"人件"有三个方面：一是管理（management）、一是营销（marketing），即与客户的关系、一是研究开发中的目标（target）。

日本企业一向以追求市场占有率为目标，然而，扩大市场份额的竞争导致薄利多销、损益点上升的结果，且也无法适应、维系长时期的不景气的局面。更重要的，这样的经营几乎与国际化、信息化时代完全不符。确立起自主的个性，实现高收益的经营，才是日本企业今后的重大课题。此外，随着技术革新和全球化的深入，日本产业结构开始从过去的重厚超大型产业转向轻薄短小型产业。在人事管理上，发生了从劳动力的"量"向"质"的转变，企业内的职业转换，带来了过剩人手，特别是中老年员工过剩问题变得突出；在工作现场强调少数精锐主义，即只安排少数技术骨干和多面手担当工作，降低人件费，减少程序环节，提高效率，这就要求企业必须不断地向员工输入新知识和开展新式教育。

占部都美教授在《思考日本式管理》中认为，应当从经营学的立场考察日本式管理的理论课题。在日本式管理中，因为是以终身雇佣为前提，从长期的眼光评价各人的贡献，以在激励和贡献间取得长期的均衡为特征。具有这样特征的日本式管理不可避免地产生了下述问题：第一，企业的成长期过长。为了确保激励和贡献的长期平衡，日本式经营常常采用长期化的成长体系，因为随着企业的成长，工资和晋升的费用就会增加，企业延长成长期，就可以缓解工资和晋升成本的过快增长。日本企业过多借贷的现象也从另一方面充分地说明了企业成长期过长的现象。过长的成长期最大的危险是，容易引起管理破产等事件。第二，组织松散。所谓"组织松散"，指的是这样的情况：为了保证各人的贡献，需要给予过多的激励。由于激励与贡献的关系不是直接的，而是间接的，就易于导致弛缓。

日本式管理还面临着另一个重要问题是，如何创造出富有特色的企业管理？尽管一般地说，日本企业管理有别于欧美，形成了自己的独到之处，但是，日本企业之间的管理特色却非常模糊。在分工日益明晰化的现代社会，日本企业内的多功能化、责任共担的用工制度常常会导致严重问题。众所周知，日本人有一种避免把决定组织意见的责任或功劳归于特定个人的倾向。这样做，从积极方面说，有利于培养员工间的连带感、一体感，造成集团主义的行为方式，但其消极影响同样令人担忧。由于模糊了具体个人的责任，就阻碍了个人的风险意识的生成，为了不给大家添麻烦，人人变得谨小慎微，独树一帜、特立创新、别出心裁等行为都会受到抑制，求稳、随众、保守的倾向日益突出。

如何划定企业垂直系统的权限？这也是日本式经营不得不面对的一个棘手问题。企业垂直系统的权限可以分成对内的和对外的两类：对内的功能是确认预算、决算、人事以及各种经费的支出；对外的功能则为代表企业作出决定（如签约），包括经营性决策（如负担的风险、核算基准等）。在对具体工作承担责任的工作人员与社长之间，大多存在五到六个级位，上层决策人员对全局并非十分了解，有时即便有所了解也不能越过这些重重人事位序。这给外来办事的人增添了麻烦，也直接影响了公司的效率。此外，分层太多，呈现出纵式组织，阻碍了横向交流和员工自由的、主体性的劳动。一些公司进行了改革。例如，本田采用了节（竹节的"节"）型组织，除任一个人担任协调员之外，原来的、基层中的上下关系全部变成横向连接，去掉了中间管理层。丰田公司也对组织的人事结构做了改革，废除了课长、系长制。

在管理学上有一个"帕金森定理"：无论任何组织，每个人都认为自己一方所做的工作是最重要的，如果不做，就会产生很大的问题。这样，组织中的每一个部门都极力争取自身的利益和结构的扩大。组织扩大了，组织的管理难度也加大了。但是，达到一定规模之后，组织管理已经不能沿袭小组织的经验和惯例，而必须要有制度创新，激发组织内部活力，使各组织间建立起既独立又能配合的互动关系，大组织的功能才能有效地发挥。虽然，不管景气与否，日本企业仍然能做到完美无缺的产品设计、无懈可击的工作程序，达到艺术境界的质量管理等，但这些方面在日益国际化、信息化的时代似乎有些"文不对题"，日本企业仍在苦苦奋斗着。

大内在《Z 理论》一书中充分肯定了日本式经营对日本企业成功的重要作用，但在探讨日本式经营是否可以向世界移植的问题时，他指出，对于同样注重在企业内部建立同质文化的亚洲各国来说，移植日本式经营的可能性很高，但是，对于以异质文化为基础的欧美企业而言，移植将非常困难。可见，日本式资本主义缺少足够的普适性。

第六章

责任与"谢罪"

─────── **夕鹤的故事** ───────

这个故事在日本家喻户晓,至今它已被改编为落语,甚至歌舞剧,而不断被讲述。

故事的情节是:很久以前,有一对老夫妇住在某地。在某个下雪的冬天,老爷爷出门在路上发现一只中了陷阱的白鹤。看它可怜,老爷爷就解开白鹤身上的夹子,放它逃走。一个暴风雪的夜晚,一个美若天仙的女孩来到了老夫妇的家。女孩说因为爹娘过世了,她来寻找素未谋面的亲戚却因雪迷了路,希望能让她借宿一晚,夫妇俩很高兴让她到家里住。结果,雪连着下了很多天,女孩就在老夫妇的家里住了下来。在那期间,女孩很细心地照料这对老夫妇,让他们都非常高兴。某一天女孩说,与其要去找素未谋面的亲戚,不如让我来当你们的女儿吧!老夫妇爽快答应了。

某日女孩拜托老爷爷买线说要织布,并且告诉老夫妇"我在织布时请绝对不可偷看"。她待在房间,三天三夜不眠不休,终于织完一匹布。老夫妇拿着这批布到镇上去卖,因布非常美丽,卖了很高的价钱。老爷爷就再买新的线,女孩再织出第二匹布,所织的布更加漂亮,也卖了更高的价钱,因此老夫妇生活开始变得富有了。

可是，当女孩为了织出第三匹布再次待在房间里时，原本遵守约定的老夫妇就开始想女孩是如何织出如此美丽的布呢？老奶奶终于忍不住好奇心就打开房门向里看。她看到的居然是一只白鹤！白鹤拔了自己身上的羽毛和线一起来织，大部分的羽毛都被它拔出来，看到白鹤的身姿是如此的可怜，夫妇俩吓了一跳。白鹤闻声变回女孩，她向老爷爷坦白说她就是被他帮助逃离陷阱的白鹤，她希望能成为老夫妇的女儿，但既然被看到了她的真面目她就要离开了。之后她就变回白鹤，并向老夫妇道别飞向了远方。

"民告官"的胜利

卡西欧（Casio）是日本最大的计算器生产商。1972 年，当它还不是影响显赫的大企业时，卡西欧就做了一个惊人之举，它挑战了日本通商产业省所制定的限制电子工业向欧洲出口的计划。卡西欧不想放弃欧洲市场，于是，向准司法机构——公平贸易委员会（the Fair Trade Commission）提交了诉求，后被裁定通产省的计划涉嫌不公平交易，卡西欧可以将产品继续出口欧洲。当然，卡西欧这样的公开抵抗政府部门的做法在日本还是非常少见的，因为日本企业通常会采取阳奉阴违或巧妙规避的方式来摆脱对它们不利的政府"指导"，但事实上卡西欧也没有因它公开声明自身利益而遭到来自政府的报复。

接触过日本人的人，都会对他们的礼貌留下深刻印象。使用敬语、敬体是他们的日常语言习惯，鞠躬、致谢是他们的惯常的身体动作，这样的惯常动作如此根深蒂固，日本人即便在接听电话时都会不由自主地对看不见的电话另一头的人鞠躬。"对不起"、"我错了"、"冒犯您啦！"等表达谢罪意识的用语也被他们频繁挂在嘴上。曾经有留美的日本学生发现一个重要的文化冲突：美国人在出现擦碰、纠纷时，例如汽车在路上剐蹭，都会马上停下车各自分别给保险公司或律师打电话，但绝对不会向对方说"对不起"，因为在没有确认是谁的责任之前，说"对不起"就是将责任揽到了自己一边；而日本人则首先是一连串的"对不起"和90度标准鞠躬致歉，有了好的态度和给人的好印象，日后的纠纷解决才容易进行。但令中国人十分困惑的是，日本人有这么强的谢罪意识，为什么对战争责任却如此麻木呢？日本人的责任观念到底意指什么？要回答这些问题，就不得不说到日本人的历史观，对历史的态度直接影响了日本人对人的定位和责任的判断。我们将在下文详细分析日本人的历史观以及由此而被限定了的责任观。

一、日本人的历史观

在讲述日本人的历史观之前，必须说明两点：其一是任何民族的历史观本身并非凝固不变，而是随社会发展有所改变的，但由于民族思维方式的相对持续的传承，特定民族的历史观又包含了彼此共享的观念。因此，现代日本人的历史观不同于古代日本人的历史观，在本书中，我们主要谈论日本人的传统历史观以及传统历史观在今日的延续，分析日本人历史观中相对稳定的内容。其二是历史观不同于历史学。前者是民众日常生活中对时间、曾经发生的事件以及自身与此关联性的认识和体验，是一种观念构造物；而历史学则主要是学者、研究人员基于严格的学术范式而进行的系统研究，前者更具有经验性、动态性和主观性，当然，也可能同时包含了矛盾、相互不一致、并不十分合乎逻辑等方面的观点、态度和看法。

1. 何谓"历史"

一本广为引用的日语辞书《广辞苑》是这么解释"历史"的：(1) 在人

类社会的过去变迁、兴亡的状态，以及对此的记录。（2）事情到了现在的来历。① 严格来说，这是现代日本人对"历史"概念的理解，并不完全等同于他们的先人。它突出强调了"历史"的两个含义：其一是过去的事实，其一是过去与今天的关联性。可见，日本人并非一概地抹杀历史，完全无视历史继承性，相反，他们十分看重历史中的昨天与今天的高度内在统一。问题在于他们所理解的联系起昨天与今天的实质内核是什么，这一点必须作出剖析。

在日语中，"历史"就写作汉字"歷史"二字，作为专有名词，它来自中国大陆。公元 8 世纪初出现的《古事记》（712）和《日本书纪》（720）被认为是日本最早的历史书。它们都受到了中国史书的影响，但讲述的内容分别是日本古代的神话传统和日本皇室的形成。② 与中国史书明显不同的是，上述二书都明确提出了"日本国"的概念，并将皇室、神道体系与日本国的源起、合法性等问题紧密联系在一起。由于国体主义意识的弥漫，日本人的历史观中多了整体的、现实的民族意识，少了对超越的、终极性的人类普遍价值的关注。这一点深刻地影响到日后日本人的历史叙述。

在平安时代（794—1185），有关"历史"的探询和知识学习是放在"文章道"的谱系之中的，德川时代（1603—1867），则放在"国汉学"之中，明治时代（1868—1911）引入西学，延聘欧美教习，才有了现代史学，在史学内部大致分成了"国史"、"东洋史"和"西洋史"三大块。而今，日本人讲到自己的成文日本史则大体分成了古代（1—11 世纪）、中世（12—16 世纪）、近世（17—19 世纪）和近现代（19—21 世纪）四大部分。

---

① ［日］新村出：《广辞苑》，岩波书店 1998 年版，第 2832 页。

② 也有学者认为上述二书无非是确认了日本皇室的正统性。"日本皇室的神圣血统和绝对权力在《古事记》中以神话的形式加以强调，在《日本书纪》中则以历史的形式加以强调。"（森岛通夫：《日本为什么"成功"——西方的技术和日本的民族精神》，胡国成译，四川人民出版社 1986 年版，第 50 页）

对历史的兴趣，培养了日本人的"国体观"和早期的民族主义意识，这也是日本不同于其他深受中华文化影响国家之处。正是在模仿、学习中国历史的过程中，日本人深刻意识到自身的特性，形成了与中国的"他者"不同的自我意识，一个明显实例就是日本古代即产生了为数不少以"日本"为书名的史书，如《日本书纪》、《续日本纪》、《日本后纪》、《续日本后纪》、《日本三代实录》、《日本纪略》、《扶桑略记》等。

对历史的感悟与时间意识直接相关。人的生命是在时间中展开的，人所创造的文明也是以时间的形式表现出来的。时间意识包含了一个民族的集体记忆，其中也传达了对历史事件和历史轨迹的习惯性反应。如果将日本人与中国人、美国人加以对比，就可以清楚看出这三个国家的人群在时间观上的显著差异。美国人最少历史包袱，作为一个新兴的移民国家，美国是践行进化论和实用主义的天堂，绝大多数美国人持有进步的、一元式的历史态度，即相信人类正在从低级向高级、从简单向复杂不断发展着，历史是无限向前推进的。可以说，美国人的时间观是朝向未来的一元式的体系。中国人的传统历史观是循环论式的，即认为任何朝代，就像万物生长一样，都会经过一段时间的萌芽、发展，然后走向衰落、衰亡，于是，"圣人出，大道行"，世事一变，又重新开始新的萌芽、发展、衰落的过程，周而复始，无一例外。虽然近代西方文化的影响和民族主义的兴起，使中国人部分接受了马克思主义和达尔文主义的学说，但对过去的尊重以及强调过去与现在的关联，相信"历史有惊人的相似"等观念并没有完全改变，在时间观上重视过去的惯常传统和向历史寻求智慧的复古、托古式思维体系并没有退出现代中国人的视线。与此相对，日本人的历史观是立足于现时的、此时此刻的，表现出强烈的现在意向，是围绕现在、当下而进行思考的，所以，人们常常观察到日本人倾向于采取随机应变式的行动方式，他们不会为过去的历史或未来的愿景而焦虑或被束缚住。正如一位日本学者所指出的，"日本人类型的文化性时间观念，过去并非只是永远一去不复返，而是连续不断地存在于现实之中……对于未来，日本人通常也认为未来并非现在人们的智慧所莫及，而是处于现在的延长线上，属于现在人们能够支配的领域。"①过去和未来都被统一、定格在现在、当下之中。

这种"现在进行时"式的时间意识，将过去与未来合并到今天或当下来考虑，既加深了现在的紧张感，同时也过滤掉了过去的部分记忆，"过去"就不再是完整的、原本事实的全部，而是被今人所选取的、与现在高度关联的那部分记忆。这种选择性记忆构成了日本人的历史观的核心。因此，从这一意义上可以说，日本人有重视"持续"的倾向。就这一点来说，它的形成大概是受到了神道的影响。但"持续"不是为了形成普遍的规范，而是以仍然起作用的习俗为基本的取向，把"持续"本身当作善，大到日本这样的国家共同体，小到家业、朋友关系等，"持续"下去都被视为是值得追求的。结果就容易形成对"持续"象征的形式的重视，例如日本国持续的象征是天皇，家业持续的象征是家号等。所以，就不难理解为什么很多日本人对天皇家族、天皇制抱有好感，日本的企业人会认为企业的存续比自己个人更重要。屡见不鲜的事例是：一些企业高层主管会在企业破产前夜自杀，那些因采取不正当手段增益企业的企图败露，由此可能破坏企业声誉，核心当事人也会自杀，这些人都是为"企业"这一可持续实体而献身的。

深入分析就不难发现，支撑中国人历史循环论的思想基础是善恶二元论，即代表善的力量与恶的化身势均力敌，此消彼长，既无法让善大获全胜，也不能听任恶肆意横行，结果就是善恶相争不断，所谓"道高一尺，魔高一丈"。换句话说，历史循环就是善恶的循环，其实质就是道德史观，即用善恶尺度来看待历史变迁和历史人物的功过。然而，日本人的历史观就比中国人"纯粹"得多，由于历史与现实高度关联，现在就是历史的延续，而现实、现在都奉行场所适应主义，那么，历史就被完全去道德化，处于道德

---

① ［日］林周二：《经营与文化》，杨晓光、李聚会译，三联书店1992年版，第151页。

评价之外。无论是日本人所写的历史小说、所拍的历史影视片，还是普通日本人对历史事件或历史人物的点评，都很少听见或看见道德的痕迹。在日本人的视野中，历史是一个道德中立的世界。中日两国在历史观上就存在无法忽视的显著差别：对中国人来说，"历史"是今人的评价和解读的对象，因为"历史"周而复始，要由今人来裁决所谈论的"历史"处于何种阶段，在道德上的性质如何；对日本人来说，"历史"是今人的生活和存在状态，因为"历史"就是实存本身，是一种因果关系中、不得不接受的结果而已。

对于日本人历史观的特点，许多日本学者作出了非常透彻的分析，这些内容大多可以归入"日本人论"这一总的话题之下。学者们分别从各自的领域谈及此话题，这些领域包含了哲学、历史学、社会学、心理学、人类学和文化学等。限于篇幅，我们就不再赘述。

2. "日本历史"的出现

公元四五世纪，佛教、儒学大规模地由中国大陆经朝鲜半岛先后传入日本。佛教强调慈悲、儒学强调和惠，佛儒分别指出了上对下的慈、仁；下对上的无怨、忠恕，它们与日本本土的神道相结合，使得天皇信仰获得了理性依据。日本历代天皇都十分重视建立神话皇权意识形态，其中一项努力就是编撰历史，古代时期的主要成果为《古事记》和《日本书纪》，这两本书都贯穿了一个核心，即肯定皇祖神嫡系的神武天皇及其后裔对日本统治的正当性和权威性。

德川家康统一日本，建立了德川幕府（开启了德川时代），将日本领入封建时代的鼎盛阶段。为了摆脱皇室的干扰，他将幕府首脑地迁往江户（即今日的东京），同时宣布了"锁国令"，除了获得官府"朱印"的船只及人员，其他人和船只一概不许进出日本海外。相对封闭的国内政治环境，加之持续两百余年的社会安定，近代意义的工商业活动和轻歌曼舞式的各种城市休闲文化得以发展，如今被视为日本传统文化形式的许多方面其实都是在这一时期最终成型的，例如，歌舞伎、浮世绘、净琉璃、俳谐、剑道、花道等。

为了稳定社会和政治，德川幕府大兴文教，第 5 代将军德川纲吉在江户汤岛建立圣堂以祭礼孔子，并以此为学问所，推崇强调别君臣父子之上下的朱子学。① 这一时期也成为儒学全面渗透日本社会方方面面的时期，儒学的影响开始压过佛教，成为显学。

中国儒学是具有高度包容性和开放性的学说，在它的名义下可以兼容各种不同、有差异的观点，正如孔子曾言"和而不同"，而且儒学十分强调实践精神，如宋明心学所主张的"知行合一"等。日本人吸收儒学时就采取了比较主动的方式，他们不仅有选择地取舍了儒学的不同内容，而且嫁接、创生出了许多新异的思想和学说，"日本历史"的提出就是一例。水户藩主德川光圈召集门客编写《大日本史》，儒学者新井白石②（1657—1725）也撰写了《古史通》、《古史通或问》、《读史余论》、《藩翰谱》以及今已失传的《史疑》等史学著作。白石坚持经验主义的实在论立场，力图还原历史真相，通过各种文献对照和考据分析，确认史实。为了体现"理"的精神，他还用"理"来解释历史变迁、沿革的原因、构成，试图找到客观性、绝对性的普遍历史原则。《大日本史》和新井白石的历史学考察都是在特定条件下形成的，即这些史书在承认公武二元对立格局③的前提下，试图回答两个分离的忠诚对象如何统一的问题。依据儒学的道统和正名说，开始提出了"大义名分"的观点，

---

① 尽管朱子学成为官方正统，但因日本没有持续推行科举制，朱子学虽然获得幕府青睐，但朱子学之外的阳明学、古学以及后来的国学等都得到了发展，在民间形成了非常大的影响。这些不同的学派及相互交锋所产生的思想碰撞带来了具有近代启蒙意义的新观念，这也为日后的倒幕、勤王运动提供了思想武器。

② 新井白石还以"格物致知"的探索精神，受命审问偷渡到日本的意大利人，并写就了《西洋纪闻》一书，可以说是日本最早的关于西洋的奇闻趣事等方面内容的书籍。

③ 所谓公武二元对立，是指以皇室为代表的公家和以将军为主的幕府代表的武家的对立。在当时，公家处于大权旁落、偏居一隅的地位，而武家——幕府则大权在握，"挟天子以令诸侯"。

为皇室的正统性提出辩护。以皇室为象征的日本国一体性再次得到重申。

"日本历史"的出现，首先不是作为学问上的成就，而是日本人的民族意识觉醒的标志，因此，"日本历史"的确立一方面是为了摆脱汉文化中心和华夏历史中心的外来观念，从而确立日本自身独特的存在；另一方面则遵循了中国传统史学的"为伟者讳"、"为尊者立传"的观念，日本历史同时被看作是日本国体正当性的证明手段。大义名分观点的提出，表明"日本历史"的正统应在朝廷、皇室，而非武家、幕府。"日本历史"概念的提出在当时极具革命性，暗含了对幕府非正统地位的指责，这为日后的倒幕运动提供了思想指导，也为明治时期的"王政复古"、"大政奉还"提供了理论依据。

"日本历史"实质上只是"日本人的历史"，主要以日本人的视角讲述日本国土的由来、日本政权的合法性以及日本国民与国体的连带性，"日本历史"绝少向读者讲述日本人之外的世界意识，缺少对人类共同问题、永恒价值的追问。这一点即便到了明治时期提出"文明开化"的口号后也未得到明显改观，"日本历史"被直接转化成日本的皇权史。第二次世界大战后，美国为首的占领军进驻日本，全面改革学校教育和课程设置，日本历史、日本地理和修身三门课统统被撤销。现在，作为中学课程的"历史"涵盖了诸国内容，将日本置于世界立场来理解，正在教给年轻一代开放、包容的新历史观。

在传统社会中，日本是缺乏国民个体的自我观和主体意识的，因此，日本的历史观主角只有英雄或天皇，很少活生生的平民形象。有不少日本学者注意到了这一问题。有人提出，日本社会缺乏自我观源于日本社会中的每个个体自我意识不足，因此，今天的日本社会，尤其是教育界仍应以培养有自我意识的个体作为努力推进的事业。樋口清之在《柔软的日本人》一书中揭示了日本人缺乏主体意识的诸多表现，包括：没有理念、缺乏意识形态、作为成人的主体性不足、没有市民革命的经验、农耕民的性格、国际化意识不足、自我矛盾等，这些都是否定性的关键词，表明了在日本人中确实有避免依据某一恒常标准作出判断或结论的倾向，这意味着作为独立个体的主体意识和自我观念不甚明朗。

第二次世界大战后至今，经过系统、长期的民主化改造，日本社会结构和价值观念都发生了根本的变化，传统历史观也得到了修正，"日本历史"正在走向开放。虽然仍然有不少的保守势力对"日本历史"念念不忘，但主张世界中的日本、从世界看待日本的观点占据了主导地位，日本历史不再是日本国体神圣性、日本文化优越性以及日本人独特性的证明。除了极少数右翼分子的喧嚣，"日本历史"不再被看作一个专有名词，民主和人道等世界性普遍价值也已经成为多数日本人的价值认同对象。平等接受其他民族的历史，并尝试从其他民族的历史观中找到借鉴，这一态度正在成为新的且有影响力的主流。

3. 国体：日本历史的载体

"国体"最早出现在汉语文献中，例如，《汉书》有句名言："儒林之官，四海渊原，宜皆明于古今，温故知新，通达国体，故谓之博士。"这是对"内圣外王"思想的较早表达。此时的"国体"只是指一般的国家事务。但日语中的"国体"概念并不完全等同于中国，"国体"的多重含义中，既包括了"国家的形态"和"国家的尊严"，这两个意思在汉语中也有；更主要的是指"与主权或统治权相区别开的国家体制"，意指在道义上、理念上具有正当合理性的日本国家体制。这是日语独有的"国体"含义，这个含义反而成为日本思想的主流，因此，日语的"国体"主要表达的就是这个内容，包含了将日本政治体制绝对化、优先化的企图，因此，它并非一个普遍性名词，也非中立的学术范畴。

在日本思想史中，最早提出"国体"问题的，是近世的会泽正志斋（1782—1863），他是水户学派的代表人物。他认为以古代大和朝廷为理想的天皇制国家体制是日本的"国体"，是独一无二的，具有天然的合理性。会泽正志斋以此学说力图达到一石二鸟的目的：一方面抵御中国文化的渗透；另一方面为失势的皇室仗义明言，所以，他主张"攘夷"以"尊皇"，守住日本"国体"。以后的吉田松阴（1830—1859）则进一步从"尊皇"说推导出"倒幕"论，因为幕府名不正、言不顺，只有将国家权力从武家统治"复古"为天皇政权，这才是合乎"国体"的。

从概念上分析，"国体"有别于国家。现代政治学意义上的国家（state, nation），指拥有排他的、治理特定的领土及其居民的权力组织和统治权的政治社会。构成国家的三要素是领土、国民和主权。显然这是现代西方式的话语，这一词所指称的对象不是发生学意义上的，而只是针对既成事实的确认。用这一现代意义的概念套用到日本传统社会及历史将会产生一些偏差。日本的国家是由祭祀共同体发展而来的，共同体代表了"公"。[1] 早期的日本国家不是靠权力组织实现控制的，而是靠祭祀主持者的权威来完成的。因为国家的最高权力的合法性依据不在统治权本身，而被归结为神话传说中的"血统"，即神人相续的神道假说。只有特定出身或血缘渊源的人，才能问鼎皇位。

日本早期国家形成之初，即公元 4 世纪末，最高统治者被称为"大王"。日本古代最初的统一国家为大和政权，大和政权宣称敬奉天上诸神，其王为天神之子孙。到了公元 7 世纪，随着奴隶制的瓦解，仿效中国建立起"律令国家"，"大王"也逐渐改称为"天皇"，拥有政治统治权和最高祭祀权。天皇的称号意指至高无上，上通天、下联黎民百姓的最高统治者，他的使命是祭祀的司主和世俗政治的领袖。其实，日本的多数天皇并没有非常显赫的政治地位，他没有太多的个人权力，经常是由皇室家族实施管理。

传统上，中国人视皇帝为人，只是他受命于天，替天行道而已。日本人则视天皇本身即为神，他的权威神圣而不可侵犯，即便是世俗的专权者也不

---

① 与此相对，中国的国家是由一宗一氏的"宗族"或"家族"衍变而来，国与家、公与私鲜有区别，常常混为一体。

能废除天皇，只能假借天皇之名来行使大权，这样就形成了"间接统治"的惯例，这样的"间接统治"并非中国式的"垂帘听政"，而是日本人的自家发明，这就为近代明治维新走上文明开化之际在政体上嫁接英国的君主立宪制埋下了伏笔，提供了制度资源的储备。

明治维新后，在文明开化的口号下，日本政府极力保持自身特性，当时的日本政府对日本特性的理解主要体现在"国体"上。"日本在尽量减少近代西欧的价值观与日本的传统价值观的摩擦上颇下功夫，并在此前提下接受了西洋的科学技术和近代化诸制度。所谓在减少摩擦上下功夫，指的是以三大内容（即宪法对天皇地位的规定，教育方面的'教育敕语'的颁布和伴随旧民法的公布而组建的'家族式国家'的社会结构）为支柱的天皇制国家的建立。"①

"国体"是认识日本政治的关键词之一。但我们必须谨防"国体"所包含的狭隘的时代局限性内容。第二次世界大战后，日本虽言称无条件投降，却通过各种途径和方式要求保留其基本国体，即天皇制，名义上的无条件变成实质上的有条件，这个唯一被日本坚持又被战胜国接受的"条件"证明了当时日本政治家的远见和对国家民族的使命感：只要天皇还在，国家即使成了废墟，国家的精神就还在，国土的魂魄就还在，国体就还有再生或复活的希望，各种形式的军国主义、民族主义就仍有死灰复燃的源头。

二、职责与责任观

现代人所理解的"责任"通常包括了两个方面的含义：其一是履行社会

---

① ［日］源了圆：《日本文化与日本人性格的形成》，郭连友、漆江译，北京出版社1992年版，第35页。

角色所提出的相应要求，即职责；其二是作为生活主体所承担的人生任务或使命，即义务。职责主要是社会对其成员的要求，义务侧重的是个体对其自身生活方式和价值观的认同。从形成来看，职责受制于社会经济发展程度和相应的社会制度安排；义务则受到传统文化、习俗和道德观念的深刻影响。具体到日本，现代日本人的职责意识是近代工业化过程中在城市文明和产业关系中逐渐生成的，而义务观念是对传统“恩”观念的延续和改造的结果。

1.“恩”与义务

在日语中，人们通常并不单讲“恩”，而是说“御恩”，之所以给“恩”加上敬体形式，是因为“恩”都是从他人那里得到的，一旦得到了他人的恩，二人间（有时是两个家族间）就结成了终生不变的恩—债关系。施恩的一方被顶礼膜拜，受恩的一方则欠下了恩情债，要永世偿还。

从词源上看，“恩”原指封建时代、主君施予臣下的恩惠。主君与其臣下由此结成施恩—受恩或报恩的契约关系。封建社会后期逐渐规范化，并由武士间的恩情关系扩大到庶民世界之中，直到今天仍然保留在现代日本人的日常交往和生活习惯中，许多民法意义上的社会关系都被打上了“恩”的烙印：职员退休后根据工作年限领取的养老金叫做“恩给”。在学校也如此。毕业仪式举行之前，一定要举行谢恩会，老师被尊为“恩师”。百货公司和商店在年终和财务结算季通常会利用库存举行“谢恩大贱卖”。总之，“知恩必报”是日本人的基本道德心性。①

“恩”的形式有很多种：与国家有关的恩——天皇恩、主仆恩；与家人有

---

① 笔者在日留学期间曾经遇到一位老者，他主动问我是否中国人，在听到我的肯定回答后，他马上说：“中国人是好人。”我问为什么，他说：第二次世界大战结束时，中国将战俘和残留中国的日本人都送返日本，俄罗斯人却让日本人做苦力，还枪杀了很多日本人，至今还占着日本的岛屿，俄罗斯人不好。

关的恩——父母恩、祖先恩；与人际关系的恩——师恩、先辈恩，等等。在日本，多数公司、店铺都会有自己非常稳定的常客，彼此间的关系十分牢固，信用程度高。例如在 20 世纪 70 年代的石油危机时，那些有固定的加油站、几十年如一日与加油站老板的关系非常密切的人，总能得到汽油，因为加油站老板无论再缺油，也会想方设法关照自己交往多年的老主顾。真正缺油的是那些朝三暮四没有固定加油站的人，这种人平时或者图方便，就近上油，或者四处找油价便宜的地方，他们没有跟加油站的人结成密切关系，一旦出现能源危机，他们就首当其冲地被加油站拒之门外。

美国人类学家本尼迪克特在《菊与刀》一书中指出，在日本，恩人就是债权人。某人领受了上司或者他人的好处后便会产生一种不愉快的劣等感。如果哪一个日本人说他受到了某人的恩惠，这就意味着他今后必须对某人承担一种义务，他必须称债权人，即恩惠给予者为"恩人"。夏目漱石的小说《哥儿》中有这样一个细节描写：主人公哥儿与一朋友吵架了，决定今后不再跟他来往了，紧接着，他的第一个反应就是想到要马上还掉曾经欠这位朋友的 5 分钱。彼此不再牵扯，也就"恩断义绝"了。恩人就是债权人，恩情被视为沉重的债务，结下了就将用一生去偿还，因此，普通日本人尽力不麻烦他人，避免欠下他人的"恩"，普通日本人大多表现出自立、不求人的生活态度，一般日本人之间的关系就表现得比较平淡且保持适度的距离。

"恩"的观念在发达的商业社会发扬光大。企业主和经营者在化解劳资冲突的过程中逐渐提出了"企业文化"这样的日本式经营模式，雇主和雇员间既对立又同一的复杂关系被恩—义务关系所取代。在日本，一般的生产性、经营性公司，无论大小，都会有自己的销售网络。因此，大百货商店可能会陈列一些不同商标的同一类商品，但种类有限。而齐全的同一品牌商品往往在专销连锁店。一个顾客要把某一商品的所有品牌都找到，就需跑上许多家店铺。因为生产厂家拒绝与非专销商合作。要一位"丰田"商人同时推崇"大众"或"马自达"汽车，这一点他们感到难以接受。对他们来说，一个销售商只有在忠于他们公司的产品时，才值得与之共事。这强化了某一集团的纵向人际关系，也在一定程度上造成了社会资源的浪费。无数的人在重复同样的劳动，却因缺少横向联合，而造成相互的隔绝。另外，这给消费者带来了极大的不便，消费者充分了解某一商品的不同品牌的权利也受到了侵害。

与恩相关的是"甘え"（溺爱、关爱）。纳入恩情关系的一方施予关照、指引和提携，另一方则回报以服从、忠诚，努力不负厚爱以积极作为、立身扬名等。前者是溺爱的主体（如父母、上司、师长等），后者是溺爱的客体（如孩子、年轻新人、学生、弟妹等）。报恩就意味着受惠者对施恩者尽忠守义。虽然"忠义"的观念渊源于中国传统儒学，但"从一开始，日本国民就或多或少地以他们自己的方式来接受儒教准则，并且对这些准则作出了不同的解释"，结果，忠的意义在中国和日本表现出了不同的内容，"在中国，忠诚意味着对自我良心的真诚。而在日本，虽然它也在同样的意义上被使用，但是它的准确的意义基本上是一种旨在完全献身于自己领主的真诚，这种献身可以达到为自己的领主而牺牲生命的程度。"①

2. 道与技、艺

作为汉语词的"道"，其主要意思是抽象的基本原理或最终的理论依据，与"道"有关的命题，例如"坐而论道"、"道不同不相与谋"，还有常用词：天道、人道、道理、道德等，强调的主要是"道"的绝对性和超验性。但在日语中，"道"被现实化，甚至技术化，日本人所理解的"道"体现在技或术（わざ）、艺或业（すべ）之中，"道"是技、艺的精神，技、艺是"道"的具体化。如日本人推崇的茶道、花道、书道、剑道、空手道等就是明证。

---

① ［日］森岛通夫：《日本为什么"成功"——西方的技术和日本的民族精神》，胡国成译，四川人民出版社 1986 年版，第 5、10 页。

这也间接反映了日本人在思维方式方面的具象化和即物性的特点。日本著名的国文学家大野晋在《日语的年轮》一书中指出，和语中没有与作为抽象概念、意指整体自然本身的"自然"这一概念相当的词汇。这说明，日本人的思维具有"即物"的性格，比中国更具有直观性，而缺乏组织复杂、抽象事物的能力，不太注意对事物的整体把握。在"道"的认识上也是如此。

"道"在"技"、"艺"之中，"技"、"艺"达到精熟化就是"道"，"技"、"艺"之外本无"道"。不仅如此，由于传统的士农工商身份制盛行以及相应的"名分"、"职分"意识的灌输，日本人至今仍然残留传统工匠、手艺人的情结，他们将"技"、"艺"上的追求看作安身立命的根本，作为自身价值的体现。这一点与西欧新教徒响应"天职"感召而营利以证明自身颇有异曲同工之处。德川时代初期的民间佛教人士铃木正三(1579—1655)就提出了"佛法则世法也"的思想。现在的日本政府为了奖励传统工艺，不仅针对传统工艺生产出的产品、生产过程加以保护，而且针对掌握这些工艺和技术的人或传人授予"人间财"称号，拨重金予以奖掖。

重技艺而非道，支撑了日本人的行动主义取向。无论做什么工作，从事何种事业，首先要考虑到失败的可能，在此基础上大胆实践、尝试，这样的人在实践上是有心机的人，同时在终极性上又是将心居于无的安宁之中的人。日本人的行动主义包含了过程中的努力，有时就是竭尽全力去做，一种拼命三郎的精神。这样的行动主义不重视后果，而注重行动者的心机、态度和过程，因此，又常常包含了非理性的内容。以"学习"为例。"学习"在汉字中的原意（"学"或"习"）都是模仿的意思，所以，中国人强调临摹、背诵、照抄等学习环节和技巧。英语中的 study（学习）与 research（研究）同义，指探索、求知的过程，即由已知推导出未知，化未知为已知的过程，因此，英语世界的"学习"实质就是创造性的、独立性的个体研究或钻研。日语的"勉强"十分贴切地表达了日本人在学习上的不懈努力、拼命吞食知识的狠劲。

对"道"以及知识的不同理解，造成了中日两国在现代化初期选择了不同的路径。"在中国，控制权一直紧紧地掌握在信奉官僚主义和从事农业的官员手中，而明治政府的核心则是由以前的武士阶级构成，他们尖锐地意识到了西方国家造成的军事威胁，因而，在日本就存在着一种想要学习和掌握能够给军事力量提供基础的西方自然科学技术的强烈愿望。1880年，第一批大学生从东京大学毕业，他们之中有90%的人是学物理或化学的。从明治时代中期（1895年）起，学技术的学生达到了学生总数的50%。"[①] 中国人对形而上学之道以及坐而论道、清谈式行政理念的推崇，导致中国近代对世事变革缺乏感知力，并且也无法对普通劳动者的职业操守保持足够的敬重。

我们在此以茶道为例，作一简要分析。"茶道"主张在品茶中修养精神，追求交际礼仪的道。据传最早是由荣西（1141—1215）禅师从中国带回茶种在寺院栽培。能阿弥（1397—1471）针对斗茶会场的装饰，第一个设计出与书院茶室（它以中国的茶席为基础，流行于贵族中）相适应的书院装饰，并且确定了台子装饰的式样，从此开始了在书院的点茶。村田珠光（1423—1502）出于打禅时克服瞌睡的目的创立了一种新的草庵式茶，珠光还借用连歌之论来论述茶的精神，即"冷枯"，这是茶道的最初理论总结。武野绍鸥（1502—1555）则将茶道的中心精神规定为"侘"，"侘"的实质内容包括了正直、谨慎、不骄。千利休（1522—1591）在茶室前摆放洗手用的水池，要客人在进入前用水漱口、洗手，去掉尘世的污浊，他所建的一张半席子的茶室目的是将饮茶当作求法修道的手段，以简素静寂为本。今天，日本茶道的精神通常被归结为如下四点：和——调和（形式上的）、和悦（内在感情上的），日本茶室总体的建筑设计、装饰风格都以单纯清净为主。四席半或十平方尺的狭小空间，以粗朴茶碗为饮具，重在闻茶香；敬——摈弃一切杂

---

① ［日］森岛通夫：《日本为什么"成功"——西方的技术和日本的民族精神》，胡国成译，四川人民出版社1986年版，第197页。

念，心无旁骛；清——清洁、清净，追求与自然的和谐。茶室外的庭院配有洗手盆，茶室内一尘不染，被称为"洁净无垢的佛土"；寂——贫寒、单纯、孤绝，强调的是蕴藏于贫寒深处的、难以用语言表达的恬静和愉悦。

日本茶道分为许多流派，因篇幅所限，我们略去不表。而今，日本人讲到茶道，首先映现脑海的是"一期一会"这一精神表达。在茶室饮茶，欣赏茶艺，同行者得以相识并结下终生情谊，每一次这样的相会都是人生的第一次，以此"初心"来相互对待，人与人交往就可去除外在的物质、名利的诱惑，而回复到心与心的交流。从茶室走出，或者参加一次茶道活动，就是让心灵接受洗涤，将茶道精神和心境带入生活和工作中，这就要求人们遇事都持有"一期一会"的心态，谦恭和悦、一丝不苟、严谨周到。然而，必须指出的是，日本在后工业化社会或者说信息时代的遭遇的失利（如 20 世纪 90 年代至 21 世纪最初 10 年间的持续经济不景气），其原因之一就是过于精益求精，精雕细刻式的工艺无法满足人们日益多样化、个性化的需求。在新时代，人们主要追求的不是产品的高质量，而是新异性。日本在这方面就明显不足了。庆幸的是，最近十余年来日本的企业界以及社会各界开始成功转型，通过一系列改革，又重新寻找到在新时代的自身位置。

3. 现代职责意识的内涵

一般而言，现代职责意识的内涵包括了完成工作岗位任务、遵守工作时间、对工作后果承担奖惩性评价、追求工作技能的不断提高等方面，上述内容在所有发达国家的职业道德中也都被强调。日本人在这些方面并不欠缺，甚至做得更好，"在日本人那里，工作不是一种、至少不仅是一种经济行为，而是有一种宗教的情绪和行为在支配着"。世俗意义上的宗教性体现在绝大多数日本人的劳动态度和职业生涯中。比如那些深入美国腹地的日本推销员，有人说他们像朝圣的教徒一样，确实，"日本推销员具有西方传教士、穆斯林朝圣者般的热诚、执着，所不同的是，纯粹宗教行为的传教或朝圣不会产生利润，但像传教或朝圣一样工作却会带来利润。"① 但日本人职责意识中还是有一些独特的内容，那就是对共同体（所就职部门或单位）名誉的维护以及与共同体内同事的友好相处。

在日本，如果一个人做了有悖社会公德、职业道德的事，但没有直接损害所属单位共同体（例如企业、机关、学校等）或共同体内具体员工的利益时，其所在共同体内的人会自动无保留地站在他这一边，为他开脱，而不是深究其不正行为，敦促其改正。因此，日本社会中违反职业道德的、最经常行为就是"隐蔽"，即对违反道德的人加以包庇，模糊行为的性质，减轻乃至取消对过错的惩罚这样的行为方式。例如，2000 年初三菱重工发生了一起事故。新研制的轮胎本来有些瑕疵，但当时的实验分析认为不会造成重大伤害，而且发生事故的几率不大，仍然决定正式生产。投入市场后，暴露出了产品的缺陷。一些媒体记者刨根究底，致使真相披露报端，引起公众愤怒。但三菱重工内上下全体人员却结成了攻守同盟，一致对外，共同承担责任，而绝不"出卖"具体负责人。这样的做法在日本人看来就是对企业的"忠诚"。若"大义灭亲"，出于公共良心而站在普通消费者一边，反而会被认为是"背叛"。②

这可以说是日本人职责意识的一个重要方面，即具有特定指向的职责，就是仅仅针对所属集团的职责，而非对一般意义的人类或抽象的职责原则本身的服膺。日本式职责意识的形成，可以追溯到前工业时代的传统社会。在德川幕府时期，日本逐渐确立起了不同于中国的社会制度以及相应的政治意识形态，例如，在社会的上下等级体系中，与中国金字塔式结构不同，日本建立的是树枝状、相对分离式等级体系，即"普通武士与平民忠于他们的直

---

① 赵景华：《企业管理国际比较》，山东人民出版社 1999 年版，第 397 页。
② 参见李萍：《论日本人的诚信观》，《湖南商学院学报》2005 年第 3 期。

接领主——大名，每一个大名都忠于幕府将军，而将军则忠于天皇。……每个人只需考虑自己对这个等级制度中的顶头上司的忠诚即可以了"。① 这就确立了重视直接关联者间的人际关系和集团归属的社会意识。自明治后期到大正时期，西方思潮引入并被吸收、融合，个体、自我、人格等问题开始出现，人们的意识急剧地转向个人的内心层面。但没有树立西欧式的市民社会和美国式的个人主义价值观，这只是因为在这一时期尽管"近代化"在社会制度、科学技术等领域迅速发展起来，但是与之相适应的个体意识却并没有得以确立，而且二者之间的差距还在不断扩大。近代日本人的职责意识是在东西文化、思想碰撞中生成的，属于自身传统的现代转换类型。

从一般意义上说，构成人们行为的约束力量主要有两种：一是自律性的内在良心，包括信仰、信念以及社会普遍要求的内化。对行为者而言，做或不做的理由在于自己的主动认知和内在根据；另一类是他律性的外在规范，包括他人的监督、规劝，这对行为者来说，做与不做的理由不由己出，而是因为他人的赞扬或贬斥。从伦理学角度分析，出于自律的行为由于是积极、内在的，具有深刻、执着、自主选择等特征，处于上位；相反，出于他律的行为表明行为者尚没有达到主观接受的程度，与社会规范保持相当距离，表现出消极、被动，处于较低的道德境界。可以说，日本人的现代责任意识介于自律和他律之间。

半他律的自律，或者说，自愿式他律，这一行为倾向直接再现了日本人履行职责的处境。这并非单个日本人的主观偏好，而是一种集体无意识，因为"日本社会内化的自我理想的结构在其较早的形态中，与社会期望与父母的评估更有关系。当事关家庭期望——不管是作出职业选择还是婚姻选择的时候，一个发展中的年轻人为实现这些期望而努力的动机，可能确实涉及值

---

① ［日］森岛通夫：《日本为什么"成功"——西方的技术和日本的民族精神》，胡国成译，四川人民出版社 1986 年版，第 22 页。

得重视的日本文化中的罪恶感。一言以蔽之，羞耻感与罪恶感在日本文化中
是两种社会化的强大的力量”。①

三、第二次世界大战历史问题的认识

在当代日本和中国之间，或者更广泛地说，在当代日本和东亚、东南亚
各国之间存在一个难以逾越的鸿沟，它成为彼此无法解开、又不得不面对的
心结，这个鸿沟或心结就是对第二次世界大战历史问题的认识。虽然战后几
十年间，日本政府、民间和其他各国政府、民间都作出了修复关系、加深理
解的各种和好的努力，但效果各不相同。东南亚各国相对快速且较大程度地
谅解了日本，而东亚诸国则仍然有不少针对日本敌视的政策、防范的民意和
一触即发的反日舆论土壤。

1. 第二次世界大战历史问题的过去和现实

总体上说，第二次世界大战历史问题中有各方一致，共同接受的内容，
如日本的侵略、亚洲其他各国的受害，但也有分歧较大、难以厘清的方面，
如日本侵略的性质究竟是“殖民”、“解放”还是征服？受侵略的各国自身是
否也有不可推卸的责任，如纵容、绥靖、引狼入室乃至同谋？

日本国内很多学者对此问题作出了不懈的思考。即便是战争期间，也有
部分学者抵制高压，曲折地表达了反战的声音。日本近代哲学的代表人物西
田几多郎以哲学的方式对当时的日本社会政治和国家问题作出了自己的思

---

① ［美］A. 马塞勒等：《文化与自我》，任鹰等译，浙江人民出版社 1988 年版，第 179 页。

考。他提出，国家的本质并不在于它的经济或军事力量（kratos），而在于它的精神，国家不过是实现普遍世界意志的工具，只有追求这样的普遍意志的国家才是有伦理（ethos）吸引力或软实力的国家，也才能对其国民和世界人民构成强大的感召力。他说道："国家之所以是国家，正是因为其必须采取一定的方式将权力与伦理二者结合在一起。所谓'国家理性'，可以说就是为二者建立起来的沟通渠道。"[①] 实现这样的"国家理性"应是一切现代国家追求的目标。第二次世界大战后初期的战争反省人士结成了民主同盟，深入的讨论和坦诚的剖析都促进了国民对战争性质的认识，这些努力在一段时期内成功抵制了右翼分子的保守主义倾向，不仅改变了日本国民的价值观，也直接影响了日本战后的社会发展格局，即确立了"和平宪法"、放弃了战争发动权，全力投入经济恢复、国民财富创造之中。

严格说来，关于第二次世界大战历史问题的认识，在日本的社会思潮中存在两个明显不同的时期：第二次世界大战后至 20 世纪 60 年代末和 70 年代初至今。前一个时期以承认自身的不足、反思战争的罪恶以及剖析造成军国主义的各种原因等学说为主，例如，在思想领域，政治学者丸山真男从日本传统的政治结构、社会学家福武直从传统家庭模式等入手，分析了日本的现代化残留了很多前现代的内容，"跛足的现代化"导致了对外侵略的恶果。当然，世界其他国家对日本战争根源的分析也是一股不可忽视的力量，共同结成了有关人类第二次世界大战经验的知识性成果，例如，有美国学者指出："日本文化一方面使自我内化，严厉地抑制对社会合法部分的任何人的侵犯性；一方面又恰恰容忍把部落民和高丽等少数民族视为'流浪者'而划入代人受过的替罪羊之列。"[②]旅居英国的日本学者森岛通夫曾经分析道："从明治时代开始，日本一直就特别注意以最快的速度引进西方的技术，改进它

---

① ［日］藤田正胜：《西田几多郎的现代思想》，吴光辉译，河北人民出版社 2011 年版，第 178 页。

② ［美］A. 马塞勒等：《文化与自我》，任鹰等译，浙江人民出版社 1988 年版，第 172 页。

们，使它们适用于工业生产，以便加强军事和经济实力。对于这些技术的学术基础到底是什么这一类的根本问题，日本人并不希望自己去探讨。不论是有意还是无意，日本的精神都在排斥科学——这个可以称为西方精神中的主要因素。"① 他由此推论，日本近代的"成功"在于快速甩掉了历史包袱、快速消化了西方的技术，日本现代化的问题也恰恰在于未能继续全面的市民社会运动，国民主体性不足，一旦政治权力和经济力量被不当"国策"利用，就会导致国家的灾难，国民参与其中却浑然不知其个体的责任。

但 20 世纪 70 年代以后，随着日本经济的复苏，日本重新崛起于世界之林，于是，日本国内文化保守主义、民族主义，乃至民粹主义开始抬头，一些人指责过去的反省是"自虐"，是"讨好外国人"，还有一些人开始否认战争责任，第二次世界大战历史问题由此复杂化起来。

重新审视第二次世界大战后对日本战犯的审判，不得不承认，当时的法庭组成、所确立的战犯标准以及审判的罪名等都存在不少缺陷，也留下了许多遗憾。例如，东京审判当初预订的法官是由美国、中国、苏联、英国、法国、加拿大、荷兰、澳大利亚和新西兰 9 国派出，后来又加上了印度、菲律宾。"亚洲的国家在 11 国当中也仅占 3 国。马来西亚、新加坡、越南、印度尼西亚、缅甸在'大东亚战争'中确因日本而遭受生命损失及巨大物质损失的国家，却没有法官参加审判，当然也不可能看到朝鲜法官的身影。"此外，"东京审判是在长期以来容忍殖民地主义体制存在的传统国际法的最后阶段进行的。对于这一事实，我们如何评价、看待，这更是现在以及面向将来的大问题"。② 最重要的是，日本国内关于"审判者行为不纯"的问题，一直是左右翼之间、自由主义者和保守主义者之间的重要争论焦点。这就牵涉贯

---

① 〔日〕森岛通夫：《日本为什么"成功"——西方的技术和日本的民族精神》，胡国成译，四川人民出版社 1986 年版，第 257—258 页。
② 〔日〕大沼保昭：《东京审判、战争责任、战后责任》，宋志勇译，社会科学文献出版社 2009 年版，第 21 页。

穿近代历史的欧美列强带来的世界殖民地化的问题。当然，不能简单地认为"将亚洲殖民地化了的欧美列强没有审判日本的资格"就完结了，我们必须要回答：为什么日本的侵略战争不同于以往的殖民活动？日本要对此承担什么样的责任？

正是因为有若干重大问题未被解决，特别是未提出具有充分解释力和广泛包容性的战争责任认识之理论体系，围绕第二次世界大战历史问题就仍然停留在相互间争执不休乃至情绪性指责的状态。在此问题上，日本方面的过失更大，因为日本有转移、弱化问题的强大阻力，多数普通日本国民在此问题上采取了回避的态度，结果，此问题不仅没有伴随社会发展而得到解决，相反，却被模糊化起来。正如有学者所深刻剖析的，"战争刚结束时日本社会流行的'战争责任'的概念，其实指的是导致日本战败的责任，也就是讨论作为天皇的臣民应向天皇承担的责任，而根本没有触及导致广大日本民众陷入悲惨境地的责任，更没有思考导致中国及亚洲地区数以千万计人民遇难的侵略战争责任。"①

同样，作为受害国的亚洲诸国对此也应作出反省。当我们指责日本人没有像德国人那样表示忏悔、认罪时，却绝少有人意识到，又有多少其他亚洲人能够像犹太人那样对战争责任如此执着地追究、对战争事件如此深刻地铭记、对战争性质的认识提出了如此之多的深厚理论成果（这些成果分布在哲学、历史学、社会学、心理学、政治学、法学等各个学科之中）呢？

2. 靖国神社问题

如果说道教是中国古人所发展出来的朴素信仰和宗教的话，那么，神道

① ［日］大沼保昭：《东京审判·战争责任·战后责任》，宋志勇译，社会科学文献出版社2009年版，第2页。

则是日本先人所提出的本土宗教。从思想史上看，神道先后经过了原始神道、神社神道、国家神道、教派神道和战后神道等数个阶段。

到了神社神道①阶段，出现了几个主要变化，也为神道的日后发展确定了方向，一个方面就是通过将皇室的氏神转变为日本国的氏神，天皇氏族神日益占据了神道诸神的中心地位，并由此确立了天神地祇系列的仪礼。日本国的统一就在皇室的神祇敬拜中不断得到体现；另一个方面是在此阶段神道祭祀的场所从临时性的草棚转移到固定的社、宫、祠中，结束了原始神道的粗放性和简陋性时期，打开了神道正规化和仪式化的通道；再一个方面就是从平安时代（794—1185）开始，出现了神道与佛教融合的尝试，其代表性学说就是"本地垂迹说"，天照大神被看作是大日如来佛的化身，诸神即为菩萨等，这又被称为"神佛习合"。

神社又称"神的社"，是神道祭祀神灵的场所。神社一般有三个构成要素：祭神，即祭祀崇敬对象的神灵；包括神殿、鸟居以及周围山、水、森林等清净环境在内的神圣空间（又叫"圣域"）；神职人员（神官）和氏子（信徒）。从形态上看，神社又可以分成氏神型（产土型）和招聘型（祈愿型）两类。前者的作用在于护佑特定的土地及其住民，因特定的血缘或地缘关系而属于特定的集团，并得到祭祀，它仅仅分布在各自的土地或疆域内；后者则脱离具体的土地和住民而被一般性祭拜，如祭祀学问之神——菅原道真的天满宫，这类神社分布在全国多个地方。

国家神道是由近代天皇制国家所创生出来的国家宗教，它结合了神社神道和皇室神道，以宫中祭祀为基准，确立起神宫、神社祭祀的体系。由于国家的扶持以及维护国家的名义，国家神道创建了其他一些高级神社，大体包括如下四个系统：（1）祭祀为近代天皇制国家而战死者神社（例如靖国神社、招魂社、护国神社）；（2）祭祀南北朝时代南朝方"忠臣"的神社（例如凑

---

① 在神社神道中，又分为祭祀皇室氏神的皇室神道和祭祀其他诸神的一般神社神道两种。

　　菅原道真神社（刁榴摄），又称太宰府天满宫，用于祭祀平安时代的学者和政治家菅原道真（845—903），他被尊称为日本的"学问之神"。

安神宫、明治神宫等）；（4）在殖民地、占领地创建的神社（例如朝鲜神宫、建国神庙、昭南神社等）。其中，第一类神社，即靖国神社、护国神社系统占据了主导地位，因为它们集中代表了天皇崇拜和军国主义相结合的理念。

靖国神社的起源是 1869 年（明治二年）6 月在东京九段的田安台创建的招魂社。在明治维新内战中，为执行天皇军一方战死者招魂祭祀而设立的，当时只是将鸟羽、伏见以及函馆战役中，天皇军方战死者 3588 人合并祭祀。具体执行招魂社仪式的神官采用了远州赤心队等勤王祠官的武装神职团，明治天皇提供了用于祭祀费用的 1 万石大米。在 1874 年（明治七年）1 月的大祭中，明治天皇首次参拜，天皇亲自崇拜祭祀普通国民魂灵的神社，这是史无前例的，这次崇拜被看作是对战死者的破格待遇。1879 年（明治十二年）6 月，招魂社改称为靖国神社，确立了别格官币社的社格，这就将靖国神社置于国家神道一个重要支柱的地位上。战败前，靖国神社最初由军务官管辖，以后由内务省管理，再后来则由内务、陆军、海军省共同管辖，最后成为陆军、海军省直接管辖的神社。举行祭奠时，祭主由陆军、海军将官担任，陆军、海军省所任命的宫司只是祭主的代理人而已。靖国神社实际上成为军队的宗教设施。每当以天皇名义发动战争，战死者的灵位都被安置于靖国神社祭奠，1942 年（昭和十七年）共祭奠 238000 多人，1945 年第二次世界大战结束时则超过了 1200000 人。

靖国神社一方面强化了日本魂灵祭拜的传统，同时也将天皇崇拜和军国主义思想牢牢灌输给了民众，另一方面也悄悄地改变了日本的旧传统，形成了自身的"新传统"。在近代之前的日本所持有的亡灵祭祀传统是，因战争致死都属于"横死"，死者都属于"怨灵"，因此，不分敌方我方，所有战死者都得到祭拜，以安慰、镇静怨灵。但靖国神社却明确区分了敌我和公私，幕府军的战死者以及外国的士兵都被视为天皇的"敌人"而被置之不顾。"靖国的'国'只是大日本帝国，只要是出于对天皇的忠诚，这成为一切价值的基准。战死者因为是为天皇而死的，生前所行的是非善恶一概不问，都被作为神来祭祀，国家强制国民礼拜这些神灵。"① 大正时期（1912—1924），学者吉野作造曾对强制要求国民参与靖国神社祭神活动而造成的国民道德观的混乱作出了严厉批判，却遭到了当时的国粹主义者的攻击和迫害。

　　如同儒学建立在传统中国的家—国结构基础之上，神道建立在传统日本的亡灵祭奠的习俗之上。日本农业时代的许多禁忌、习俗和生活方式都与敬畏亡灵相关。这一方面强调了家的统一性，借助亡灵，将祖先与后人联系起来；另一方面则突出了对生死问题的思考，将死置于同生一样重要，甚至更重要的地位，为死者预留去向，也意味着为生者提供了慰藉，以安抚丧失亲人之痛，缓解世事无常的无力感。

　　日本现代民俗学的创始人柳田国男（1875—1962）专门考察了日本人的生死观的问题。提出传统日本人相信人死后经过33年后就会成为神，又经过一定的岁月后，祖灵会舍弃个性而相互融为一体，此时，祖灵舍弃了夹有私情的个身而融入祖先这一强有力的灵体中，开始为家族、为国家的利益而活动，所以，对祭祀祖先或墓地管理说三道四就是对未来的不利。但更令柳田关心的问题是那些没有成家、没有生孩子就去世的人们，他们的灵魂该由谁祭祀？在战争中，有很多年轻人战死，柳田指出，只要是为国家战死的年轻人，无论如何不能被当作无缘佛（即与世人无关联、无牵连的佛）而被忽视。

　　但日本现代历史学家折口信夫（1887—1953）持有不同的观点。他认为，年龄的充实（即活到一定年岁）和并非"死于非命、意外死亡、受到诅咒而死"的完满的死亡是灵魂完成的必要条件，除此之外的均是未完成灵，只有完满的死亡才会产生完成灵，完成灵就能顺利到达他界，即阴间，达到那里之后归于男性与女性各一种灵魂。折口相信，伤亡以及死于非命是无论采取

---

① ［日］村上重良：《国家神道》，岩波书店1970年版，第187页。

什么方式都无法救济的不完全死，易言之，无法找到救济战死者的未完成灵灵的方法。因为战死者被定义为死于非命的灵，这隐晦地表达了战死者是"被国家强迫去死"的事实。不过，折口信夫的观点并未成为主流的观点，民间压倒性的意见还是认同柳田国男的学说。

3."罪"观念的日西比较

旅居过日本多年的人都知道，支配日本人生活的是社会舆论而非永恒原则，这使他们不像原教旨主义者那样顽固不化，有时也会快速地发生改变——如果社会舆论发生了改变的话，所以，他们过去曾在许多根本问题上表现出了剧烈的观念突变。在高度发达的工业时代，新思想和信息迅速传播，正在加快日本人改变舆论所需要的时间，这也就加大了日本人和日本社会变革、变动的幅度及频率。构成社会舆论的一个重要内容就是日本人的罪恶观念。

关于"罪"的语源和性质，学术界有很多争论。如下是几个比较有代表性的观点。

（1）龙川政次郎在《日本法制史研究》一书中提到，"罪"的概念起源于"在神面前加以隐藏（自身的不足，从而显示自身的独立性）"，即"神に対してつつみ隐す意"。

（2）折口信夫（《古代研究》）则主张，"罪"虽然与神人关系有关，但"罪"起源于人对神的敬畏，即"神に対して、慎しむべき事（忌讳）"。

（3）牧健二（《固有刑法基本概念》）提出，"罪"并非只是事实，而是要去除不足、偏离行为的能力，这意味着"罪"是从外附着之上或者说积累而成的（ツミは国语の摘ムを语源とする摘ミとする）。

在语义上，"罪"在法律、道德、宗教等领域共用。在日语中，"罪"有时还指对违反规范的行为的相应处罚（就是说"罚"涵盖在"罪"之下）。

违反法律的行为，叫"犯罪"；违反道德规范的行为，叫"罪恶"；违反宗教戒律的行为，就叫"罪业"，"罪业"是指人们做了神不悦的事或违背了神的旨意之事。不过，因人们的罪业而动怒的神向人们施加报复、作祟，也叫"罪业"。

日本的原始社会阶段一直持续到公元三四世纪。作为晚熟的文化，日本传统中残留了许多原始时期的文化印记，例如，原始共同体尚未达到引起细胞分裂之时，关于制裁性规范的各种问题都被作为全体共同体自身的问题。共同体内某个人的罪，也被视为共同体本身的罪。在日本的传统文化观念中，神不是对个人，而是对原始共同体这一种实体而存在。神的报复也不是针对个人，而是针对共同体的。古代部落通用的除灾求福的信念和仪式等都通过神道比较完整地保存下来，神道还将这些内容发展成为其非常重要的组成部分。例如，"祓"是通过斋戒、沐浴等方法除灾求福，"禊"是在水边举行的清除不祥的祭祀。在古代中国，祓、禊大多是由宗族举行，在日本则由神社举行。这些神社分别代表了皇室、村社等超越家族之上的地方共同体的意志。大祓就是以国为单位而举行的。但是，当原始共同体内的细胞分裂发生后，以农耕生产为媒介，小集团出现了，进一步发展，个人作为独立的存在而被明确意识。到这时，神对原始共同体的关系，一方面向神对小集团、神对个人的关系方向发展；另一方面祭祀群体逐渐过渡为地缘性政治集团，政治权力也随之发展为有权者对小集团、对个人的关系。此外，小集团、个人与其他的小集团、个人的对立也相应产生了。这样，犯罪以及对此的制裁单位，就由原始共同体→地缘共同体→小集团这一方向发展。

一般地说，"罪"之古意是违反规范或秩序的行为。但在神道中，反常、危险、不法等应忌避的自然凶事也包括在内。例如神道中的天罪、国罪还包括了妨碍农耕、伤人杀人、不伦奸淫等反社会的行为以及病患、灾祸等各种"罪"。具体来说，天罪原本指在高天原（天边的某个国家）时、针对天照大神（伊邪那岐神的左眼所生出的女神）而犯下过错的须佐之男命（伊邪那岐神的鼻子里生出的神。原本为田之神。字义为客人的意思。他被流放到地上是因为在天上犯了罪，他是贵族的神格化）的恶行。须佐之男命的恶行主要与农耕生活相关，因此"天罪"一词实际上与意味着古代农耕社会信仰"雨障み"同音。"天罪"并非指天的罪，而是指五月田耕时需注意的事项。如雨つつみ，即便在今天，日本某些偏远地区还有播种时禁止夫妻房事的风俗，因为五月播种时正是一年中长雨连绵的时期。国罪则与疾病、虫灾、不伦等有关，清除国罪似乎与社会秩序的维持更为贴近。

罪对人而言，是指对本来的存在样态的偏离，这意味着人应有合适的存在样态，异态是对人存在的原本状态的违反，因此，罪是一种矛盾的存在方式。被称为罪的行为，是人自己犯下的、自己能够承担责任的行为。与此同时，罪已经发生，又是一种不可回避、无可奈何的行为，这是罪的二元性。

在蒙昧社会，内向的罪的意识尚未完全形成，罪的行为是外力的诱发，将"罪视为外力所迫"这样的思考方法非常盛行。而且，这时的善恶判断，因为各自的原初社会中有着相对固定的价值体系，其内容也是多种多样的。社会结构发达后，人们的相互关系也随之复杂起来，自他关系也被明确地意识到了。但在之后的思维发展上不同民族走向了不同的路径。以作为社会性约束而成立的各种规范为媒介，道德和伦理的立场出现了，进一步地产生了主体性的罪意识。裁决的自己（主体我）隐藏在被裁决的自己（对象我）之背后，作出裁决的自己从隐而显时，正是罪的根源明朗化之际，即不为明知为善的善行、不避明知为恶的罪业的自己的实态，作为现实的自己而去面对，真的主体的自我就显露出来。这一过程正是基督教从犹太教脱离出来所经历的过程。

不仅在起源和语义上，日本人的"罪"概念明显不同于西方，而且对"罪"的存在方式以及"罪"与人的关系，二者也采取了完全不同的方式。在日本神道的创世纪神话中，人不是被神创造出来的，而是神所生出来的子女。人与神的区别在于，神拥有人力不及的巨大灵威和力量，而且人的目视见不到神的形姿。罪、污秽等是感染性的，因此它不能像云散雾消一样自生自灭，是不能自动消失或断绝的。吸收罪、污秽的咒力是神的力量之所在，这是人绝对不可为的，属神业，因为有此神业、神力，神才成为神。

强调在他人面前的循规蹈矩、不丢脸面，这一点作为日本文化现象在历史上就多有表现。如传统社会中的农村，"他人的眼"、"大家的愿望"是构成行为判断的重要理由；封建的四民身份制为每一阶层的人提供了相互参照的行为准则，即便对充满风险的商业交易，日本人也以"他人的存在"作为约束的力量之一。因为多数日本人并不是从自己个人的信念出发说明如此行为的理由，他们更经常地使用"不要丢脸"、"不要辜负他人"等外在式、他律性的取向。美国人类学家本尼迪克特将日本文化的这一特征归结为"耻感意识"浓厚的表现。在日本文化中，自省、内省等主体性因素较少，更多的是外在的、相对的行为准则。耻感是面对他人时所呈现出的失态，是因他人的在场，通过他人的眼而反映出来的自己。这种自己不是内在的、自我性的。

一些日本学者反对把日本文化归结为耻感文化的主张，并做了激烈的反驳，批评要点有二：一是耻感文化论只看到了公耻（public shame）这一方面，却忽视了私耻的内容，即自己以为耻的内向性意识在日本人中也存在。耻感文化论者所讲的"耻"只是"公耻"，即在众人面前的分寸感，但私耻强调了个人对自我行为的内在约束，是"公耻"的内化。当一个人达到了私耻的程度时，他的行为根据就不再是他律的，也成了自我意识的体现，是自律的主动行为；二是耻文化与罪文化的划分基于这样一个立场，那就是罪感文化是深刻的、优越的。其实耻与罪很难简单地分割开，更不用说罪感文化未必就是深刻的，有时罪感无非意味着自己达不到原本想要达到的程度不得不作恶的心理，此时与其说是罪感，不如说是对自己的放弃。与此相对，耻辱则表明感受到了自身的不完全、不充分，正像中国儒家所讲的"知耻而后勇"，耻感也会激发当事人的积极作为。

依笔者个人之见，诚然作为个体，日本人中不乏有罪感意识的人士，他们具有坚定的是非观念和明确的反省态度。然而，作为整体的日本民族，在很多时候是以集体无意识作为行为取向的，在他们看来，罪不是观念、意识问题，而只是行为、策略问题。在日本的社会关系和文化环境熏陶下，培养出了许多从众者、唯上者和崇古者，这些人最看重的是共同体中他人的态度，他们是最不容易受到罪感的内心煎熬的一群人。历史上对侵略战争的态度，现实中对工作责任的模糊等都体现了这样的心理特征。当然，罪感文化或耻感文化只是一种大略的说法，是为了让人们抓住事物本质的简便方式，从这种角度看待日本文化只是表明了一种分析立场。这样的分析立场也可能有以偏概全的偏差。但是，日本人在社会交往中更多注重周围他人却是不争的事实。例如，日本的父母在教育幼童时，就常常说："别这样，多丢人！""这样做，人家会笑话你的！"日本儿童耳濡目染，学会了怎样不丢人，习惯了用他人的判断衡量自己，当他们长大成人时，他们自然是脱不去这些影响的。

众所周知，基督教主张人有原罪，从而提出救赎的教义。神道相信人并没有原罪，人在本质上不是有罪的存在。即便犯下了罪，只要不是根本性的深重罪行，罪基本上可以依祓、禊等仪式或供奉物而全部消除，通过清洗，得到祛除。神道主张罪并非确定性的存在，它是附着上去的，是可以去除的，即由特定的人、通过特定的仪式就可以免除"罪"及其对人的影响。在罪的问题上日西差别是十分显著的。

4. 和解是否可能

关于第二次世界大战历史问题，我们今日面对的一个现实是：日本部分政治家和日本政府都在原则上承认日本的战争责任，也接受外国人作为个人所拥有的对日本国的要求战争赔偿的权利，但日本的法官和具体行政机构却消极应对，导致实际上作为外国人的原告方主张战后赔偿的起诉成功的可能性极小。这是否意味着日本法官或行政人员都是极端民族主义者呢？答案显然是否定的。

当然，部分日本人，包括一些日本知识精英和社会舆论的领袖人物，在此问题上确实持有偏见。大沼保昭就曾深刻指出："酿成了'大东亚战争'的日本社会的心理基础在战后依然没有变化。战后的日本，经济人取代军人占据了社会主导地位，再次陷入了脱亚入欧无限上升志向运动，对于周围的亚洲各民族来说，'大东亚共荣圈'的经济版正在成为现实。如果这样的话，'大东亚战争'的战争责任问题也应作为行政的问题摆在我们面前。"[1]

在责任问题上，集体责任盛行、个体责任不明的社会价值观也导致日本人并不倾向过于深究某一事件中具体个体的具体责任，往往以"集体谢罪"来象征性地为集体内的每个分子包揽下责任。但日本人应该知道，绝对不能以"这是日本人的传统做法或习惯"为借口而要求其他民族予以谅解。如果这样的传统做法或习惯包含了明显违背现代道德观念或原则的内容时，就更是如此。集体责任的概念与日本人道德观念中的二元道德体系相关，即对日本人行为的影响力主要来自内部人的舆论，而非局外人的评价或普遍原则的引导。在意他人的评价、通过相互监督来达到遵守规则的倾向，是许多日本人表现于外的最显著的行为方式。一些学者据此认为，日本人乃至日本文化是以强调相互间的义理、连带和规劝来维持集团秩序的。但这样的行动观念完全无视了集团外更广大世界、他人的存在，所给出的"理由"也是无法令日本境外的他国人信服的。

由于罪而向神谢罪、清洗神所厌恶的污秽等讨好仪式（ceremony），日语写作はらえ（祓）。直到今天，许多日本人经常去神社敬拜（もうでる）以及通过神社的神主用纸钱行祓。大祓是以国为单位而举行的。有日本学者

---

[1]　［日］大沼保昭：《东京审判·战争责任·战后责任》，宋志勇译，社会科学文献出版社2009年版，第110页。

将神道的“洗罪”仪式而产生的“免罪”观念称为“付之水流的意识”（水に流す）。这里也蕴含了日本人的历史观：过去的一切过错、不幸、不利均可借助讨好神的意识而被去除或洗净，当事人及其后代均可免除连带责任，得以脱身。

就现代人的常识而言，罪意识的问题与良心问题相关。良心基于人把自身作为对象而意识的自觉水平。自己裁决作为对象而被意识着的自己的状态，就是良心的最主要表现方式。这种被裁决的自己，意识到自己远离了本来的状态时，具有道德自觉和理性精神的罪的自省就出现了。这样的罪的自省确实在基督教文化的西方社会多有表现[1]。但又不仅仅是西方文化或基督教独有的。经过文艺复兴和近代启蒙运动，这些观念作为现代文明成果而广为传播和接受。一个民族也好，一个个体也罢，都应始终保持对自身行为的准确认识，并承认历史的延续性，以及接受自身行为的后果所造成的影响，这些都是必需的现代文明素养。罪感不是宗教的虚设，对真正的信仰者来说，它是真实可感的。这涉及一个更根本的问题：人在本原上需要一种道德内心支撑。不能因文化传统、民族差异而放弃对核心道德内容的追求。

亚洲诸国能否正确对待第二次世界大战历史问题，取决于如下三个条件：第一，各方之间对基本史实的确认。有了客观的事实才会有相对一致的结论，目前这一点仍因各国政府基于各自的考虑而没有付出实际的行动。第二，各方在深层理论层面的共建。能否提出有充分解释力，且不带民族、历史偏见的学说，仍是一个长时期的努力目标。第三，共同且有分别的责任担当方式。虽然各方均需对自身文化传统、自身的战争期间的政策以及国民认识水平等作出反省，但日本作为加害国要首当其冲地担当起自身的责任，而且日本人必须意识到宽恕的核心在于取得受害者的谅解，只要受害者未能谅

---

[1]　不少欧美人作决定时主要依据自己内心的标准，即注重事情、行为本身的正确与否，并且强调当事人的自我意识和愧疚心理，属一种“罪感意识”（本尼迪克特语）。

解，宽恕就不可能达成，过多指责他国的"斤斤计较"、"贪得无厌"不仅于事无补，相反有逃避责任之嫌。还不那么令人绝望的是，现在的日本不仅有财力去承担责任，而且日本文化确实也有许多可贵的内容值得我们对日本人寄予信赖。例如，中村元指出："日本人承认现象世界中的每一样事物都有其绝对意义。这种倾向就导致了承认现实世界上的任何思想都有其存在的意义，结果就是以宽容和调和的精神来对待任何思想。"① 以和为贵的日本人应首先向其亚洲近邻敞开胸怀，果断、完全地担当起第二次世界大战责任。

---

① ［日］中村元:《东方民族的思维方式》，林太、孙鹤译，浙江人民出版社 1989 年版，第249 页。

第七章
自然性与人为性

　　德川时代有个人十分信奉儒学的孝道，一心一意侍奉父母。一天，他听说外地有个孝子因守孝道得到了官府奖赏，便启程去拜访取经。到这个人家时，不巧该孝子外出，于是与其母亲攀谈起来，正说着话，那位孝子回来了，他的母亲急忙迎上前帮他脱鞋、洗脚，还帮他揉捶肩膀，那位孝子表现出十分满足的神情。

　　这个人目睹这一切，十分惊讶，责备那位孝子，说他根本不配做孝子，那位孝子却答道："我没有文化，不知道怎么做才算孝，我也不知道自己算不算孝子。但我知道，母亲想做什么就随她去做，既然母亲觉得照顾我很开心，我就顺从她。"这个人恍然大悟，意识到以前自己不过是将自己的意志强加给父母，未必是真正的孝。

　　这个故事在日本流传很广，有很多版本。讲述的道理是：行善尽孝的核心并不在于牺牲自己，而是绝不能勉强他人，要充分体察、体谅他人。

樵夫与野兽的故事

日本剑术的一刀流派的重要代表人物千叶周作（1774—1855）经常给他的弟子们讲述如下故事，以启迪弟子们要无私无欲才能最终战胜对手。

一天，一位樵夫上山砍柴，遇见了一只叫做"悟"的野兽，这种野兽是珍稀物种，樵夫想活捉它，慢慢靠近它。不料，"悟"开口说，"你现在想要抓住我吧。"樵夫心中一惊，"悟"紧接着说，"吃惊了吧。"樵夫一听自己的心思全被说透，十分恼怒，想杀了它，"悟"又说道："你现在打算杀了我。"樵夫自知不是对手，决定放弃念头继续砍柴。"悟"笑了，"死心了吧。"樵夫没有理会，谁知砍柴中斧头突然从木把上脱落，正好击中了"悟"的头部，它应声倒下而死。

从如何看待人为、人为性与自然而然（顺其自然）、自然性的关系角度，可以将人类文化大体分成三类：一类是主张人定胜天的人为型文化，这以近现代西方文化为突出代表；一类是主张自然而然为上，顺其自然的自然型文化，这以日本传统文化为主；再一类是主张天人合一、天人相与的人为性与自然性协调的融合型文化，中国传统文化是此代表。当然，这种划分有其局限，其他多种文化类型，如印度、非洲等难以包括进来，但如果我们只是在谈论日本文化特点，并与中国或西方文化进行比较这一特定意义上加以立论的话，上述区分大体还是可以成立的。

在英语中，"nature"一词既可以翻译成"自然"，也可以译成"本性"、"属性"，同样，在日语中，"自然性"也包含了双重含义：一是对自然界本身的描述，一是对是其所是、顺其本性状态的价值认可，显然后一种含义是英语nature一词所没有的。我们将要讨论的"自然性"、"自然主义"等都是在第二个含义的基础上展开的。

一、自然主义价值观

将有关人为性与自然性的关系以及不同对待倾向视为民族文化的价值观内容之一，那么，我们又可以进一步地将中、西、日的价值观分别设定为生活主义价值观、理性主义价值观和自然主义价值观。中国人的入世精神、光宗耀祖和立身扬名的意识都使中国人缺乏超越的价值思考，在日用人伦、洒扫应对之间格物，以求得致知和达理。西方人很早就出现的哲学探索和知识建构体系使价值问题得到了较为彻底、全面的剖析，上帝存在和人生使命的关联使价值观不断经受理性的审视和辨思。日本人的价值观形成于对周遭环境和生活世界的感恩，因此，不加批判地接受了万物实体、世界万象的恩赐，但对自然性的敬畏并未上升到超世的神灵世界，而是转化为日常生活的艺术、手艺、园艺等创作、制造之中。从一定意义上说，还原自然性、保持自然本性成为他们日常生活的核心主题。

1. 自然性与本性的问题

由相良亨、尾藤正英、秋山虔编集的五卷本《讲座日本思想》第一卷《自然》包括了如下内容：古代人的心情、宗教修行中的心与身体、亲鸾的自然法尔思想、徂徕学中的自然与作为、国学、和歌、自然以及自然与科学等诸章。无论是亲鸾还是荻生徂徕，他们所讲的"自然"都是传统含义。"自然"一词是从中国传入的，在近代以前普通日本人并不使用，只是用"天地"、"万有"、森罗万象、"造化"来指代今日我们所讲的"自然"。明治维新以后大量译介西学名著和思想时才用"自然"一词来指 nature 或 natural，因此，

京都龙安寺枯山水式庭院（刁榴摄）。龙安寺属于临济宗妙心寺的寺院，创建于1450年。1975年英女王伊丽莎白二世访问日本时曾专门参观了龙安寺庭园，由此成为世界闻名的日本枯山水园林的代表。

然主义"，而非自然科学意义上的外界环境、学科研究对象。

近代以后，受到西方文化的影响，日语中的"自然"一词才有了多重含义，例如，与文化世界相对立的"自然"被看作是人的存在环境或人力作用的对象，在西学东渐的过程中产生并逐渐确定下来。用"自然"来对译nature，在明治20年代（19世纪90年代）以后兴盛起来，"自然"的含义由此扩大，脱离了古义，具有了新意。作为新用法，"自然"一词大体用在三个主要的领域：法律领域的"自然法"、科学领域的"自然科学"和文学领域的"自然主义"。例如，进化论中的"自然淘汰"，就已经不是日本古语中"自然而然地消失了"的意思，而正是西方nature的含义，即"从结果上看（因不适应环境）而被自然淘汰"。因此，我们现在说日本文化中的"自然性"，某种程度上是在做知识考古学的工作。尽管在现代日语的大量文献中，新用法的"自然"广泛存在，但在日常生活、国民心理、民族精神等方面，传统意义的"自然性"仍然具有深刻的影响，甚至成为日本现代社会的

"底色"，难以褪色，持续地成为其特色的一部分。

日本人相信，人性是人生而具有的禀性，人大抵都是相同的，使用任何人力去改变它几乎都没有多大成效，以为用理性来裁断就可以让"好"的人性发扬、让"坏"的人性抑制，这极易导致人性的"扭曲"，结果将产生一系列更大的麻烦。毋宁将人性照单全收，对人性原汁原味地接纳，就是对人的自然性毫无保留的认可。总之，"从思想史上说，除了近世期间一些受到中国儒学影响的学者探讨过人性善恶问题之外，日本思想家和普通人士大多并不关心人性是善是恶之类的价值区分，在他们看来，比区分人性善与恶更重要、也更基本的是接受人性。本居宣长就曾提出，自己是有限的、相对的，近似于无。他人或他物也是如此。人的处境具有不可选择性。他批判儒学人为或矫正的做法，因为否定了事物或人性的原本，儒学的'圣人'、'大丈夫'等理想也过于强调意志的作用。他们也倾向于一如其原状地去承认人类的自然的欲望与感情，并不努力去抑制或战胜这些欲望与感情"。① 以本居宣长为代表的国学派成为维护日本文化独特性和将日本思想的源头诉诸"人情"的重要理论体系。

将人性理解为"自然性"，在一定意义上就意味着未将人与周遭环境、人与他人加以严格分别，而是将人置于其环境之中、人与他人都是相似的这样的基本设定中，于是，道德性质的"境界"之别、宗教性质的"圣俗"之别以及知识论性质的"真假"之异都丧失了专有性，唯一留下值得玩味的就是"美丑"之别了。"美"的即为合乎其本性、与其本性融合一体的；"丑"的就是做作的、掩饰的，脱离了其本性、其原初的状态，所以，自然主义价值观更多强调审美价值，提供了一种观赏、鉴赏的立场，审美活动设置了审美对象与审美主体之间的距离，审美是一种限制性参与，受限的主体活动。

---

① ［日］中村元：《东方民族的思维方式》，林太、马小鹤译，浙江人民出版社 1989 年版，第 238 页。

美国人类学家本尼迪克特在日西对比的意义上看到了日本文化对"自然性"的强调，她指出，日本人的自然主义价值观念"从根本上推翻了西方人关于肉体与精神两种力量在人的生活中互争雄长的哲学。在日本人的哲学中，肉体不是罪恶。享受可能的肉体快乐不是犯罪，精神与肉体不是宇宙中对立的两大势力，这种信条逻辑上导致一个结论，即世界并非善与恶的战场"。①

在人的本性或人性问题上，不刻意区分善恶，其实就是将人性的事实与人性的价值相混同，即对事实与价值不加以区分，其后果将是以事实取代价值，作事实判断的同时就是作价值判断，换句话说，原本的本体论探讨轻易地移植到价值论之中。这在许多日本人看来习以为常，这就是他们的"自然性"胜过"人为性"的取向。但这一点经常被日本之外的人士所忽视，以至造成许多文化摩擦和严重的误读。例如，"在西方背景中解释日本伦理的一个基本难题在于它的本体论本质。日本伦理学家的基本论点并不把规范性原则、规则、德性甚至行为作为他们的出发点。他们的出发点是对人类、社会、自然、宇宙能量等等进行本体论式的分析或描述。如果人们不从日本哲学的角度意识到'本体论就是伦理学'这一简单事实，这一切相关研究是没有任何意义的。事实上，日本伦理学家似乎在讲，'事物现有方式（the way things are）'的基本架构就是'事物应有方式（the way things should be）'的基本架构"。②自然主义价值观无疑是这样的思维方式的一种极好写照。

"自然性"就是"本性"、"本性"即"自然性"，这样的观点被为数不少的日本人所持有。将"自然性"与"本性"等同，一方面体现了对自然性的尊重，承认人在自然性面前的平等，从而易于唤起人们基本价值层次上的共

---

① ［美］鲁思·本尼迪克特：《菊与刀——日本文化的类型》，吕万和等译，商务印书馆 1990 年版，第 131 页。

② Mistuhiro Umezu（ed.），*Ethics and the Japanese Miracle: Characteristics and Ethics of Japanese Business Practice*, unpublished paper, pp. 1-25.

识，这也可以解释日本社会为何有较高水平的社会共识；另一方面，也许更为重要的是，"本性"被等同于"自然性"，诸多人为的努力或修饰都需要套上自然的外衣，尽可能弱化人为的痕迹，保留非人为的原本状态，还原到自然而然的水平，这也是日本人很注意细节和礼节的缘故。这可能会减少对自然性的破坏，但同时也减少了人际交往的直接性，暧昧的日本人大抵也与此有关吧。

日本东方学者中村元在进行东方诸国的比较中揭示了日本人思维方式的如下特点，"日本人倾向于一如其原状地去认可外部的客观的自然界，与此相应，他们也倾向于一如其原状地去承认人类的自然的欲望与感情，并不努力去抑制或战胜这些欲望与感情。"[1] 这一特点被中村元归纳为"对现象论的认可"。笔者将其看作是"自然主义人性观"。与中国人的社会—理想人性观不同，日本人更倾向于从人的本然存在事实出发，不仅肯定情和欲，而且将它们当作超出善恶判断的事实本身，表现出实在主义的价值立场。

2. 推崇自然性的现代思想代表

在日本，是否推崇自然性可以成为衡量一个学者是否主张维护日本自身传统的尺度。许多主张普遍主义立场的人，并不主张特别强调日本文化的特殊性，而是要在自己的研究领域中努力探寻日本社会也在经历的与西方相似的过程，这方面的代表人物有丸山真男（政治学家）、福武直（社会学家）和家永三郎（历史学家）等。另有一些坚持理性批判立场的人，明确主张西方概念或体系无法解释日本历史和社会，只能用日本自己的独有观念去解释，例如和辻哲郎、相良亨等人就是这一思想的代表。此外，还有一些学

---

[1]　［日］中村元：《东方民族的思维方式》，林太、孙鹤译，浙江人民出版社 1989 年版，第 142 页。

者运用西方的术语和思想来分析日本现象，发现日本的若干现象并不能完全等同西方，尽管这样，但在总体取向上具有共通性，他们在承认和运用西方学术方法的前提下分析日本现象，得出了很有启发的结论，可谓"本土化论派"，例如土居健郎的精神分析理论、中村元的思维方式研究、中根千枝的社会结构研究等。因本书的主旨所限，我们在此主要介绍第二类日本思想家的重要观点。

从近现代思想史的进程看，推崇日本文化特殊性的研究有两个高潮：一个是 1910 年至 1940 年，在军国主义鼓动下，民族主义甚嚣尘上，学术界难有冷静的理性研究，一边倒地讴歌、赞美日本文化的优越；另一个是 20 世纪七八十年代，在经济高速增长和财大气粗的企业不断向外收购、扩张的凯歌声中，日本文化优越论又被复活。除了少数清醒的声音，这两个时期的日本文化论的研究有了许多精致的形式和深刻的观点，但总体上仍然充满了情绪化、美文化的夸张。我们的分析将略去这两个时期，也过滤掉"入流"、"时髦"的学者，只重点介绍九鬼周造、和辻哲郎、相良亨这三位相对理性、沉稳并以学院型研究见长的思想家。

九鬼周造（1888—1941）曾将自然、意气、谛念作为构成日本文化的三个主要契机。他的代表作《"粹"的结构》将日本文化、日本民族性用"粹"这一核心概念加以归结。"'粹'的第一个表现形态是对异性的'媚态'。与异性间的关系形成了'粹'最原初的存在，从'粹事'一词的意义等同于'情事'这点来看就可以看出来。如'粹的话题'就是有关与异性交往的话题。"① 九鬼在说明"粹"的自然表现时，分成了自然形式的表现（或自然性表现）和艺术形式的表现（或艺术表现）两种，他又进一步从听觉、视觉、身姿面容、发型、服饰、手势等方面对"粹"做了细致探讨。然而，九鬼所理解的"自然表现"或"自然形式"已经不完全是传统日本式的，他吸收了

---

① ［日］九鬼周造：《"粹"的结构》，岩波书店 1979 年版，第 21 页。

西方人的理性主义思想，将质料与形式的结合看作自然表现的特征。他明确指出："西洋的语汇中没有与'粹'完全对等的词，这一事实证明，以一定意义包含在民族性存在之中的'粹'的意识形象，在西洋文化里是没有存在空间的。"①"'粹'与武士道的理想主义和佛教的非现实性，有一种不分离的内在关系。通过命运而获得'达观'的'媚态'，它活在'自尊'的自由当中，这就是'粹'。"②同样，"粹"也很难准确地翻译成汉语，只能用大体相似的词汇去描述它，如"情意"、"心情"、"心动"、"精气"等。至今仍有很多学者认为，九鬼周造的"粹"抓住了日本文化的特性，非常传神地点出了日本文化中对"自然性"、"情意"的追求。不是以理性分析或意志锤炼来提升人或限制人，而是从人本来具有的意气、心性、情意出发，承认并发扬它，这一倾向就构成了日本传统文化的重要内容。

和辻哲郎（1889—1960）在《作为人间学的伦理学》一书中，将伦理学定义为研究人的学问。"人间"即是"人"，强调了"人"无法脱离开他的各种关系、组织而仅仅作为孤独个体存在的历史事实。和辻指出，在理论上，伦理学通常关注的是个体的人，是具有自主意识的完整个体，但这样的个体只能存在于"世间"、"社会"之中。与西方学者不同，和辻哲郎还特别强调这样的个体是"有"的存在，他存在于市井、宿舍、家里、乡村、世上等，他拥有社会的特定场所，因为人的存在就是拥有一定关系的主体的自我持有，即人是拥有自身的存在。和辻哲郎用哲学的语言表明人无法脱离周遭的环境，他不是环境的产物或客体，相反，他会用自身意志去把握世间、社会和环境，人的这一本性是其本真的状态，也就是人的自然性。和辻哲郎是用人的主体性来解读人的自然性，自然性不过是人的主体性的投射。这一思想在他的另一本文化哲学名著《风土》中得到淋漓尽致的发挥，其中心思想

---

① ［日］九鬼周造：《"粹"的结构》，岩波书店1979年版，第94页。
② ［日］九鬼周造：《"粹"的结构》，岩波书店1979年版，第95页。

仍然是人与环境的关系构成了风土的实质，人不可能完全脱离风土的影响，风土是他的自然，更是他的本性。他还对中日之间的国民性做了比较。与中国人的麻木和无感动相比，和辻哲郎认为日本人的性格更多地表现为富有激情和易感性。"在与中国人的无感动性格对比的时候，深感日本人的易感性正是日本人性格中的东西。"[1]"我们国民的特殊存在方式也的确是季风型的。即接受性和隐忍服从。"[2]夏季有突发性台风，冬季有大雪，这为身处季风地带的日本人共同获得接受性和隐忍服从的性格增添了特殊的条件，即热带与寒带的两重性、季节性与突发性的两重性。这也是日本民族性格两重性的根源。

相良亨（1921—2000）在《日本人的心》一书中，将"同情共感"视为日本人思想的总体特点，即依据情感的交换和对换来理解对方，达到心的沟通。为什么能够彼此交换情感呢？因为已经预先设定了人们之间可以超出名利之心获得对本来真实的实际的了解。名利之心被当作不真实的、做作的要求，是要除去的"虚幻"，一旦除去了名利，就可以直抵本心，交谈者或合作者之间就可以获得同等的心的沟通。相良亨在全书中考察了日本近世以来的诸多思想家，如西行（1118—1190）、藤原惺窝（1561—1619）、本居宣长（1730—1801）等。他还单辟一章专门分析了"自然而然"的问题。他主张为了准确表达日本人的这一特性，应放弃汉字词"自然"，因为它容易混同于自然科学意义上的自然界，而采用日语词汇"おのずから"，并且认为这样的"自然主义价值观"绝不只是认知论意义上的自然观（即对自然的思考），而是一种"おのずから形而上学"，是对"自然而然"的形而上学追问。おのずから的本意是"由我而为"，因此其中也包含了主观的努力，但这种努力不是有意识为之，而是利用或展示存在自身所本来具有的特性，因此就是

---

[1] ［日］和辻哲郎：《风土——人学的考察》，岩波书店 1937 年版，第 208 页。
[2] ［日］和辻哲郎：《风土——人学的考察》，岩波书店 1937 年版，第 223 页。

顺势而为。"'自然而然'并不排除'尽心',在'尽心'中也承认'自然而然'地活动。仔细考虑一下就知道,唱歌也是'尽心'的活动,'尽心'本来是与所谓的'作为'相区别的,它只是在极力排除设定标准而行动的方式中存在。"① 在崇尚"自然而然"的名义下,其实仍然作出了某种主体性的选择,即用己心去迎合对方,迎合共处的人际、人情要求。"日本的神话将此世界看作生成的世界来把握。由于内在于其中的产灵神的灵身不断地从内向外生成了世界。完全不是基督教的'创造'式的逻辑,而是'形成'的逻辑。"② 他还指出,对日本人来说,"自然而然"的"形成论"就意味着要顺从在日本自生式形成的"与某地相适应的规矩"之类的习俗,要顺应"自然而然"的事物。相良亨将日本道德的产生就看作这样一个体认、感受的过程。与中国人的"圣人设教"不同,日本人的道德意识来自于对"自然而然"的自觉意识。由于生活在共同的场所,人们有相似的心性、要求和期待,对这些内容加以充分体察,就会获得道德上的自我觉醒,所以,他认为日本传统道德与日本各地的风俗习惯高度一致。

　　上述三位思想家都是日本学界公认的大家,他们虽然生活于不同时期,思想方法和学术背景都有所不同,但他们都有一些显著的共性,即推崇自然性,并将之视为解读日本文化特质的关键。他们不必是保守主义者,但他们都在坚定地维护自身文化的特性,强调历史传统的延续性,并以此抗衡普遍主义的西方文化潮流。正是因为有一大批这样的学者和思想家,在现代化转型过程中,日本社会即便经历了政治、经济等方面的多次变异、转向,但文化上的根本革新却鲜少发生,思想文化领域一直存在很强的守成势力,继承派和本土派的声音始终没有中绝,这也使得自然主义"一如其原状"地至今仍然在多个层面有着顽强的表现。

---

① 　[日] 相良亨:《日本人的心》,东京大学出版会 1984 年版,第 230 页

② 　[日] 相良亨:《日本人的心》,东京大学出版会 1984 年版,第 225 页。

3. 心情主义

人的自然性在内容上究竟指什么呢？既然理性、意志都会导致对人本性的抑制和戕害，那么，就只能从感性中去寻找了。不少日本学者发现了"心情"、"人之情"，将它归结为人的自然性，所以，自然主义价值观在社会心理层面上就表现为心情主义。日本学者尾渡达雄①指出，普通日本人的生活方式表现为心情主义。心情主义就是去掉私心，促成自己与他人之间自然而然地沟通，人与人之间实现整体的融合。日本近代著名的国学家本居宣长曾批判道，中国儒学所宣扬的仁义礼智是人为的扭曲，而非人性的自然流露，只有"人之情"才是实情。他所理解的"人之情"是指未被社会玷污的"婴儿之心"，换句话说，就是未受"天理之辨"误导的"赤子之心"。这样的"人之情"再现的是没有伪诈、没有修饰的人心的本来存在方式，即不断剥离社会化了的因素，还原到未受理性影响之前的状态。自近世以至今日，反复被日本思想家、学者所看重的日本文化的核心大抵皆是"心情"、"人之情"之类的内容。这样的"心情"、"人之情"是反人为性的，强调的是自然而然的原本特质。这也反映了日本社会中对人之"自然性"一以贯之的肯定。

人们常说：合作产生了信任。但这样的观点是经不起推敲的，如果没有信任在先，任何合作都不可能实现，甚至连合作的念头都不会产生。事实是：合作是信任的结果，而非其原因。那么，信任又产生何处？特别是在无数陌生人组成的现代社会，超出个人实际接触范围和情感投射的"社会信任"究竟是如何建立起来的？

现代工业社会是高度流动、匿名性的社会，有人称之为"陌生人社会"，有人称之为"大众社会"，每个人都被共同的生活方式和相似的价值观拉平，表现出趋同和同质化。但这只是消费方式和生活方式方面而言，实际上在思

---

① 参见〔日〕尾渡达雄：《伦理学与道德教育》，以文社 1989 年版。

想意识方面则表现出去中心、无意义化的倾向，社会深层交往出现停滞。然而，很多治理成功的国家并没有完全笼罩在这一阴影下，而是寻找到了各自的解决之策。例如，美国的多族群共存的现实和高度开放的吸引外来移民的社会政策就很大程度上抵消了同质化的危险；日本的民族构成相对单一，日本至今在吸引移民上采取十分谨慎的态度，日本社会依靠的是"人情"，注入了个人情感性因素，不靠同化外来移民，而是强化国民间的心理共感，以此对抗技术世界的理性至上和城市文明的陌生人冷漠等"现代病"。

《新明解国语辞典》对"人情"的解释是："只要是人，任何人都应该会持有的、心的活动。在同情、感谢、报恩、献身等心情之外，只要彼此相同，哪怕很少，也希望一道分享快乐。选择更好的方式，听闻更有趣的事情等可以得到充分回应的愿望。"[1]"人情"的含义也许可以表达为中文的"人同此心"，但与中国人通常理解的"人情"不同，日本人更强调的是有关双方的相互而长久的联系，更多的是有限的特定人群，重点不在"全体人皆相似"这一普遍主义结论。

举世闻名的松下电器公司创始人松下幸之助（1894—1989），之所以被日本人誉为经营之神，就在于他很好地洞察了这一切。他认为，企业的经营核心在人，好的经营者就是要充分理解他的员工和他的顾客。松下甚至大胆主张，这样的人性论可以超越共产主义、社会主义或资本主义之类意识形态的分歧，因为只要是在人类生活的社会里，自然人性就不可被替代，所有人都可以接受对人的基本特性的认识。换句话说，企业经营说穿了，是经营者的人生观在左右一切。经营者的人生观主要是他如何看待他人，而非他有着怎样的特立独行的个人目标。松下幸之助正是基于自然主义价值观提出了"人的欲望产生活力"，企业要在这个人性认识的基础上去全力满足人的欲望，企业的存在就是提供人的欲望满足的产品和服务。要让人的欲望得到正

---

① 在日语中，"人情"的另一个含义是指"男女之间的爱情"。

面的持续满足，所提供的产品和服务就必须不断改进，使企业的产品像自来水一样丰富和廉价（这就是他著名的"自来水哲学"）。基于对人的同情式理解，松下提倡尊重客户、迎合客户的战略。

通过观察对方的心情，与之产生感同身受的心理、情感，从而达到与对方的融合，并给予对方以安慰，这样的传统文化精神一直以来深受日本人的青睐，因为它足以对生活于工业化时代的众生们产生强大的吸引力，它可以使被快节奏、高效率、超消费所疏远了的人与人的关系得以松弛和弥补。可以说，身处异化社会或异化时代风险之中的个人正是以共感的方式去理解他人，才有望消除周遭的异化因素，突出人与人之间的现实联系。共感的表达形式有很多，例如，对正处于困境或不安的人不是一味责备，而是一语不发地注视他，或者伸出双手拥抱、爱抚他，或者与他一道叹息流泪，使他感受到没有被抛弃，在同仁、同事、同伴的共感中获得新生的力量。

这样的"共感"甚至被认为是日本文化本质的再现。如近代作家太宰治说，"我想到了'優'这个字，它与優秀同字，也可以解释为優良、優胜。但它还有一个读音，即'優しい'。仔细分析这个字就知道，它写做人字旁加憂う。为他人忧虑、对他人的孤立、可哀、难过等境遇显示敏感，这就是優しい。这不正是人之为人最为卓越、优秀之处吗？……这里还昭示了文化的本质。"并且，他从是否具有優しい这一品质来界定人。自觉到優しい的人才是"像人的人"（人らしい人），否则就失却了人的本性（人間失格）。

人的理性会使人获得力量，一方面可以去改造世界、实现自身预期目标；另一方面也可以使人产生狂妄、自以为无所不能的幻觉，不仅想取代上帝，主宰世界，还想设计全新的秩序。西方许多思想家都对理性的狂妄提出了批判。因为人的理性有不及之处，理性本身有其局限，不同人的理性程度和表现也十分不同，推崇理性很可能变成对各种权威（包括知识权威、政治权威、精神权威等）的推崇，理性主义往往会演变为对一部分人的压制和迫害。而对感性、心情的强调则可能让人去感受生命的意义，承认每个个体的真实性，感性、心情是在日常生活中体现的，所以，强调感性、心情就会主张重视世俗日常生活和尊重久已成形的风俗惯例，即传统。但感性的过度同样也会将人带到一个危险境地：相对主义的思维方式会单一突出本地本群人的习性、观念，并且视为"自然的"、"当然的"，形成对他者、对他文化的偏见和排斥。

　　文学评论家伊藤整在《近代日本的"爱"的虚伪》、《近代日本人思想的各种形式》中分析道：作为日本人，人与人的基本联系方式是，竭力同情、怜惜、顾虑、用心等，这些感情基于极其现实的思考，可以抑制我们原本持有的对他人的冷酷。自他间存有壁障，但努力排除它。伊藤整在此基础上还不无洞见地指出"恋"与"爱"是不同的，"爱"以双方的平等人格为前提，而"恋"则以对对方的关照为基础；在"爱"中，两个人并不迷失，但在"恋"中则相互失却自身。他认为"爱"是基督教的观念，将他者视为与己具有相同的欲求的人，并尊重单个的人，在各自独立的自他关系中、通过爱进行交流、合作。儒学的"仁"也是出于类似考虑。"恋"则包含了对恋者的拥有和自身的丧失。"恋"也不同于佛教的慈悲或儒学的恕，儒学是将特定的道德要求（如仁、义等）作为核心来看待人们之间的关系，佛教提供了与消极的他者产生联系而采取的方便他人的观念。伊藤整相信，以"恋"为情感根基的日本文化可以防止理性和矫情的极端，但"恋"包含了牺牲、忘我以成就对方的内容，"恋"同样也会导致无视后果的极端行为。

　　以心情为重，就是对与己相关的他人事先作出情绪、感受、心理活动等方面的推测，将心比心、推己及人，在对方未提出要求之先替对方想到，这样的交往并非普遍理性的交往，也非广义的社会化交往，而是圈子中、集团内有共同认同背景的人之间的交往，因此，心情主义对内会提出超义务的要求，从而限制了集团内个体的自由选择和个性发展；对外则会形成屏障，拒绝外部人进入，形成排斥效应。这种心情主义的负作用并不总是能够被当事人清醒认识到，相反，它常常会因内部人之间的"我们"共同体意识的形成及其获得的安全、互助等德性而被掩盖。

二、诚心与诚实

在日语中，"诚"有两个汉字表达：一个是"真心"，一个是"诚"，前者是和语词，后者是汉语词，主要来自于朱子学和阳明学的影响。但在日本文化中，"真心"意义上的"诚"流传更广，具有明显的日本自身的印记。笔者将前者称为"诚心"，将后者称为"诚实"。"诚心"强调的是当事人表白心迹，并且要获得对方的接纳；"诚实"则与某个客观事实、原本的事情等相关，是为符合那个真相而作出的努力。中国传统哲学也强调"诚心正意"，对外界事实的符合要先端正心机，自身正才能保证认识正确，但宗旨仍然主张与外界事实的符合才是不可忽视的重要方面。日本传统思想的"诚"重点在揭示当事人双方的心迹，达到彼此间心的交流与融合才是至高境界。此时，外界、外物都被悬置。

1. 表与里的关系

托克维尔考察美国社会时，发现当时美国人十分热衷结社，并认为这一做法是保持美国人（旧大陆的移民及其后代们）之间凝聚力的重要社会结构。他将美国人热衷结社的原因归于"心灵的习惯"，因为人是合群的，人愿意通过群体方式来解决个人问题，但托克维尔忘了，如果这是"心灵的习惯"，那么，所有人类都应有同样的结社传统，然而，事实并非如此。即便是爱好结社的人类，各个地区所发展出来的具体结社形式和规模都是非常不同的。与美国的水平式社会化交往的结社不同，日本和中国在历史上以垂直式地域化交往的结社为主，美国人的结社有一定的开放性，但中日的传统结社大多是相对封闭的，局限于特定职业、居住地或宗派的人群参加。

支撑水平式社群和垂直式社群的组织原理是十分不同的。一般来说，水平式社群内的成员间有较平等的地位，社群规则明确且公开，成员进出社群有较高的自由度，因此，水平式社群的组织原理建立在协商和自愿的基础之上。与此相对，垂直式社群内的成员间存在特定的位序排列，社群提出了各自的特殊身份识别要求，用以甄别加入社群资格的有无，社群对成员创造的收益的分配是以会员付出服从、忠诚的义务为前提的，成员不可轻易进出社群。所以，垂直式社群的组织原理建立在身份、超义务的基础之上。由于垂直式社群并不总是公示明白无误的准则，明示推理就无法起作用，隐晦推理得到鼓励，在人员沟通、人际交往、组织文化等方面就会形成"表"与"里"不同但又相互印证的现象："表"是垂直式社群组织展示于外的，"里"则是成员们实际感受到、运用着的规则。

在日语中，有一对名词"建前"与"本音"，前者说的是"对外显示的方针、原则"，后者则指"从内心说出的话，去掉了表面文章后的真实意愿"。显然，"建前"与"本音"是一组反对词，但它们经常一道用于表述"表"和"里"的关系。"表面的原则"只是看似正确但未必被遵守或起作用的形式，它们通常写在官方文件、正式公文中，公示于办公场所或公共空间中，赋予特定组织及其行动的合法性，但这只是表面的合法性，它们一定符合现有的法规、文件等各种规定，但如果你以为它们都实际得到了有效执行，那就错了。人们会非常灵活地奉守那些上不了台面却彼此默认的惯例，人们心照不宣、心领神会地运用这些"隐形的规则"或"里规则"（相对于汉语的"潜规则"），这些隐形的规则才是当事人真实的想法。不过，"本音"不一定要通过语言直接表达出来，有事明快说出来反而令所有人尴尬，"本音"是在相关人群、彼此熟知"隐形规则"中体察出来的。例如，你在一处不该吸烟的地方吸烟了，工作人员看到后走过来，他通常会说，"对不起，这是非吸烟区"。他只告诉你一个事实，但他实际想发出的祈使命令却省略了。那些了解"隐形规则"的日本人会马上带歉意地说"啊，对不起"，把烟掐掉。与日本人打交道，会说日语只是基本功，更重要的是要全面、透彻地了解日本人的心理、日本文化的特质，才能做到透过"表面原则"读出"真实心声"，从而在交往中赢得主动权。

不仅在个体人之间，即便在企业内甚至企业间，特别是关联企业间也表现出了表与里的关系。表面上，各个企业间、企业集团间都遵守相应的公司法等规定，但实际上，背地里奉守的却是排他性的封闭的规矩。换句话说，在日本，相关的企业或者企业系列内，隐含契约而非成文契约主导着各关联方的各种关系。隐含契约又可以看作是不成文的惯例，即日本特有的"商习惯"。此时关联各方相互的考虑就不仅仅是各自的经济利益方面的得失，而是长久的合作和彼此的信任，有时还可能会出于对方的要求或顾及，而暂时或部分地放弃己方的利益。关联企业间的行为更多地基于长期交易关系所形成的稳固的相互信任，这被许多学者视为一种重要的社会资本。[①] 例如，大企业与下承包企业所结成的稳定而持久的关系，依靠的主要是非正式的隐含契约。其内容主要取决于双方的交易频率、交易的保持时间、交往的历史及相互的信任程度等。核心企业与中小企业在交易过程中，不仅要考虑到经济原则和短期利益，也要考虑到长久存在并被大家认可的商习惯。"据大阪府承包企业振兴协会 1986 年对 1700 个会员企业的调查，大多数下承包企业并不与母企业签订基本契约，其主要理由是'因为有交易习惯'，作此回答的企业占未签订企业总数的 93.1%。甚至还有 31.6% 的下承包企业在接受订货时并未签订订货合同或接到订货单。他们只是根据口头约定（包括电话）或便条通知等，而没有采取据以防止纠纷的书面交易记录形

---

① 当然，也有人指出，其有违自由贸易原则，形成了对其他平等的市场主体的歧视和排挤。

式。即使如此，他们与母企业之间发生纠纷的现象仍然是非常少的。"①

"商习惯"的最大优势就是实现了事前的帕累托最优，降低了各种类型的代理人成本，缓解了市场经济固有的缺陷。但它的劣势也正在此，以隐含契约为基础的日本模式在实现了交易方式灵活性的同时，却带来了另一种负面效应：某种程度上的不稳定以及封闭性。对一个没有情感联系和交易经历的外国企业来说尤其如此。这些惯例难以被外国企业所习得，因此，他们就很难打入日本市场。这些缺乏公开、透明操作规则的"商习惯"正是日本企业充分国际化的极大阻力，它们也因此常常受到来自欧美等贸易伙伴的指责。

古代日本人称不善心为"异心"、"浊心"，称善心为"赤心"、"明心"。所谓清、浊，起源于神道祭祀时仪式的正确、器具的洁净和司祭者、参加者的心情纯正、心无旁骛等方面的内容。由准确无误的程序、仪态大方的仪式以及洁净明亮的器具等激起了人们的神圣感，从而产生出对这一类行为的价值认同。于是，洁净、清新、明澈等就被赋予了道德意义，去污求净、保持洁净的行为也就成为道德行为。污浊的场所、器具以及相伴随的行为，不仅会引起人们在生理、心理上的厌恶感，也同样导致了人们在道德上的拒斥。

清污、祛罪的仪式逐渐程式化，并扩大到日常生活中，人与人的关系也通过种种礼节而联系起来。礼节在日本有着特殊的意义，一个不识礼节、不按礼节办事的人，会被认为是没有道德心的人。这样的思维方式至今仍然存续着，成为现代日本人相互交往的润滑剂，如每年盛夏的"中元"、年末的"岁暮"，年中各种"礼"、"祝贺"都是非常频繁的。即便是在现代化程度极高的企业、公司，管理制度、生产方式是极其西方式的，但是工作作风、人际关系却是地道日本式的，如问候、身体语言、称谓、接待等，都以十分规

---

① 中国经济体制改革研究所赴日考察团：《日本模式的启示》，四川人民出版社 1988 年版，第 75 页。

范、合乎仪式的方式进行。

我们曾在第三章分析了日本社会的二元结构及其表现，其实，"表"与"里"的共存正是二元社会结构下的组织运作原理。社会结构的二元性通过社会功能和社会运作上的二重性得以充分展示。在理解日本人的心理活动和交往原则时，必须把握二重性这一特点。在正式场合，陌生人居多的环境中，或者面对公众时，组织领袖或集团掌舵人仅仅是一个演员，他只是按照大家都希望听到的剧本台词在表演，只有私下场合、熟人为主的环境下，他才会脱下"伪装"，直抵"内里"。日本人的"诚心"就是要在"表"与"里"之间适度转换、无缝连接，两套班底、两套戏法都要做，才能显示"诚心"。

2."诚"在何处

"诚"在人际关系中通常表现为"面子"，即维护当事人在人群中的良好形象和口碑。"面子"有外表的一面，但要靠内心的意识，即对"面子"的在意，因为在乎面子的人才会努力营造有面子的架势，周围的人也会对他的言行作出正面的评价，并附和他，他的面子就得到了。所以，"面子"是己方与他人"合谋"的产物，仅有己方的努力若不在意他人是否配合，那就是自重、自尊；仅靠他人授予或施予，己方只是一味接受，那就是蒙恩、受荣，只有双方都进入角色，主角登台上演，配角叫好欢呼，"面子"这出戏才能演成功。

日本人强调以心传心、心照不宣的表达方式。日本著名的民俗学家柳田国男曾著文指出，在日本国民的生活中，饶舌是被人歧视的，相反，默默地工作被视为一种美德。日本女人所欣赏的男人是这样的：话不多，说出的话却很有分量，踏实工作，任劳任怨，感情不外露，体现在对你的细微关心上。据说，日本人对直率、直截了当的措辞总存有一种抗拒心理，表达请求时，也常常使用间接的、婉转的方式，或者大量使用省略语，只是表明自己

的希望，却将对对方的请求省略掉。如说："我想请教您，但是……"（教え
てほしえいんですけど……）或者使用助动词，如"稍稍请教您一下，可以
吗?"（ちょっと教えて頂けないんでしょうか）总之，日本人在交谈时，十
分强调措辞，好的措辞要充分考虑能否使听者产生愉快的感觉，对此不仅要
避免使用命令式或过于直接的词语，而且还要不断观察对方的表情来修正自
己下面将要说出的言论。

　　"诚"在制度信任不发达的前工业时代还部分起到了"交易信用"的作
用。日本传统社会商人间的交易，包括货物买卖、借贷、赊账等，显然都属
于高风险的活动，但在一定程度上却可以通过交易双方的"诚"来保证，从
而减少商业风险和市场的不确定性。大阪是日本封建时代商业最为发达的城
市，据说在当时的商人中签订买卖合同时都会附上这样一句话："绝不违反
此合同条款，若有违反，即使当众被人取笑亦毫不记恨。"

　　自然主义价值观去掉了对人性的理性化要求，表现出对人的本来状态，
特别是心情、人情因素的认可，这一思维方式也充分体现在现代日本企业管
理中，所谓"日本式管理"，其实质是用企业文化来进行全面的企业管理，
而日本企业文化的精髓就是自然主义价值观——诚——的重申和再现。管
理者不能仅仅依靠管理工具或组织权威，这些都是外在的力量，而是挖掘
自我内心的"诚"，要充分体谅员工，与员工打成一片，做一个有人情味的
人，结果，就造成了与"刚性管理"相对的"柔性管理"。日本的"柔性管
理"使得员工能够以亲善管理、家族管理和情感管理的美名来接受它；同时
员工以组织为归宿，以"工蜂"精神来对待工作任务与职位责任。这显然具
有人力资源管理上的极大优势，因为它弱化了劳资冲突，掩盖了企业内言利
争利的冲突。这种"柔性管理"艺术，在美国管理学家、斯坦佛大学教授巴
斯克和哈佛大学教授艾索斯合著的《日本的管理艺术》中得到集中阐释。他
们认为，一般来说，企业管理包含 7 个因素（7s）：战略（Strategy）、结构
（Structure）、制度（Systems）、人员（Staff）、作风（Style）、技能（Skills）、

最高目标（supersrdinate goals），其中前三个是管理中的"硬"要素，另外四个则属于"软"要素，日本企业管理中更为注重这四个软要素，因而在第二次世界大战后取得了经济上的巨大成就。在软要素的影响下，"首先，日本人把不清楚、不确定、不完美视为组织中必然的现象。因此，他们的人事政策和对待员工的技巧与美国人截然不同。……其次，日本人认为他们比较需要互相帮助，因此他们愿意在人员和技术上作较大的投资，以便对彼此有所助益"。[1] 这就是通常所知的日本企业内员工培训计划。

本尼迪克特敏锐地注意到，"自重"（respect myself）在日本和美国有着完全不同的理解，日本人的理解是"要约束自己，事先检点自己，不要说对对方不利的话，不要做令对方难堪的事"，而美国人的理解则是"我要坚持自己的权利，不放弃自己的主张，坚守自己的原则"。显然，日本人的"自重"是自我约束、自己对自己下命令，在对方未提出要求前充分考虑对方的感受而做出迎合对方或令对方愉快的行为。美国人的"自重"则是对自我主体性、个体性的重申，是要在他人面前郑重表明自身的存在，并使自身的人格具体化。因为日本人是"把谨慎与自重完全等同，这就包含着要悉心观察别人行动中的一切暗示，并且强烈地感到别人是在评论自己。……自重出于外部的强制，毫未考虑到正确行为的内省要求"。[2]

"自重"、"自尊"是"诚"的现代翻译，但仍然无法准确传达"诚"最核心、最原初的内容，即对关系人的心迹表白。"诚"既不是以西方的基督教—个体主义为选择，也未采取中国儒学的格物—正意的路径，它少了客观性的普遍化，主要是关系人之间的心与心的投射、连接和对答。"诚"的作用范围十分受限。它不是哲学概念或范畴，只是社会学意义上的交往惯例，因此，

---

① ［美］巴斯克、艾索思：《日本的管理艺术》，黄明坚译，广西民族出版社 1984 年版，第 73 页。

② ［美］鲁思·本尼迪克特：《菊与刀——日本文化的类型》，吕万和等译，商务印书馆 1990 年版，第 153 页。

在特定人群、集团内，由于相互间接受共同默认的惯例并容忍这些惯例存在的知识背景，于是，"诚"就自动达成。人们经常说，一个日本人不敌一个中国人，两个日本人可以跟两个中国人打平手，三个日本人就轻松打败三个中国人，这部分地揭示了一个不得不承认的道理：日本国民间的心理认同度高，社会合作和社会信任更易实现，因此，多数日本人，即便是不相识的陌生人之间，也可以很快形成默契、实现有效合作。

"诚"也可能导致某种不确定性的道德困惑，正如有人所指出的，日本人的道德意识中缺乏普遍一致的道德原则，主要强调因人因事而分别采取的当下考虑，即对当事人的具体心境的体察，这就是日本人所说的"平衡感"。面对道德冲突时，也大多采取"美的方式"去对待，即以形式、表面上大家都过得去的合法性取代实质内容、过程本身的道德性追问。"日本商业中的这种社会特性也体现在日本人羞耻概念中。日本的管理者会因非经济方面的失败与失误而辞职，例如，日本全日空的一架飞机坠毁后，该公司的首席运营官公开道歉之后，引咎辞职。在这种情况下，首席运营官的失败被视为整个日本的失败。用和辻哲郎伦理的语言来表达，这位首席运营官在整个日本'面前'感到了耻辱。在这里，'日本'被视为由所有岛民组成的整个社会关系网。死于空难的人们有丈夫、教师、妻子、雇员、兄弟、姐妹，所以这个首席运营官感到耻辱是正确的。这场灾难给'日本'的心留下了巨大创伤，而'日本'这个整体是这个首席运营官及其他公民的人性的来源。"①

3."恶人正机"及其现代表现

"恶人正机"说是日本镰仓时期的著名佛僧亲鸾的代表性理论。他的这一理论直接受到了法然（1133—1212）的影响。法然是亲鸾的师父，也是日本净

---

① ［美］金黛如：《地方智慧与全球商业伦理》，静也译，北京大学出版社 2005 年版，第 109 页。

土宗的重要代表人物，他提出了"善人正机"说。法然的一个论证是，"恶人尚且往生，况善人耶"，勉励信众只要皈信阿弥陀佛，加上行善，必然得救，因为阿弥陀佛连恶人都愿意拯救，更不会置善人于不顾。这正是净土宗的核心思想：需要用自己的力量（自力），加上佛的愿力（他力）以求得到解脱。

但与法然不同，亲鸾长年在民间传道，看到民众对佛的他力存有疑惑，对自己行善的必要性也难以生起信心，特别是那些生活中不可或缺的职业人群，如猎人、渔夫、屠夫、部分下级武士，他们不得不从事杀生工作，对自己是否有佛性，佛陀是否会眷顾自己，心中完全无底。还有那些挣扎在贫困线边缘的人群，他们连每日生活必需钱物的筹措都十分困难，更无力专门修炼行善。于是，亲鸾提出了"恶人正机"说，即反法然之道而行，认为"善人尚且往生，况恶人耶"。阿弥陀佛既然慈悲，一定愿意拯救最底层的人，尤其是这些造作业障的恶人，更应该是阿弥陀佛的首要救助对象。可见，亲鸾主张的是"绝对他力"，只要坚信阿弥陀佛，不管是什么样的人都一定会得救。佛教戒律甚至也没有遵守的必要，亲鸾本人在当年就不顾自己的僧侣身份，食肉娶妻生子，还将寺院住持的宝座传给自己的子孙。他所创立的宗派被称为"净土真宗"，简称"真宗"，至今仍是日本佛教中影响较大的宗派。

"恶人正机"说非常类似于西欧新教改革中的加尔文教派所提出的"因信称义"，只要在内心完全信奉上帝，做什么职业、采取什么仪式都不重要，上帝的恩宠高于世间的一切作为，但是上帝的恩宠是不可预测的力量，完全在人力之外，虔诚的信徒只能等待上帝恩宠的降临。亲鸾的"恶人正机"说同样是将动机、意图的出处交付阿弥陀佛，一方面削弱了世俗权威在文化上的传统解释力，无意间却为个人自由、商业冒险等世俗活动开辟了道路；另一方面，拉平了善恶的分野，模糊了道德评价，为经济逐利行为、政治角逐行为等提供了合法性的空间。这就不难理解，为什么"恶人正机"说在当时的商人、武士中得到了广泛的传播了。

就一般的生活经验来说，法然的"善人正机"说显得更有合理性，善人因其善行，加之他力的协助，功德圆满，这也符合人们的心理期待。但亲鸾的"恶人正机"说一味强调外力的作用，将自力的分量压到最低程度，这就可能导致纵容恶人恶势力的后果。只要心中念佛，自身一切业障都可以去除，但"心中"有怎样的念想，旁人又如何得知？仅仅是口头表白（口惠），还是得到救助后所自动显现的结果（善终）？这在信徒中极易鼓励"临门一脚"式的"便宜做法"：只要在最后一刻显示了心迹，就可以修成正果，获得解救。这就是日本式的精神主义。重要的不是一以贯之的、系统的、普遍的精神观念，而是不计后果、不计得失的意识冒险，一味去做，立刻证成自己，如第二次世界大战期间冒死冲撞敌机的"神风敢死队"队员们，现在的日本企业不知疲倦、终日加班的职员们，实际上都有着高度相似的行为。

就其对国民心理暗示的影响来说，"恶人正机"说更具颠覆性，更可能激起民众，特别是下层民众的共鸣，这实质上极易催生日本式民粹主义，即在道德上迎合下层民众无力、无心自我修养或自主完善的现状，将根源归结于外部力量，而不是反躬自省。同样，在处理社会事务上，对他力的过重强调，也会将人们引向不切实际的"恩宠般的意外好处"，不是切实努力去克服制度不足、提高社会福利的供应水平，相反，将来世解脱的希望完全托付他力，这就鼓励了非理性的冲动，对客观后果考量的责任担当被超义务的"心迹"表白所取代。由于缺少了个体自主性，对他力的服从就极易转换成对各种权威的俯首称臣，他力成为不可挑战、不可置疑的绝对权威，人被他的信仰对象所操纵，二者关系走向了异化。

三、主动与被动

"主动"或"被动"是就人对事（或者世界）的态度而言，"主动"意味着当事人积极做事、努力有为，力图在现实世界中作出改变或留下个人的印记；而"被动"则指当事人并不有意或预先设计明确意图，随时可以接受环境和所处组织集团对自身的要求并完成这些要求的倾向。"被动"并非无所作为或听之任之，而是将自己当作某一客观世界或更大组织的一部分，因此，自己只是在符合或不超出客观世界和更大组织的范围内活动。不能用简单的道德尺度对"主动"和"被动"给出截然二分的好坏评价，也不能用"自律"和"他律"来解释"主动"和"被动"，因为这两对范畴所针对的对象或适用的领域十分不同，不可简单替换，"主动"和"被动"主要反映的是人与世界、他人的关系，而非人对自身、对精神意识的关系，它体现在日常生活层面中的交往和共事之中；此外，"自律"和"他律"与个体意识的有无相关，而"主动"和"被动"则与国民性、民族精神的倾向性相关。我们也正是在此意义上说，传统中国人是倾向于主动的，而传统日本人则表现出被动式。

1."人为的"总是错的？

在人化的世界中，人为的痕迹无处不在，甚至可以说，没有人为的作用，现代人就无以立足，即便是在古代社会，虽然其在物质财富和器物文明上明显逊于现代社会，但同样也被人为的作用及其成果所包围，家庭、国家自不用说是人为的，文字、语言也是人为的，脱离了茹毛饮血状态的人及其社会的绝大部分都是人为的，因为"自然性"与其说是一种事实，不如说是一种"观念的构造"，是对人化世界、人工印记的观念式反动。在人类主要文明体系中，总有主张回归自然、倡导自然性的思想家或特立独行的"异类"，但只有在日本，主张"自然性"成为一种民族文化的基调，也为他们的思维方式、交往形态、艺术创作等打下了深深的烙印，这又缘于什么呢？

日本列岛四季分明，景物随季节而变，周而复始，显示了事物简单而不可改变的生生不息的力量；日本国土狭小，四周环海，难以确立起纵横天下的世界观，身边的人情世故、家园乡土的变迁成为人们主要关心的事情；特别是多灾难的历史，海啸、地震、山洪、火山不断，人力的渺小和生命的脆弱暴露无遗，坦然面对灾变、从自身寻找重生的源头，"自然而然"就成为不二的选择，对自然性的敬畏之心油然而生，成为民族集体的印记，重构人们生活的智慧。上述种种都可以说是日本传统文化之所以强调"自然性"的环境因素。主体因素则在于"民族意识"的初步觉醒，面对中国这一巨大的优势文化实体，日本古代思想家试图通过强调"自然性"确认自身的独特，在对比中找到自身的定位。如果这一推论成立，那么，可以说，这大概是人类历史上比较早的"国家文化发展战略"了，尽管它首先是民间人士的努力和思考。

在日本人看来，自然而然并非"无为"，而是把它当作不知真相的命运去对待。就像不管明日天晴下雨，你都要活下去一样，"自然性"是人的命运，与人如影随形。认识到这一点，就是有了恰当的人生观。放弃了解（明らめ），把暂时的不可知视为永恒的不可知，此外别无他法（谛め）。对许多日本人来说，这就是意识到自己是个"凡人"而始知的"平凡的真理"。

推崇"被动的"自然主义价值观在态度上预设了"人为的"总是有种种问题的，它不纯粹、不本真、不原初，"人为的"被置入负面评价之列。"被动的"与前文分析过的"恩"及其相应的义务观念相关，是在一种相互关联的授受关系中彼此遵循共同义理、事先为对方着想，将自己（"我执"、"任性"）隐藏、压抑住，表现出自然而然的状态，即这种"被动的"状态看似是水到渠成般顺其自然的后果。"被动的"而非"主动的"态度并非个人的生活方式，而是对所属群体中他人的间接示好，降低自己的处境，弱化自己的地位，从而抬高对方。

去除"人为的"是试图还原人的本真生活状态，即实现"常"，但"常"又总是被"无常"所掩饰，"无常"反而成了常态，这是难以化解的悖论，所以，自然主义价值观的基色是忧郁而非放纵。这显然受到了佛教的深刻影响，日本人对生命的认识不是超脱，而是体悟，一种如斯其然地接受、接纳的态度。因为人总有一死，这是命运，任何努力也改变不了，是不得不接受的。

　　包括诸多不如意、生死离别和人自身的缺点等，这些都可以被归结为"无常"。对无常的认识或体悟就是无常观。日本人的无常观不仅包括了"断念"、"死心"之类的幻灭感，也包含了在限定条件下尽力而为的"觉悟"。在毫无办法的时候，无论付出怎样的牺牲，有时甚至会以自己的生命为赌注去做最后一拼。在生的时刻，常常抱有对死的警觉，这样的紧张感就直接构成了日本民族惯常表现出来的危机意识。无常感并没有把日本人引向消极遁世的方面，相反，为日本人培养了积极入世、重今生现世的生活态度。"应该做的做了，这就是成功！"（やるべきことはやった。これでおしまい！）日本近代作家太宰治曾说："一日一日，充分地过下去，别无他法。不要为明日之事而烦恼，明日因为是明日不值得烦恼，就在今天一天中愉快地、努力地生活，并且和悦地与他人相处。"无论做什么工作，从事何种事业，首先要考虑到失败的可能，在此基础上大胆实践、尝试，这样的人在活动中是有心机的人，同时在终极性上又是将心居于无的安宁之中的人。

　　这样的"觉悟"以及由此带来的行动主义也造就了现代日本人精益求精的工作态度。日本人认为，人的"自然性"是人的潜力，不断向内挖掘潜力，使自身成为行家里手，就是"自然性"的最佳体现。所以，艺或者说熟练的技艺并非外在的要求，身怀绝技正是人的可取之处（人間の救いになる）。日本人常常将成为某一领域的技艺纯熟者视为"达人"。在日本人的意识中，这样的人总是在孤独、寂寞中不断坚持锤炼、练习而提高、精练自己的才能，他们属于不负于任何人的达道者，这样的人是"精神圆满"的人。将成为这样的人作为个人一生的努力目标，这是日本人式安身立命的基本观念形态，也构成了当代普通日本从业人员敬业精神的基核。

　　人就是人自身所表现出来的一切，这话总体来说并没有不对，但仍然存在明显的缺陷。人不是机械物体，他的言行并非一堆"刺激—反应"的集合，而是存在一定的关联，去梳理、理解并赋予这些言行以意义，就成为各个不同学科的研究任务，也是人类一直以来在努力从事的理性化追求。一旦有了审视、看待人之行为（反思）这样的思维性、意识性活动，任何人都无法"照原样地"认识或接受自己和他人了。换言之，人作为人几乎不可能完全自然本然地活着。自然主义价值观看似具有对人的处境、人的复杂性的深刻把握，但细致琢磨，就发现它不仅没有简化对人的认识，反而为对人的更准确和深层认识增加了障碍。真的有去掉一切人为、一切社会影响的"自然"状态吗？其实"自然而然"本身就是思想者所构想出来的观念产物，用于区别强调理性、伪饰的"礼仪化世界"，"自然性"无非是少一些人为性或者另一种形式的人为性罢了。由"自然而然"的人所组成的"赤子世界"同样也是一种概念抽象。而且这样的概念抽象有时更难把握，因为它主要依靠心情、体悟这样具有高度个体差异性的类直觉方式，是很难普遍化的，同样也难以被不具有相似背景知识的他人所理解。

2."绊"的含义

"绊"被选入 2011 年度的日本流行词汇，它读作"kizuna"，指人与人的心灵纽带。《新明解国语辞典》对该词的解释是："①家族成员相互之间最自然而生的爱着对方的意识，以及亲密交往的人群人间所产生的难以割断的一体感。②因某种机缘而产生、至今却比较疏远的人群之间必然要相互联系起来的意愿。③原本平等的人群却无理由地受到束缚、分割开来的观念，如阶级意识、差别意识。"①2011 年的大地震使日本人深刻意识到亲情、同胞之情的重要，对"绊"的强调达到了前所未有的高度。

"绊"原本指套住马、狗、鹰等动物的绳索，后指无法断绝的感情或者

---

① 该词条的作者还特别注明：第三种用法属于误用，只有第一、二种才是"绊"的正常用法。

难以割舍的情意，特别指夫妻、父子母女、挚友之间的深厚情意。"绊"既提供相互间的心理依赖和感情寄托，同时也令双方有所约束，甚至成为彼此的人情"债务"、"负担"，不得不时时顾及、处处维护。但是，"绊"的重点其实在于突出其间的心理感受和情绪方面的共感，唤起当事人的感情，其他旁观者或局外人也是从感情上去看待"绊"所串联起来的相关人员。"绊"不能上升为某一准则从而普遍化（非自然而然的），也不能转化为仪式而标准化（人为的），仅仅是基于感情又忠于感情的人际关联。

情感，是人的重要心理属性，理性则是人的另一种重要的心理属性，但人的理性程度需要后天的培养才能得到完全展示和有效发挥。人的情感则不同，是人的天性，通常与日常生活相关，即便大字不识、无甚文化的人也可以感受到各种情感，也可以表达十分丰富的个人情感，所以，情感要比理性更生动、易变、更生活化。在对待情感的问题上，中日传统文化的取向十分不同。中国传统文化只是部分地承认情感的意义，如在家庭人伦关系上，充分肯定夫妻、父子、兄弟之间的情感，并予以道德上的赞许，但在国家政治领域和社会公共事务上则主张"道"、"理"、"义"的合理性，它们都是理性的普遍法则。日本传统文化以情感为底色，上文曾讲到的"心情主义"、本章所分析的"自然主义"等在某种程度上都是反理性的，它们提倡的是对"心情"、情感、情绪的充分感知、把握和体认，在处理人所组成的集团，如村、商社、企业、协会等问题时，都强调了成员间的情感联系的因素，而非集团的结构，更非其功能这样的理性设计方面。成员间的情感联系对具体个人来说，具有客观性，构成了个人存在的场所和现实空间，只有以真诚态度去面对，用心去洞察，并努力成为其一员，才可得到集团内他人同等的回应。

"绊"的人际关联在功能性组织，如企业、政府机关、协会等机构中，就发展出了"根回"这样的事前疏通的意思决定方式。"根回"原指地面下树根细腻、复杂的样子，"花道"即插花艺术用"根回"来指给花的根干做造型。以后则指为了达到大家一致的现场效果、在正式谈判、开会之前分别私下里进行各种细致而复杂的沟通、说服工作，尽可能协调不同的意见，在他人劝说和得知多数人的倾向后，原来持有不同意见的人转而选择同意众人意见或保持沉默，在即将召开的会议上不再公开表示明确的反对。在正式开会或表决时，就会出现"一致同意"、"全体通过"的结果。不愿意当面冲突、不将不同意见摆在台面上的心理在其中发挥了重要作用。这种心理的支撑力量来自于对"绊"这一社会关联和心理依赖的认可。

"根回"的过程就是一种集体决策，因为它强调了多人间的意见交换和潜在差异、分歧的协调，并且会当面尊重多数人的意见。但是，很多时候，"集体决策"也会蜕变为组织或集体的最高领导说了算的情形，"根回"造成的一团和气、以和为贵的氛围是以集体内人人遵守共同信守的规则——充分征求大家意见，确立多数人的意见后采纳这一意见——为前提的。如果某一组织的领导是位性格强硬、作风独断的人，他就可能成为"集体意志"的化身，服从他就是服从集体，就会出现一言堂的局面。他可能会利用自身的权威，在决定事项时先明确表达自己不容怀疑的立场，从而暗示、影响甚至威胁有不同意见的人保持沉默或屈从，集体决策此时就蜕变成为一种过场而已。但这样的领导首先破坏了规则，无法长久得到内部成员自觉支持，而且在这样的专断领导控制下，言路不畅，大家感到压抑，士气随即下降，组织迟早会走向衰败。

"绊"比较鲜明地体现了"被动地"接受他人或集团，从而降低自身明确意思的这一人际关系原则。"绊"的结成是靠长久情谊，一旦结成，无法摆脱，不得不牺牲部分自己的利益或爱好，去关照对方，对方会理所当然地领受这一切，同时也会以日后的忠诚、关照作为回报。回报不是当下兑现的，而是在不可确定的未来，甚至泽及双方的后人。"绊"属于一种非契约式的情谊联系，理性计算、得失权衡或效率考虑都被放弃，只是顺其心性和情感而为。

3. 化被动为主动

尽管日本文化以被动为宜，但现代社会主动越来越成为主流，化被动为主动的努力就在悄然盛行，其中，对被动的接纳而非否定仍然是基调，易言之，精神主义仍然起着"定海神针"的作用。不过，日本人的精神主义不同于印度人的超然出世，而是基于现实生活情境，所以，它是服务于现世的。被动为上，但不否认主动，甚至还出现了被动向主动的转变，至于何时取被动态，何时转变为主动态，一切都取决于当事人对当下处境的判断。

如果说"被动"更多与"自然性"有关，"主动"则显然与"人为性"关联度更高，化被动为主动绝非自然而然的"生成"，而是一种"创造"。事实上，在近代以来的日本，一方面受到西方影响，进化论的进步主义和乐观主义带来了对"变革"、"创新"更高程度的接受；"被动"的因素在减弱；另一方面"王政复古"、"大政奉还"所开启的近代化是以渐进改良为主要路径的，许多传统习俗都得到了精心的保护，推崇自然性的自然主义价值观也有所坚守。这就意味着："人为性"因素尽管有了极大提高，"自然性"不仅没有退场，相反，也得到了发扬光大。

被动向主动的跃升、生成向创造的递进，尤其体现在日本战后在经济、科技、政治等各个方面所取得的巨大成就上。20 世纪 60 年代以后日本经济总量就稳居世界第二，日本已经成为发达国家和国际社会中的重要成员。日本国民的高素质一再得到世人的称道。从具有代表性的诺贝尔奖的获奖者数量上看，日本也毫不逊色。从 1949 年至今，先后有 18 位日本人分别获得了诺贝尔文学、和平、物理、化学、生理学或医学奖，保持（现在仍保持着）非欧美国家获奖人数最多的纪录。日本人获奖最多的领域是物理学，成立于 1917 年的"理化学研究所"，是日本最前沿、最先进的研究机构。早在 1929 年，著名物理学家海森堡、狄拉克就访问了这个研究所，该所如今早已是世界上高能物理方面的佼佼者。需要指出的是，日本获自然科学类奖项的人并非都是大学教授或专业学者，相反他们的许多工作成就大多是在企业内完成的，例如，1973年获得物理学奖的江崎玲于奈是在"东京通信工业株式会社"（索尼公司的前身）研究二极管时观测到隧道效应而获奖；2002年获得化学奖的田中耕一甚至没有硕士学位，只是岛津制作所的普通职员，他因为提出蛋白质的质量分析方法而获奖。由此不难看出，不仅日本高校和科研机构，而且日本企业也都具有极强的科研能力，日本员工也有很高的自主创新能力。

需要指出的是，日本人的创造性并非个人主义的自我实现，而是在集团中表现自身"诚心"、"诚实"的过程中所体现出来的，属于"被动"转型而成的"主动"。正像许多学者所指出的，日本人十分在意在他人面前或他人在场的表现，"他人的眼"的存在提供了外在压力，同时也成为唤起主体自主性的激励，笔者将之称为"被动式主动"，日本人的"自我"就体现在其中。"日本人的自我要求却非常之多。……自尊（自重）的人，其生活准绳不是明辨'善'、'恶'，而是迎合世人的'期望'，避免让世人'失望'，把自己的个人要求埋葬在群体的'期望'之中。这样的人才是'知耻'而谨慎的善人，才能为自己的门庭、家乡和国家增光。"① 因感念他人的期待从而努力挖掘自身潜力，最后有所成就，从后果上看似乎也有个人主义的一面，但其内在动力却是"关系主义"的，即对关联方的在意，并将这种在意转化为不让对方失望的切实行动，这就是化被动为主动的现实化作为。

可见，日本人的"精神主义"绝对不是理性主义或普遍主义式的，而只是突出对人的心迹、心性的洞察并以这样的洞察为基础去行动，同时又将后果、成本、效率等方面的考虑置之度外。"精神主义"的现实后果是：不仅带来了一种人际交往中的心理指向，强调双方的情感、态度、意愿等方面的内容，而且还导致了重行动、重即战力的现实主义生活方式。这深刻影响了

---

① ［美］鲁思·本尼迪克特：《菊与刀——日本文化的类型》，吕万和等译，商务印书馆1990年版，第203页。

日本人的工作伦理。这也是精神主义之所以至今仍然得到维护和推崇的内在原因之一。

"自然"与"人为"中的"自然"为上，"被动"与"主动"之间以"被动"为佳，这种取向具有明显的价值意味，体现了对心情的重视。心情是人的心情，对心情的重视就是对人的重视，这就是日本文化中的朴素人文主义色彩。西方近代以来的人文主义充分承认了个人权利，相应地也鼓励主动、人为，却包含了个人与集团的紧张关系；中国传统文化中的人文主义主要表现为政治上的民本主义和道德中的性善论，具有精英主义色彩，同样也是鼓励主动和人为的。但日本传统文化的"自然"和"被动"则从日常生活的情感入手，强调人际间密切关系，人在感受和回应这种关系中去证明自己，在既有集团中的个人所进行的"证明"做的不是加法，而是减法，即去掉私心、我执，以人人相同之心（自然）去克尽本职（被动）。所以，此处所讲的"自然主义"与上文的集团主义、心情主义就圆融无碍地勾连起来。

第八章
民族性与现代日本人的身份认同

工作场所也是修身场

《朝日新闻》（1995 年 11 月 22 日）一篇题为"不许坐！站着干活！"的报道，讲述了日立制作所水户工厂的作业管理。该厂的负责人认为"行政部门没有成本意识，企业经营就不能好转"。于是，工厂办公室的椅子被撤掉，办公桌被垫高，抽屉也被封死，员工们就不得不站着工作，结果，不再有人长时间打电话，文件也不会积攒下去，员工开始变得像"厨房准备晚餐的家庭主妇"一样有效率地工作了。据说采纳这种新工作方式后，以前要花四天的工作两天就完成了。

大荣集团在阪神大地震时的义举

1995 年 1 月 17 日的阪神大地震，造成了 6500 人死亡，还有上万的伤者，成为日本现代史上第三大自然灾害。

地震中大荣集团的表现令无数的日本人感动。大荣集团是第二次世界大战后由中内功在神户市长田区以一家肉铺起家发展起来的，曾经是日本最大的超市集团，年间销售额超过 1 万亿日元。阪神大地震发生后，董事长中内

265

功为报神户之恩，在灾区不少店铺毁坏、交通不便、供应紧张，从而物价有所上涨的情况下，坚持店铺全部开门营业，而且所售商品一律不涨价。但阻断的道路使货物运不进来，中内功决定租用直升机。在他的努力下，受灾地区供应相对充裕，没有出现严重的通货膨胀。然而，巨额成本和有限的利润却使大荣集团负债累累，最终破产。

从人类历史的进程来看，任何一个现存的民族都确立起了自身的文化形态，如语言、仪式、交往规则和制度体系等，不同民族的差异不在有无文化，而在于文化形态的精致化和复杂程度。那些拥有久远、深邃文化的民族绝不满足于器物层面，更多成果是表现在思想意识层面，特别是对本民族的"集体身份"、"民族自我"作出了持久而深刻的追问。当然，早期的"民族自我"的表达还比较分散和粗浅，只有驶上现代化快车道以后，借助于各种学术理论和技术手段才得到了深入总结。前现代的"民族自我"只是一种铺垫或思想素材，准确地说，是一种"国民性"，而非"民族性"。"国民性"更多体现在民俗学、民族学、人类学的领域之中，力图在描述意义上尽可能全面、客观地还原某个民族的共同习性，这些习性涉及性格、思维方式、情感态度、生活方式等内容。而"民族性"的提出是现代性问题的折射，是伴随现代化进程而产生的。但探讨"民族性"不得不首先了解与国民性相关的历史文化背景。

一、有关民族性问题的争论

毫无疑问，民族的形成是历史的产物，人群最初仅仅作为地方居民而存在，并未被团结在"民族"这一旗帜下，换句话说，这些人群在很长时间内只是分散的特殊群体，因自然地理条件而相互隔绝。关于"民族"的意识，无论是民族主义还是民族精神都是在近代以后产生的。在未有相应观念之前，"民族"成员有其具体的内容，却无普遍的形式，仅仅表现为自发的事实性存在。此外，"民族"通常是作为集体概念出现的，"民族"体现的是一类人群的共有特征。与"民族"不同，"公民"或国民作为现代国家的主权者，是借助法学理论、政治制度设置和相应的社会动员来完成的，"公民"或"国民"既是一个总称，同时也是特称，无数的个体公民或国民之现实参与、交往互动构成了现代国家的实体。日本近代关于"国民性"的讨论其实都属于"民族性"范畴，因为有关焦点大多忽视了国民身份的独立性和差异性这一本质特征，当代关于日本人群体素描大多使用"民族性"，就是力图表达"民族"原本包含的现代与传统、个体与集体相统一的意思。这样的"民族性"显然经过了现代文明的熏染。

1."民族性"问题的产生

虽然"民族性"是现代社会的产物，但其与现代国家主体的国民产生之前的民族及其精神、文化传统高度关联，正是这些具体成员在古代国家形成之际就成为历史主体，他们所承载的文化传统和思想印记同样延续到了今天。现代国民从具有这样的民族性的群体中产生，这一生成既是一种断裂，揖别了过去的时代和体制；同时也是一种继承，刻印下了先人们的思索和文化积淀，"民族性"就是每个国民摆脱不掉的历史遗产。

日本与其他东方国家有所不同的是，早在德川幕府时期，因抵制和批判中国儒学而产生的日本式儒学派别和国学派，开始对日本民族性问题有了朦胧知觉，作出了初步探讨。当然，这时还只是少数知识分子的文化主体意识，尚未成为全民的普遍观念，所以，"当我们考察江户时代以前的日本人的性格时，就会发现那时还没有所谓的'国民性格'，有的只是诸如'武士'、

'农民'、'工匠'、'商人'等各种社会阶层所各自具有的'社会性格'以及不同地区的人所持有的不同特征。……只是到了江户末期，这种'国民文化'的基础才开始形成。……正因为有了这种基础，明治以后国民意识才得以迅速形成。在这种国民意识的形成过程中起到催化剂作用的是外来压力。日本政府为了抵御外来压力，操之过急地谋求国民的统一，制定帝国宪法，颁布教育敕语，制定用家庭象征国家的民法，建造了明治国家的框架。"① 发现并充分意识到作为整体的"国民"身份是一个民族走向统一和有机联系体的过程。日本的这一过程始于江户时期末年，明治维新确立起现代国家后才大功告成。需要指出的是，江户时代的学者大多都无法合理地分析具体的民族性，主要是从"心性"、"品性"、"审美意识"等层面，即人性论意义上进行阐述，提出了"大和心"、"和魂"、"赤子之心"之类的结论。

真正意义上的国民性讨论是在明治维新以后，由启蒙思想家发起，代表人物有西周、福泽谕吉等人。最初的讨论还力图科学、客观地分析日本人的特征，从而为国民教育、社会教化以及文明开化提供现实素材，例如，福泽谕吉曾经断言，"日本有政府而无国民"，他所理解的"国民"是指主动参与政治、对国事关心的独立个体，因为没有独立自主的国民，就不会产生由科学精神与独立自主原则指导的现代国家。许多学者直言不讳地批评了当时日本人在国民性上的缺失，如三宅雪岭的《伪恶丑日本人》、神户正雄的《日本人的道德缺陷》等。但19世纪90年代以后，复古主义思潮泛滥，试图恢复因全面西化所丧失的民族自信，在文教政策和思想舆论方面全面倒退，积极肯定日本国民性的倾向转而占据主流，如芳贺矢一的《国民性十论》就是一突出代表。进入20世纪初期，右翼极端分子控制了话语权，成为社会的主导力量，国民性问题转变成国民精神论，甚至极力鼓吹"日本人种优越论"。

① ［日］源了圆：《日本文化与日本人性格的形成》，郭连友等译，北京出版社1992年版，第185—187页。

日本著名社会心理学家南博监修了一套《日本人论》（大空社，1996 年）丛书。这一系列丛书揽括了明治二十四年至昭和十九年期间各种有关日本文化论问题的 40 册书，其中包括《日本风俗改良论》（土肥正孝，明治二十四年）、《日本人》（芳贺矢一，明治四十五年）、《日本国民性的研究》（野田义夫，大正三年）、《日本民族性概论》（佐藤正，大正十年）、《日本的言行》（大川周明，昭和五年）、《论日本人的伟大》（中山忠直，昭和六年）。① 在该丛书的"绪言"中，南博写道："与所有的国家相比，像日本这样，热心于本国国民性问题，并用学术研究、评论、随笔等各种形式出版、发行大量此方面的读物，是没有的。通读全卷书后可知，在明治时代的日本人的心理中，维新后初期所抱有的对西方先进各国的劣等感、与此相反的优越感、赢得了日清、日俄战争胜利而产生的列强意识，三种情绪是复杂地交错在一起的。"对自身历史和文化处境的认识可以构成面向未来的智慧和新的出发点，这或许是日本人能够快速赶超诸国的一个重要原因。

在此所讨论的"民族性"与上述国民性有所不同，主要是在日本现代化进程中民族整体身份的确认、民族自我的认同这一层面立论的。考察日本民族性问题应当从横纵两个方向进行，这才可以准确地锁定日本民族性的展示空间和延伸范围，从而揭示日本民族性的特点。

横向坐标系指日本与其他民族的比较，在此，我们主要择取美国进行对照②，通过美日比较反映日本民族性的"自性"和"他性"。当然，泛泛的文

---

① 由此不难看出，一方面日本人在现代化初期就开始了对自身民族性的持续探讨，另一方面日本的学术出版经常会将某个时期的成果按主题重新编订出版，这使得日本学术研究资料非常齐全。

② 我们可以举一个很浅显的例子。当美国人感觉身体不舒服时想到去医院看看，这时他会说"to see a doctor"，意思是"去看医生"，美国人看重的是技术权威和掌握技术的主体，从而可以为他（她）的不舒服状态给出一个合理的解释，并缓解他（她）的不舒服状态。而日本人则说"病院へ行く"，他（她）要到医院去，他（她）强调的是医院这样的实体组织及其功能，而非医院的人（医生或护士之类）。

化比较无助于深刻地认识问题，更遑论解决问题了，反而徒增更多的衍生性问题。我们在此仅仅从民族性的建构和维系两个方面加以说明。这里存在一个显见的前提是：我们主张民族性是生成的、建构性的，坚决反对宿命论式的天赋论或一成不变的本质主义。既然是建构的，各个民族建构其民族性的方式、途径等就会非常不同。美国独立后的民族性的建构大多数时候是通过理性对话、利益较量而确认下来的，其社会结构的基础是小镇或社区，维系方式是建立或修正共同规则或契约来重申或补充各自的愿望，从而实现民族个体的国民间的心理整合和价值认同，民族性的具体诉求常常反映为国民间被视为有效且普遍的原则或标准，美国民族性的象征是宪法。日本民族性的建构是古老神话以及对神话的不断重述而得以形成的，其结构基础是村落，维系方式是渗透于日常生活的礼仪和习惯的延伸或坚守，日本民族性的象征是天皇。

纵向坐标则指日本在历史变迁，特别是重大历史事件或社会转型之际所发生的价值取向、民族心理等方面的变化（非连续性内容）以及努力要在变化中继续维系促其不变的"常"之连续性，大化改新、庄园制兴起、大力推行文教政策的江户时期、明治维新、战后民主化等都是我们要重点关注的重要历史阶段，但这些时期中，日本民族性得以锤炼，并反复重申，发展至今。即便是学者们的理论研究亦是如此。有学者指出，"战前和战后的观点有许多是相通的，例如对集团的依赖性，现在性的现实主义，独立自我的缺乏及自我与他人界域的暧昧等"①。

即便存在研究对象的一致性和研究方法的相似性，但是由于第二次世界大战后"去意识形态化"的宽松氛围，有关"国民性"、"民族性"的研究出现了多元化倾向，各种观点、立场纷呈，确实大大深化了对相关问题的探讨。从总体上说，第二次世界大战前的极端右翼主义和不科学的偏执态度受

---

① 李永炽：《日本式心灵——文化与社会散论》，三民书局 2006 年版，第 108 页。

到清算，与此同时，"国民性"也被较少政治色彩的"民族性"取代。"战前称为'国民性'的东西，即多指这种由表层文化而形成的日本人的性格。由于发自内部的政治改革和战败等的冲击，使这些要素为之一变。这些都是我们经历过来的。战后日本的文化人类学者们之所以更多地使用'民族性'一词来取代'国民性'，正是因为战前日本所主张的'国民性'反映了当时日本的政治局势，包含着明治以后的日本人人为创造的诸要素，似乎那些都是永久持续的东西一样。与之相对，他们使用'民族性'一词，以强调在民族的基础文化中那些不可变倾向很强的要素影响下形成的社会性格的某些侧面，这些侧面在社会诸性格中有着相对持久的属性。"①

2. 当代有关民族性的主要观点

美国日本学家戴尔曾做过统计，在日本 1946 年至 1978 年的近 30 年约有 700 部日本人论的书出版，其中 25% 是在 1976 年至 1978 年出版的。② 通过对有关日本人论出版物内容的分析，他还发现，这些书大多有三个核心命题或动机：第一，作者们明确主张日本人指文化上、社会上单一的种族存在，日本人的本质在史前时代就已形成，自此至今，没有发生根本性变化；第二，他们认为日本人的基本特性明显地区别于其他所有已知的民族；第三，这些著述常常充满了有意识的民族主义色彩，表露出对一切出自非日本的分析模式、概念和方法论的敌意。

戴尔的话也许有点刺耳，但在关于民族性或国民性的日本论者中确实存在严重的相对主义倾向，这一点早在江户时代就有表现。例如，"继承了中江藤树（1608—1648）的'时、处、位'思想，并使其具体化的熊泽蕃山

---

① ［日］源了园：《日本文化与日本人性格的形成》，郭连友、漆江译，北京出版社 1992 年版，第 28 页。

② Peter N. Dale, *The Myth of Japanese Uniqueness*. London: Croom Helm, 1986.

(1619—1691）便强调'日本的水土'。蕃山主张，与中国水土不同的日本，在'礼'的问题上也应该加以改造，使之符合日本的水土，而不能照搬儒教经典。他认为只要正确地把握了'礼'的精髓，那么'礼'的形成便可按日本的水土加以改造"。[①] 尽管我们也可以将此看作儒家"经权"思想的继承，但日本思想家更在意的是"权变"的主体（日本人）而非"权变"的情形（事项的紧迫性或特殊性）。

下面，我们介绍几位活跃在当代日本民族性问题讨论中的几个重要人物。

新京都学派的代表人物之一的梅原猛（1925—   ）早年受到西田哲学的影响，但后来产生怀疑，特别是西田哲学中对人生的绝望、不安情绪，尤其令他不能满意。他试图创立新的人生哲学。这种人生哲学不同于西田哲学、实存哲学，是鼓励生、对未来充满希望的人生哲学。在探讨人生哲学问题时，梅原猛全面考察了欧洲文明及其哲学，看到了欧洲文明的弊端是忽视对生死问题的关心，而以日本文化为主的东方文明则对这一问题有深刻的分析，提供了许多思想资源。以后，他开始转向研究日本文化，提出了独特的日本文化论。

梅原认为，日本文化的精髓是美感与宗教。前者表现在日本的文学、艺术和生活方式中；后者体现在日本人的情感、判断和行为态度中。据此，他批评了许多日本文化的研究者，如和辻哲郎、铃木大拙等。在《地狱的思想》一书中，他展开了关于日本文化的研究视野：日本思想有三个构成原理，即生命的思想、心的思想和地狱的思想。这三种思想源流都与日本传统宗教有关，是神道、佛教在不同历史时期给日本人带来的启示和教诲。到了镰仓时代，三个思想源流合一，日本文化定型下来。

[①] ［日］源了圆：《日本文化与日本人性格的形成》，郭连友等译，北京出版社1992年版，第50页。

以后，他又考察了东方文化与西方文化的关系。他提出这两种文化是异质的，前者是"和"的文明，强调慈悲与平静；后者却是"力"的文明，主张攻击和报复。历史的发展表明，西方文明在今天出现了许多困境，造成了难以解决的问题，东方文明则将有助于缓解这些矛盾。人类应向东方文明借鉴智慧。

上山春平（1921—2012）提出了"深层文化论"。他认为日本文化是由多层文化积淀而成的。最表层的，即现在的人们所看到的是资本主义化了的、欧洲化了的"大众文化"和"现代文化"。这是近一百年来，特别是第二次世界大战后的变革所带来的结果。潜存于这些表层文化之下的中层文化是受到中国文化影响的农业社会的文化，这在日本经历了数百年的发展。最深层的里层文化则是日本土著的原初民所创造的绳文时代的狩猎采集文化。如此层层剖析、挖掘日本文化的深层结构又是为了说明什么呢？上山认为，这是为了让当代日本人确立起日本人的独特立场，更好地思考"人应当怎样生活"这样的问题，并进一步地从日本人的视角出发，作出"我们日本人今天应当怎样生活"的选择。

上山还考察了人类文明史的问题。他把人类迄今为止的历史分成自然社会时代和文明社会时代。文明社会时代又包括第一次文明时代（农业社会时代）和第二次文明时代（工业社会时代）。日本文明在这样的历史中，先后吸收了中国和欧洲的文明形式，但从根本上说，中国文明才是日本文化的母体，因此，解决现代性问题的日本人要学会从东方文化以及日本传统文化中寻找根据。①

也有学者在比较日本与西方的差异时，对"自我"概念做了深入解剖，分析了日本人的"自我"特殊性。他们提出：作为文化概念的"自我"，即社会自我或民族自我并非个体自我的简单叠加，而是独立的生成事物。此

---

① 参见卞崇道主编：《战后日本哲学思想概论》第十二章，中央编译出版社 1996 年版。

外，社会的自我本身具有民族、文化的差异，没有与西方一样的"自我"，并不等于说日本社会没有"自我"。如穴田义孝认为：依据 W. 詹姆士、G.H. 密顿的观点，社会自我是与主体性概念紧密相连的。客我 me 是由自我 I 促成的，自我 I 带来了个人行动的独立性和社会变革，由此形成了社会适应、维持社会秩序之根源的客我。因此没有截然分开的主我与客我，"主体性"是一切独立存在的人及文化所共同的。穴田进一步提出：在自己主张的 I 中有 I 的主体性（绝对的主体性），在调整社会关系的 me 中，也有 me 的主体性（相对的主体性）。主体性存在于社会性性格的底层，是作出判断的主体。如在社会中存在作为共通感觉的习俗规范，习俗规范通过教养或者模仿而被人们遵守，社会性性格的本质完全不发生变化是不可能的，但它又是难以发生根本性改变的。当需要调整时，作出调整和如何调整这类判断的是构成社会的广大普通成员，他们就成为判断主体。在日本社会中，me 的比重强于 I，表现出无论如何重视社会要求的行动倾向，这可能会使自己 I 的主张受到压抑。但在 I 的主体性中又包含了任性的个性和不顾及他人的可能。在以社会适应为主的 me 中肯定自我为主的 I，这是日本人最本质的行动倾向。对此不应做简单的价值观上的好坏判断，首先要认清这一事实和现状，并将之看作是日本人的智慧。①

浜口惠俊于 1977 年发表了《"日本人式的"再发现》一文。根据浜口的主张，日本人的人性观与东亚人相通，却与西方人差别甚大。日本人表达"人"的词，是"人间"，这个词还可以指"人类"，由此他提出了日本文化的"间人主义"，日本文化的总体倾向是强调"一个一个人之间的关系"。它具有这样的特点：提倡相互依存、相互信赖，主张对人关系才是人的本质特征。"间人主义"是日本人的行动样式之普遍准则。"间人主义"表现为关系人之间连带的自肃、自省意识，而非个体内省的自律感。具有连带自省意识

---

① 上述数段的内容请参考李萍：《日本文化再认识》，《玉溪师范学院学报》2003 年第 11 期。

的日本人，强调对他人，特别是相关者，如家庭成员、公司中的同事、村庄中的邻人等的相似利益与感受的顾及，深刻意识到自己与他们的相关性。日本人之所以成功地运营了近现代资本主义，就在于日本人能够依据自身所在的系统的关联性渐渐地提高到对社会序列的认可，接受范围更大的社会组织的人际关系和经营功能上更为可取的生活方式，从而成功地实现了社会的现代转型。①

森冈清美提出要区分变质（transmutation）和变形（transformation）两个概念的不同。变质就是本质发生了改变，变形则指形式、外观发生了变化，本质却未必改变。他认为：在日本历史上思想或社会结构等所经历的主要是变形，而构成日本社会内核的因素始终没有发生根本改变，并被保存下来。日本社会总体上说，历史的延续性得到了尊重。

也有为数不少的政界人士不甘寂寞，加入"日本民族性"的大合唱中。日本原首相中曾根康弘曾宣布日本已经在经济、智力上赢得了西方，他断言，除了日本，"没有一个民族向他的人民培养了一种信念……也没有一个民族把丰富的信念精确地传达给他的人民"。另一位原首相大平正芳在1979年发起了"文化时代"的计划，力图对"日本文化特殊性"做出全新解释，并建立一个真正的"具有理解力的日本文化"。与学者的学术讨论不同，政治家们的表态往往代表了一定的民意，同时也会借助财政预算、文化事业复兴等手段兴办"公共利益"，其结果就是日本政府出资兴办、扶持、

---

① 但有批评者指出，浜口的观点包含了如下问题。第一，他假设日本人的行为态度是个别—情境主义的，即认为日本人大多采取依照特殊状况而行动的态度，那么，日本人又是如何结成稳定、长期的集团关系，如企业集团、村社集团的呢？第二，浜口认为，"间人主义"是东方人的一般特征，在这一点上，日本人与他的近邻保持高度一致性，那么，作为东方人的一般特征的"间人主义"与日本人的"间人主义"是同一的吗？笔者认为，尽管浜口未对此问题进行深入分析，但是，日本人与其他东方民族所理解的"间人"还是有明显差别的，日本人的间人主义是"关系优先型"的，在东亚其他国家或地区，如中国、朝鲜等则主张存在某些普遍性的规范，这些规范优先于人际关系，是人所必须遵守的。

鼓励了大量机构、民间团体等开展相关活动，推进日本文化在世界范围的传播。

哲学一般并不直接讨论"国民性"或"民族性"问题，但会分析"民族精神"问题，是将它理解为一个民族总体性思想倾向和精神发展程度，体现了集体意志。例如，黑格尔曾指出，民族精神是一个民族的"理性的和必要的意志"，它是构成一个民族意识的其他种种形式和内容的世界精神，并且通过民族的宗教、政体、伦理、立法、风俗、科学、技术和艺术等方面加以表达。① 换句话说，任何一个民族的民族精神既有共性又有个性，一方面是人类精神成果的体现，构成了人类精神的一部分；另一方面又显现出了自身的特殊性，表现为不同于其他民族的诸多特性。片面强调任何单一民族在民族精神上的独特性，或者认为某种民族精神是凝固的、一成不变的，都是错误的。日本近代哲学家纪平正美在《日本精神的由来》一书中却提出，"日本精神实际上是纵通古今、横贯东西的东西"，它是日本的"纯粹的东西"，也就是"日本的道"。可以肯定，纪平正美使用了哲学术语，他本人也以哲学研究为职业，但他对"日本精神"的理解② 却是非哲学的，完全出离他的哲学训练对他提出的反思性和批判性的要求，仅仅从个人情绪好恶层面看待"日本精神"。

民族性一方面表现在民众不自觉的心理倾向和日常行为中，即所谓的"集体无意识"，但这样的内容只是民族性的浅层内涵，民族性的深层内涵则蕴藏在自觉形态的理论体系中，特别是集中体现在一个民族的哲学思想中，因此，本书对日本民族性的探讨主要以思想家、政治家、哲学家等的论述为主。透过他们的言说来考察日本民族性的最高形式和内涵。此外，我们还要

---

① 参见黑格尔：《历史哲学》，上海书店出版社 2001 年版，第 46、95 页。

② 日本人对"民族性"的探讨与对"日本精神"的追问曾经高度关联，甚至被后者所取代。不过，"日本精神"具有强烈的意识形态色彩，而"民族性"则相对具有更多的文化学、民俗学性质。

辅之以对市井生活、日常仪式、小说戏曲等的观察，从中挖掘出具有特定内容且持续性的倾向及象征意义，将思想家的理论抽象与庶民大众的日常生活体验加以对照，印证或充实日本民族性的完整画面。

通过上述对日本国民性、日本民族性等相关概念及其历史所作的简略分析，我们将"日本民族性"的内涵归结为：日本人力图表现出的思想自觉以及在这样的思想自觉指导下所进行的民族统一和价值认同的努力。在这一定义下，宗教、政体乃至科学、艺术等本身并不构成日本民族性的内容，但在建立宗教、创建政体、探求科学、发展艺术等过程中的人为努力以及所要特意达到的某种目标设置或采取的行为方式等才可能构成日本民族性。因此，我们的理解就要比黑格尔的认识有所限制。例如，一个日本人想发家致富，这一想法可能与其他国家的任何人都没有什么不同，你无法从一个想发家致富的念头中看出他（她）有怎样的民族性，也不能仅仅因他是日本人就断定他时时处处体现出的都是其背后的民族性。而当一个日本人是要为民族振兴或洗去日本产品"价廉低质"的坏名声而投身实业时（特别是当很多同时代的日本人都持有类似想法并采取相近的行为方式时），这个日本人或这些日本人就有了民族性，而这样的被多数日本人所看重的东西就构成了民族性的具体内涵。

3. 日本式民族主义的源流

日本式民族主义的源流体现了思想史主题的变换，也反映了日本社会重大事件的更替。从思想史上看，日本人关于自身"民族性"的探讨经历了不同的阶段。最初是"大和心"、以后是"和魂"、再后来是"爱国主义"，直至今天的日本文化论。这期间也包含了日本式民族主义的暗流涌动。

"大和心"是江户时代中期出现的。当时的一些日本学者和思想家注意到中华文化的全面侵入对日本文化的冲击以及对日本人心性的改造，开始挖掘日本自身文化的源泉，他们从古代的神话、和歌、史书中寻找到了本民族的独特性，提出"大和心"以与华夏文明的"汉心"相对立。"大和心"又被称为"赤子之心"，强调自然而然、未经人为雕琢之前的状态，这样的状态是与自然本性浑然一体的，是情感性的而非理性的。倡导"大和心"的主要代表人物多为当时的国学家，如契冲、荷田春满、贺茂真渊、本居宣长等。在日本国学家那里，"大和心"又等于"和歌心"，他们用"大和心"指称日本人独有的意识和行事做派，认为它是日本先祖创造的、适合于日本人的风土人情，成为日本人的"烙印"，日本人应珍惜它、维护它，为此，要排斥、拒绝与此不同的中国式的、人为的、虚伪的言论和主张。

"和魂"则是在江户时代后期出现的。随着以蛮学、兰学、洋学等为代表的西学先后渐次传入日本，日本人不得不面对重大之变局，如何在接受新事物的同时不丢掉日本人的品性？当时的一些政治家和文人士大夫们提

冲绳首里城（刁榴摄），15—19世纪琉球国的都城所在地和王宫。1879年日本吞并琉球，1925年首里城被定为国宝级文物，2000年被联合国教科文组织列为世界文化遗产。

出了"和魂洋才"，也有人将之具体解释为"西洋技艺、东洋道德"。"和魂"就是以在日本扎根的神道、儒学、佛教等为代表的思维方式、价值观念和生活方式等的总称。与"大和心"相比，"和魂"的所指要略为明确，而且少了情绪化色彩。但在目标设置上二者仍然是一致的，即要将日本国的统一和日本人的特殊性置于首位，强调一致对外，具有明显的"内"、"外"差别意识。

"爱国主义"是明治维新以后产生的。明治政府针对西方思潮的影响以及自由民权运动所产生的意识冲击而提出了维护君主立宪制为本体的日本国体说，并通过《五条誓文》、《教育敕语》等钦定文书的形式广为发布，借助现代学校教育和社团组织的日常化渗透而成为全社会、全民的行为准则。"爱国主义"要求一直延续到第二次世界大战结束，因此，它在很大程度上与日本军国主义、绝对国家主义等观念相融合，成为对外发动侵略战争、对内愚弄百姓的思想工具。但不可否认，"爱国主义"的倡导也使日本迅速完成了向近代国民观念的转变，摆脱了封建制下"只知其君不知其国"的各自为政、相互防范的意识，它突破了狭隘的血亲观念，建立起了庞大、抽象的国家—国民体系及其价值观念。这为近代市民社会的形成提供了思想基础，近代企业发展、市场经济的发育、社会动员和公众参与等都获得了实现，其中所生长出的共同体意识也成为新型近代国家的合法性依据。

"民族主义"问题经常与"民族性"概念纠结在一起。"民族主义"是近代民族国家形成过程中产生的，对后发国家而言是在用西方之利器抵制西方之侵略，因此，具有了一定的正当性。近代西方的殖民扩张，不仅将西方价值观和生产方式传播到了地球的各个角落，而且也改变了整个人类历史的进程。在接触到近代西方文化之前，世界各地的联系是稀少、间断的，但近代西方却通过建立殖民地、签订不平等条约、开设学校和教会等，长久且持续地渗透，并逐渐从各个方面影响和改变了本土社会。在社会意识上，西方近代最重要的社会思想成果是权利观念和民族意识，前者与国内政治结构、社会体制有关，带来了对国民与国家关系的新理解；后者涉及国与国之间的交往，以民族—国家形式建立的现代国家区别于传统的城邦、帝国、封建王国，是一个包含了民族认同、政治忠诚和共同价值分享（我们＝共同体）的抽象理念，使世界上的人群按民族分类归入各个利益对立的国家之中。民族主义就是与此相应的思想体系和情绪载体。民族主义是一把双刃剑：一方面它将一盘散沙的"草民"凝聚在国家旗帜下，通过民族认同找到归属感，从而向西方列强提出民族独立、恢复国家主权的要求；另一方面它也在民族—国家内部造成了撕裂，原本因传统文化、共同居住而相互杂居的人群却被人为地分成了不同民族，并被不断强化自身的民族符号和印记，造成传统国家内不同人群间的流血冲突。

和平的、无侵略性的民族主义的开端是 18 世纪德国诗人兼哲学家赫尔德（Jonathan Gottfried von Herder, 1744—1803），他提出了归属感，认为人既需要吃喝，需要安全感与行动自由，同样也需要归属某个群体。若没有可归属的团体，人会觉得没有依靠、孤单、渺小、不快活。他相信，每一群体都有自己的 Volksgeist（民族精神），也就是一套习俗与生活方式，一种做事与行为的态度。这些之所以有价值，只是因为这是属于这个群体所有，因此，赫尔德崇尚民族文化之多样，并断言不同的民族文化可以和平共处。但在战前的日本，除了极少数思想家（如基督教徒、马克思主义者），"民族主义"具有极强的排外性，甚至直接成为对外侵略、征服的口号。此外，与中国不同，日本的民族主义既有西方的因素，也有自身历史的传统延续，这主要缘于日本始终处于强势的中国文化的对比之下，所以，较早发展出了较强的他者意识。更重要的是，日本走向现代化的过程采取的是自上而下的改良，许多传统得到了保留，如天皇制政体、神道信仰、乡村社会结构等，日本民族主义充分肯定了自身文化的优越性，采取了保守主义而非虚无主义的立场。

二、日本人的世界观

日本要展示给世界什么样的形象，日本在世界中占据怎样的位置？这些方面的思考就构成了日本人的世界观。在东亚，日本是最早意识到"世界"作为他者而存在的民族。古代的中国一直是日本模仿（有时甚至是畏惧）的"他者"，朝鲜半岛是它最早意图征服以纳入本邦的"他者"，这些都构成了日本人的早期世界观。世界观其实就是一种国家意识，即对国家在世界中的地位的认识，从一定意义上说，国家意识的觉醒也是近代日本能够摆脱中国的影响，选择脱亚入欧政策、快速效仿和赶超西方的思想动因。相比于中国、朝鲜和越南等其他亚洲民族，日本人较早、较明确地将自身定位为"世界"一员，也就有了动力去成为"世界"利益的瓜分者。第二次世界大战后，日本人的世界观的具体内容和方向都发生了重要改变，但对世界的敏锐感知、积极参与和力图成为其领导者的意愿却始终没有放弃。

1. 日本国的形象

关于日本国的形象，最早的记载存于中国的史书中，当时的中国人将它称为"倭国"。当日本人习得了汉语，知道"倭"的贬义之后，对此耿耿于怀。

隋朝时，公元 607 年推古女王和圣德太子派使节小野妹子到隋朝通好，在致隋炀帝的国书中开始不再以"倭王"自称，而改成"日出处天子致日没处天子"，尔后的第二次国书则言，"东天皇敬自西皇帝"，这是"天皇"称号首次出现于正式外交场合。但当时的日本尚未有统一国号，迟至公元 7 世纪末才开始启用"日本"这一国名。

略读中日思想史，就很容易注意到，日本人对自己国家的形象描述往往比中国人更美化、更失真。"中国哲人所构想的国家是一种理想国，但是日本国家主义者心目中的国家是实际的日本国。日本倒幕运动最有影响的领袖吉田松阴（1811—1839）曾经非难孔子和孟子'孔子与孟子离开自己出生的国家，在其他国家中干事，是错误的。为君主与为父效力的道理基本上一样的。一个人说自己的国君愚蠢而昏庸、抛弃自己出生的国家，到其他国家中去寻找一个不同的君主，这种做法就像一个人说自己的父亲顽愚，离开自己的家，到隔壁人家去做邻居的儿子。孔孟见不及此，是不可辩解的。'（《讲孟剳记》）"① 中日之间的差别源于中国传统政治文化主张的是"天下观"，而非"世界观"，更非"国家观"，所以，中国古代思想家都是力图构建实现天下大同的政治秩序，现实的国家只是其手段。而日本传统思想却缺乏普遍主义的政治学说，总是立足于本国本土去谈论国内政治事务以及国家间议题。

"日本国"作为一个整体并且被视为现实世界的理想，这首先在知识阶层和官吏群体中产生，这一思想只有被广大普通民众知晓并接受才可成为共识性的民族意识。这一向民间庶众渗透和散布的过程在德川时代就开始了。丸山真男在分析日本幕末政治格局和社会观念变革时曾指出，"封建社会的多极性分裂，面临外国势力，暴露出它的软弱无力。当此之时，为了国家独立而要求民族统一，作为国内对策，表现为两个方向。一是，政治力量向国家凝聚；二是，向国民思想的渗入。"第二个方面尤其具有近代启蒙意义，也对日本国的形象在普通民众中确立发挥了重要作用，"使对政治的关心更加渗透到社会层，并以此把国民从以前对国家秩序无责任的被动状态中解放出来，从而在政治上动员一切力量。这一历史性课题，作为一个模糊的方向，最初是与前一个问题不可分地被提出的，但由于一味苦于追随前一动向，它的速度明显减缓了。这多半是从'言论畅开'开始，到了身份界限的

---

① 转引自［日］中村元：《东方民族的思维方式》，浙江人民出版社1989年版，第283页。

缓和、从下层吸收人才、公开舆论思想，才逐渐具体化"。① 但由于当时仍然盛行对集权、专制的推崇而未能真正抵达普通国民，所谓"言论开放"、"吸纳人才"的对象最多只是触及"草莽志士"而已。但即便如此，相对于其他东亚邻国，在吸纳民间人士意见、培育整合的国民—国家意识方面，日本已经走在了前面。

日本近代启蒙运动的思想家福泽谕吉（1834—1901）不遗余力向政府建言并在国民中唤起新的日本国形象。他被日本人尊称为"国民的教师"和"日本的伏尔泰"。他的一生经历了德川末年、明治维新、帝国主义化等阶段，他的思想也多有转变，但对培育新日本国形象的努力却始终没有放弃。1860年赴美，开始实际地了解西方文明；1861年出使欧洲，对西方社会的先进有了更真切的感受。他一生不仕，专心致力于教育，并积极翻译著书，宣扬欧美新文化。他的主要著作有《文明论概略》和《劝学篇》，对近代日本人的思想开化起了巨大作用。他提倡自由平等的学说，在《劝学篇》的开篇提出"天不生人上人，也不生人下之人"，国家的独立需要国民的独立作依托，个人的独立是国家独立的基础。他意识到了"国民"与"臣民"的不同，敏锐观察到了现代社会中个人与国家新的关系形态。此外，他还阐明了与文明相关的许多问题，如什么是文明，他回答道："文明就是指人的安乐和精神的进步，因此归根结底，文明可以说是人类智德的进步。"他把文明区分为外在的事物和内在的精神两个方面，还深刻地指出外在的事物易求，精神文明难得，要在精神文明上花工夫。他的文明史观之宗旨在于确定日本国家的独立，使日本摆脱野蛮和半开化，进入文明时代。如果说中国传统的"文明观"主要是文化、社会意义上的，因此是整体性的，而福泽谕吉所说的"文明"已落实到个体立场上了，不再是传统儒学整体式、综合的文明观。

---

① ［日］丸山真男:《日本政治思想史研究》，王中江译，三联书店 2000 年版，第 296、297—298 页。

1904 年的日俄战争以日本取胜而结束，这是一个重大历史事件，因为这是一个亚洲国家第一次打败了欧洲强国，"此一事实必然使许多印度人、非洲人等心中受了电击一般，激起反帝国主义、自强、民族独立等意念"，因为"19 世纪的自由主义哲学思想家，虽然大多反对帝国主义者残酷剥削'黑种的大众'（dark masses），却没有一个认为黑种人、印度人、亚洲人可能有自己的政府、议会、军队。这些思想家都是完全的欧洲为中心的"。① 日本尝到了"富国强兵"的甜头，自此在资本主义道路上没有止步，继续推进"文明开化"、追赶西方的国策。

资本主义在发展过程中在社会层面上确立起了三种基本价值取向，这就是：个人权利至上、价值相对主义、实利取向。个人权利至上既可以成为遏制政府权力的利器，谨防国家机器对公民个体造成伤害，同时也张扬了个人的自主、自由，为个人主义开辟了道路；价值相对主义则将信仰、审美、道德置入个人的心性世界，使之具有非公共性，因此，国家不可强制推行某种一元的价值观，国民个体也不能强求他人接受自己的信条，价值领域处于开放未决的状态，而且价值问题的解决只可诉诸讨论、商议、表达等方式；实利取向鼓励了创造财富、追求物质回报和现世成功的诱因，后果、效率和可行性等指标成为人们行动的重要参照。战前的日本是选择性地引入资本主义制度，尤其在价值观上筑起了一道厚实的屏障，除了实利取向得到充分肯定，个人权利之上和价值相对主义几乎被拒斥在国门之外。第二次世界大战前的日本现代化是跛足的，它只在军事、经济上实现了现代化，但在文化、价值观上却裹足不前。但这样的片面资本主义化却被理解为是日本式的独特国体所致，也成为日本国形象的重要内容。

第二次世界大战后，日本重新定义了"日本国形象"，借助"和平宪

---

① 柏林：《民族精神再兴：论民族主义之善与恶》，选自刘军宁主编：《直接民主与间接民主》，三联书店 1998 年版，第 213 页。

法"，开始将"和平"、"安宁"、"富足"作为新的国家"名片"。但由于第二次世界大战的历史问题和战争责任问题未能得到真正解决，极右势力的土壤未被根除，在日本国新形象的理解上，右翼、左翼、居间、温和、多元等各派出现了意见分歧和观点交锋。现代日本虽然有一些极右势力，但同样存在左翼力量相抗衡，而且开放、民主的政治体制和社会结构有利于各种不同声音和呼求得到充分表达，社会最终采取的行动就避免了长时期处于单边主义政策之风险的境地。与其他发达国家相比，日本民族主义的焦点不在种族问题上，而在与周边国家的关系上，换句话说，主要表现在国际事务中。日本"入常"（加入联合国常任理事国）受阻其中一个重要原因就是在国际事务中偏右的民族主义倾向引起了邻国的警觉和反感。

2006 年 9 月 26 日，安倍晋三接替小泉纯一郎担任日本首相，组成了安倍内阁。安倍晋三是第二次世界大战后出生并担任首相的人，他的政治纲领就是要彻底摆脱第二次世界大战后形成的日本体制，他修改了《教育基本法》，把"爱国心"增加了进去，又把防卫厅升格为防卫省，强化了日本的国防力量和对外攻击能力。第二次世界大战后出生的日本人曾被教育日本犯下了严重的罪行，需要不断反省、改进。但如今他们中的许多人开始将此理解为"不自信"、"自虐"，是一种"民族耻辱"，想通过各种方式清除它，证明日本已经是一个"正常的国家"，对历史的"矫正"和自身传统的重新诠释就得到了不少人的内心共鸣。安倍晋三的一系列政治举动正表明右翼倾向在日本有极其适宜生长的土壤。可以说，21 世纪以来的日本国的形象不是国家清晰、可亲，而是变得模糊、摇摆起来。

2. 世界中的日本

日本从发现世界到融入世界，并最终成为世界秩序的重要维护者，这一过程十分艰辛。

江户时代的一位开明学者佐久间象山，算得上日本最早"开眼看世界"的先行者，他为了出版费心编撰的《和兰语辞书》曾向德川幕府请愿说，"驭夷俗，知夷情为先。欲知夷情，通夷语为要。……海防乃天下之海防。……使天下之人悉知彼之情，不若读夷书，欲读夷书，以出版词书为先。"① 但是幕府驳回了他的请愿（1850 年）。幕府所执行的闭关锁国的政策使日本丧失了主动接触认识世界的机会。

1853 年 6 月，美国将军佩里率领四艘军舰，来到浦贺，呈交了美国总统的国书，逼迫日本开放港口。面对这突然而至的事件，幕府不知所措，只好奏闻远在京都的朝廷，同时咨询住在江户城（今东京）藩主们的意见。但大家都不谙世界局势，莫衷一是，是战、是和，难以定夺。只好屈就签下了不平等条约。部分不满于媾和的藩主蠢蠢欲动，力图用武力取胜洋人。1864 年长州藩率先进行攘夷，但被英、美、法、荷的联合舰队击破，其军事要塞马关炮台也被占领。这表明日本与西方列强在军事上完全不是一个等级，根本无力赢得胜利。最重要的，当时的战争也暴露出日本国民"一盘散沙"的状态，对外的反击只是极个别藩、少数志士仁人的抵抗，绝大多数日本民众置身事外，未被动员起来，完全没有成为国家事务的有机成员。例如，当时的一名外交官目击了事件的全过程，有如下记叙："日本人对于正在作业的部队显示出极其友好的态度，进而又自愿帮助移动大炮。他们真的非常高兴尽情拆开给他们增添麻烦的玩具。"② 战场附近的居民竟然以看客的姿态"观赏"了洋人与本国藩士的战斗！

明治维新后，这一局面得到根本改变。就日本国内社会进程而言，明治维新的最大成就恰恰就在于将臣民成功地改造为"国民"，尽管这样的国民仍然没有获得完全独立的自主意志和个人权利，但已经在政治观念和生活方

---

① 佐久間象山：《象山全集·上卷》，尚文馆 1913 年版，第 223 页。
② ［美］E. 萨托：《一位滞留日本的外交官》，1921 年版，第 118 页。

式上接受了城市化、工业化和国家化的改造，开始积极投身于以国家名义所发起的各项运动和事件之中。

1889 年 2 月 11 日，明治政府公布了"大日本帝国宪法"，这标志着明治维新预期目标的初步完成。该宪法规定了院制、责任内阁制、司法权独立以及国民的权利、义务等，但宪法保留了天皇制国体等内容，因此，立宪君主制披上了"合法"的外衣，确立了天皇制绝对主义国家政权形式。当然，这部宪法还是有积极意义的。在古老的亚洲，第一次有了宪法、议会、选举等现代法制条文规定，这无疑是个历史的进步。日本迈出的这一步，也是实现了与先进的西方世界相接轨的有力举措，自此日本的现代化进程没有停下脚步，不断改进和修正，向发达世界靠拢，直至第二次世界大战后最终成为西方发达国家俱乐部的重要成员。

在军国主义时期，日本将自己视为世界的"领袖"，与德、意结盟，扮演"亚洲解放者"的角色，发动侵华战争被粉饰为"建立大东亚共荣圈"，

野口英世（刁榴摄），日本著名的细菌学家。为研究黄热病远赴西非的英属黄金海岸（今加纳共和国），不幸染病离世。他虽然曾被三度提名诺贝尔医学奖，却受到日本医学界的排挤。为了纪念他对世人的贡献，2004 年新版 1000 日元印上了他的肖像。

进攻美国被宣传为抵制美国对世界秩序的破坏。此时，国家主义，甚至是极端国家主义占据了主导地位。国家主义（nationalism）原指促成民族国家形成、维持和发展的思想及运动。近代西欧在克服地方割据的封建领主制和身份制、形成统一市场的基础上首先建立起民族国家，它包括主权、统一国家、官僚制度、公法、私法等近代政治和法律内容。在推动民族国家形成、反对封建帝国和教会神权政治过程中，以对本民族的文化和精神以及由本民族为主体的国家和政治集团的拥护等为表现形式的国家主义思潮也随之产生了。

日本国家主义的最重要方式就是将作为日本这一国群之代表的国家实体化。如植木枝盛说"国家是生活体"，陆羯南提出"国家是人类的最高集团"。将国家实体化的结果就是把作为国家构成员的个人的实在性加以极小化，在现实中，国家的意志和利益被绝对地置于个人的意志和利益之上，在此基础上发展出了畸形的爱国主义和国粹主义①。日本的历史、国民性甚至气候、习惯、风景都被无限夸大，一边是集美好、理想、正义于一身的日本人和日本文化，另一边是邪恶、无理、丑陋的外敌。与其他国家相比，第二次世界大战前的日本的国家主义发展形态尤为特别，它以"超"、"极端"的方式出现，具有三个特点：第一，日本的国家主义并未产生出能够把"日本全国"置于"朕意所欲"之下的全能政治君主。居于日本国家最高地位的是天皇，但他却没有政治主见，只有传统权威，他虽具有至尊的地位，却不具备至高的权力，他主要是传统意义上的统治者。第二，日本的国家主义没有强有力的辅弼首相，辅佐天皇的萨摩、长州、土佐、肥前四藩——或者再集中一些

---

① 当时在中国就有一些有识之士看出了日本黩武、对外侵略的狼子野心，指出"日本当今的天下，是军部的天下。不惟对内打倒了政党政治，把在众议院拥有绝对多数的政友会总裁铃木喜三郎屏诸政权门外，而由军人冈田启介掌理朝纲；就是对外，也居然毫不客气地发挥其'军人外交'，使人感到外务省不过是'陆军省外务局'。日本军部的气焰，真是大极了"。（崔万秋：《日本古今谈》）

说则是萨长两藩——的实力者没有进行最后的决斗，只是建立了保持某种均势的辅佐体制，因此他们之间所潜存的对立，就形成了派阀，潜伏着一种不知会在什么时候爆发出来的不安定性。在政治派阀争斗中，无数的具体人物只是顺势而行，缺乏明确个人风格，在国家大政方针问题上也经常表现出从众现象。第三，日本的国家主义还有浓厚的封建制残余，即表现为家族式国家主义。皇室与国民的君民关系被视为父子关系，日本国则是以皇室为宗室的"一个大家族"，家族式国家观作为修身教科书的重要内容，在明治末年，正式普及到国民教育中。与传统的儒学政治观念不同的是，在近代君民一体观念中，对君主的"仁政"极度弱化，只是突出了国民对天皇的单向、无限的效忠。

日本国家主义的形成有如下几方面的原因：（1）1904 年的日俄战争的胜利，这表明富国强兵的初级目的已经达到，在民间出现了"没有国家目标"的信仰真空。在日俄战争中，日本首次战胜了西方人，这不仅大长了日本国民的自信，也表明日本占据了与其他列强并驾齐驱的地位，也正因此，失去了迄今为止孜孜以求的国家目标，（2）工业化、都市化的深入，个人主义思想有所抬头，自由民权思想得到传播，这些都令具有强烈保守倾向的政府高层十分不安，唯恐破坏国家整合，于是以天皇为象征的日本历史、民族的传统精神再次受到强调，各种国粹主义、保守主义纷纷出笼，在思想文化领域也兴起了国体论和国民道德论的附和之声。（3）文化上，以自然血缘和感情为纽带的传统人际关系，与以理性、法为纽带的新型人际关系的冲突。前者是前现代的、东方的、以自然经济为基础的社会要求；后者是新型的、西方的、以商品经济为基础的社会要求。一方面旧的模式在日常行为中经常遭到破坏；另一方面，新的人际关系、行为方式还未建立。习惯势力是强大的，当时的日本人不愿放弃传统的人际关系模式，同时又与工业社会磨合不顺。总之，传统人际关系难以割舍，新的人际关系又有破坏性。当这种新旧文化、东西价值观的冲突达到一定程度、人人普遍感到混乱和不满时，如果偶遇某种具有一定能量的历史事件，就可能导致从混乱走向有序，有时这种秩序是以绝对专制式极端威权的形式出现的。1923 年的东京大地震、1929 年的经济危机充当了这种偶然性的历史事件。

从一定意义上说，日本发动的殖民朝鲜、台湾以及全面的侵华战争也是基于世界中的日本应该如何立身而作出的选择（当然是极其错误的选择），支配这一选择的价值观包含了根本无视他国利益的极端国家利己主义。当时许多日本马克思主义者对此表现出了相对清醒的冷静。日本马克思主义理论家三木清认为，解决"卢沟桥事变"不能依靠殖民地的统治或者帝国主义的侵略，东亚的统一必须是各国平等的统一。"只有支那的现代化才是东洋统一的前提，从而是形成东亚协同体的前提。既然日本并非为了征服支那，那么当然就没有理由阻止支那向现代国家发展。"①他反复强调要站在世界的立场上，持有新的世界主义，才能使日本获得具有充分合理性的世界地位。

普通国民对世界的认识主要受到官方正式宣传和主流意识形态的影响。在战前的日本（19 世纪末期开始），占据思想意识领域支配地位的是"国民道德论"。"国民道德"一词是由东京大学哲学教授井上哲次郎（1854—1944）在其著作《国民道德概论》（1911）中首次得到充分论证的。井上以德国意志哲学为基础，指出国民与国家是一种有机体关系，国家是一个大家庭，国民是其不可分割的组成员，天皇则是家长，官吏是兄长，全民要敬奉天皇，服从官吏，日本国家就可以长治久安。概括地说，国民道德论的核心内容就是忠君爱国，但国民道德论实际上超出了理论探讨和学术研究的范围，演变为由国家统制道德教育而在全国范围内形成的国家主义道德运动。客观地看，"国民道德论"有其历史进步意义。以明治维新为界，日本从各

---

① ［日］三木清：《东亚思想的根据》，见《三木清全集》第 15 卷，岩波书店 1985 年版，第 311 页。

个藩组成的封建社会脱离而被统一为近代的国民国家，怎样面对或有效抵制西方个人主义道德、平等主义权利学说的影响，如何解决社会转型时期道德观念上的分歧问题，这些都成为摆在当时思想界的一个重要任务。一些具有民族主义、皇权主义思想倾向的学者主张将封建社会通行的忠孝道德延续下来，并以此为核心构建与新时代要求相符合的国民道德。这一道德立场正中当时政府高层的下怀，于是转化成官方意识形态。"国民道德论"一旦成形，在各个方面都得到了强制推行和贯彻，与"国民道德论"不相一致的其他各种主张都受到了排挤，例如，在 1904 年（明治三十七年）启用的第一期国定修身教科书中，还有肯定近代市民道德是重要的以及基本人权的内容。然而在 1910 年修订的第二期教科书中，涉及近代市民道德的内容就大大缩减，相反强调了儒教式的家族伦理。① 和辻哲郎在第二次世界大战后对国民道德论做了总体性批判。② 和辻在"国民道德论"盛行时期也曾保持了相对清醒的立场，他深刻地提出，拥有各自历史的国民，只有在其特殊性中追求自身全体性的形成，唯有此，真正意义上的 international 的关系才成为可能。"国民的当为"的问题即"国民道德"的问题只能在伦理学的终篇而非伦理学的开端得出其应有的结论。换句话说，具有世界意义和现代性的"国民道德"应是历史主义的，而非超历史的。

第二次世界大战后日本因地缘政治的需要而被纳入美国同盟体系，进而成为西方资本主义阵营的一员。因其地理位置、民族构成和文化传统的根都在亚洲，日本常常自命为亚洲事务的代言人，但它很难得到近邻朝鲜、韩国和中国的认可。"远交近攻"的战略不能让日本自保，日本必须正视并处理好东亚、东北亚地区的事务，才能真正赢得邻国的信任。

---

① 参见［日］铃木贞美：《日本的文化民族主义》，魏大海译，武汉大学出版社 2008 年版，第 50 页。
② 参见［日］今井淳、小泽富夫编：《日本思想论争史》，ぺりかん社 2006 年新装版第 16 次印刷，第 356 页。

3. 日本的国际化

通俗地说，"国际化"就是超出民族国家的局限、在国家间流通、流动、流行的趋势，因此，国际化是努力追求各国间可以沟通、交往的基本共识，同时也是相互获利、彼此有所建树的差异共存和融合的过程。日本全面提出关注国际化、迎接国际化挑战始于 20 世纪 80 年代。

明治维新后，日本就开始了国际化的努力。但日本最初走过一段很长的弯路，由于过于片面地解读西方现代化的历程，一味主张"强权即真理"，以为挤入富国俱乐部就必须像其他列强一样对外殖民，所以，吞并北海道、琉球群岛之后，很快征服了台湾、占领了朝鲜半岛，扶持"满洲国"傀儡政权，进而进攻中国全境，南下攻打美国珍珠港、菲律宾、马来西亚、新加坡、老挝等国，短时间内将战线扩大到东亚、东南亚、太平洋群岛等广大区域，这被看作日本近代国际化的第一个阶段，这一阶段的国际化以失败告终。以军事占领为手段、以掠夺他国资源为目的、推行"八弘一宇"、"王道乐土"等排他性价值观，被证明是不得人心的，这样的国际化其实只是自身野心的暴露。

第二次世界大战后，日本放弃了对外交战权，全力发展经济，提出了"国民收入倍增计划"，使全民同等分享快速发展的成果。直到 1955 年，日本政府对外宣布已经完全超过了战前水平，60 年代开始超过德、英，成为仅次于美国的第二大经济体。伴随着经济发展，日本企业开始大量向外投资，进出海外成为新的增长点，这同时成为日本第二次国际化的契机。70 年代，日本从教育、文化入手，力图全面培养更具国际视野的新国民，同时也极大增强日本文化在世界范围的影响力。此外，官方和民间机构一道开始大量扶持国际交往项目，"日本国际交流基金"、"日本海外协力团"、住友财团、三菱财团等机构分别代表了官方、企业的力量，在促进日本国际化方面发挥了积极作用。

　　国际化意味着鼓励具有国际性意义的活动及其观念，那么，什么样的东西具有国际性意义？粗略地说，超出一般民族国家的局限，可以成为其他民族国家也接受、认可的思想文化，就可以说有着国际性意义。从人文社会科学的角度看，说一种思想或一种行为取向具有国际性意义，表明这种思想或行为取向揭示了人类共同的命运，反映了人类对真、善、美等理想目标的努力。其实，任何一种既存的文明因其从不同方面丰富了人类对人生意义、生命价值、人际关系等共同主题的思考，相互间具有借鉴作用，所以都有不同程度的世界性意义。但具体地看，每个文明形式都因其特殊的"风土"、"民情"而有着与国际性相异，甚至相悖的东西，因此，不同民族的文化传统和思想观念在国际性程度上仍然存在显著不同。

　　例如，日本人思维的一个显著特点就是对具象事物的关注远远大于对抽象、普遍事物的关注，他们在思维上更加重视具体、微观事物或现象。"表示与主观相对的对象的词汇在原来的日语中是不存在的。もの这个词既可以意味着客观的'物'，也可以意味着主观的'者'，在这种情况下就很难设想，'知る'（知道）这个词会用来表示对于独立存在于认知主体之外的客观的认识。换言之，像'情ま知る'、'人ま知りり合ふ'（对感情的理解、相互理解）这些用法反映出日本人更为强调对内在体验的了解、强调感情，强调人们之间的互相理解。主要方向是表述人际关系，纯粹的日语没有相当于完全客观的'知识'或'认识'的词汇。如果日本人在某种程度上有了一点儿学问上的自觉，有了关于区别于认识主体的客观的观念，那大部分是受西方影响的结果。"① 此一特点反复被多位学者谈及，有学者指出："从根本上说，日本人很少关心神学或者哲学，虽然日本人是现实主义者，但他们的品性与其岛国家园的特性一样——一个漂浮着的、不断改变航向的世界。"② 我们也曾在上文中提到日本

---

① ［日］中村元：《东方民族的思维方式》，林太、马小鹤译，浙江人民出版社 1989 年版，第327 页。

② ［美］哈里斯、莫兰：《跨文化管理教程》，关世杰主译，新华出版社 2002 年版，第 302 页。

人思维的总体特征是具象性的、当下的，在日常企业或政府管理活动中，日本人也不大陷入对管理普遍原则或核心理念等之类问题的疑虑之中。这样的思维方式特点事实上就极大限制了日本文化的普适性，同时也暴露出不少日本人在处理国际事务上持有明显的相对主义立场，采纳特殊主义原则，他们经常在国际事务中受到指责，如对待移民的政策、技术保密政策等等。

20 世纪 70 年代以来，随着日本经济的崛起以及日本国民财富的积累，日本企业开始大量向海外投资，这样的海外投资也有许多现实的经济考虑，例如，购买原料以控制生产线的上游，从而保证本土产业的稳定发展；在当地办厂就可以规避巨额的出口关税，还可以获得低廉的劳动力成本等。如今，日本企业已经控制了加拿大的造纸业、澳大利亚的奶牛农场、印度尼西亚的油田、东南亚的电子产品工厂、意大利的优质化工企业、爱尔兰的纺织业、美国的食品企业、巴西的钢铁工厂、英国的滚珠轴承工厂、印度的造船工厂，等等。

自从苏联解体以来，许多日本人都困惑美国军队在亚洲——太平洋地区的部署以及日美安全条约的维持是否有必要，因为资本主义世界的共同威胁已经解除，所以，不少日本国民要求美国归还军事基地，退出日本本土。然而，1990 年 6 月 23 日，日美双边安全条约继续生效，这再次强化了日美两国政府间的关系和相互信赖，这意味着在国家层面上日本与美国的安全防卫关系自冷战以后完成了一个转型，即日本从在美国安全保护伞下获得支持性安全转向了在处理亚洲甚至国际安全事务、维和以及维护亚洲稳定等方面的日美共同合作。易言之，日本在与美国的交涉中分量更重了，对其他国家来说，日本国的形象更加鲜明和独立自存了。

在现代日本，鼓励国际化的最重要力量是产业界，日本的企业以外销业务为主，而且早在 20 世纪 70 年代就开始了向海外大量投资、设厂，许多日本知名企业都已经成为巨大的跨国公司。早在 20 世纪 80 年代日本经济联合会等经济协会就向国会和公众提出了加速日本国际化的各种建议，他们的许多主张得到了多数政治派别的支持，充分体现在历届执政内阁的国策之中。但是，日本国内也有强烈反对国际化的势力，其代表就是农业协会。一方面农协会员享有诸多政府补贴，另一方面日本农业大多是自耕农性质的小规模经营，很难开展大工业化生产，因此，无法与北美、欧洲的农产品价格抗衡。可见，一旦与利益挂钩，国际化就不再单纯只是观念的有无的问题，即便在日本国内，围绕是否接受国际化、接受怎样的国际化等诸多问题，国民间的不同群体一直有着广泛而深刻的分歧。

国际化不是口号，也不是姿态，而是实实在在的行动，因此，真正的国际化必然涉及国内相应社会结构、教育体制、国家理念等方面的革新。其中一个重要方面就是保持开放性，容忍多元文化，接纳异质生活方式。而且，国际化不能由政府垄断，要搭建民间交流渠道，多方位、立体地展开与他国的交流，参与国际事务。因为"当今，公共性已经不是国家的独占物了。最容易理解的例子是国际社会。在国内，通常公共价值的承担者是国家。而在国际社会，国家往往是在国家利益的名义下追求私利的利己主义者。国际社会上，很多时候公共价值不是由国家，而是由以联合国为首的国际组织，协调各国利益和价值的国际公约、宣言等来体现的。这种将公共性与政府直接结合的想法，是'国家＝政府'和'公＝国家'两重意义上的错误。而且，把只不过负责政府部分行政工作的官僚，当做'公'的垄断者，则犯了更大错误"。① 认识到这一点，并调整好政府的角色，同时开放各种民间参与、推动国际化的努力，这可以说是日本第三次国际化的使命。

虽然国际化并不意味着消除自身文化的特性，但确实要突出强调人类的共性，例如当代人所面对的共同困难——环境恶化、贫富分化、族群对立、宗教仇视；当代人所不断取得的共识——对基本人权的尊重、国家保护公民

---

① ［日］大沼保昭：《东京审判·战争责任·战后责任》，宋志勇译，社会科学文献出版社2009年版，第202页。

权利的基本责任、民族独立发展；当代人所获得的新技术——互联网、新媒体、新通信手段、新医疗技术，这些都是我们今日谈论国际化所要面对和接受的现实处境，脱离人类共性孤立谈民族特色，其实质就是自绝于人类共有的进化历程。

三、日本人的自我认同

现代日本人的身份认同的对象主要是日本国（其象征是日本天皇及其代表的日本文化传统），是一种具有政治和社会双重性质的公共身份认同。政治意义上的身份认同，使日本人与其国（包括政体、国土等）联系起来，成为国家主权者，是具有政治归属感的现实公民，其公民地位得到相应法律的有效保障；社会意义上的身份认同，则使日本人与其民（即国民、同胞、邻里等）产生深切的连带感，发达的基层社会组织将日本人变成有机成员，促使他们以各种方式接触和感知到其他成员的真实存在，不仅可以向友人、邻人倾诉自己的心声，而且还可以真切触摸到社会事件的细节和真相，从而产生了整个社会层面较高水平的社会信任，这又进一步扩大了社会交往的范围及社会合作的半径，呈现出社会生活的有序祥和。但日本人通常并不乐观，对未来的担忧多于对未来的向往，这主要因为"忧郁的"国民性格。正是因为种种不安——对自然灾变的不安、对经济前景的不安和对情爱变幻的不安等——使得多数日本人倾向于保守，而非激进变革。

1. 日本人是谁

1945 年 8 月 15 日，日本宣布无条件投降。由于战败，曾经支配人们的各种政治和文化权威等都开始被抛弃，与此相适应的各项制度、法律、习惯等，也瞬间彻底崩溃，支撑明治维新以来几十年间的对外侵略战争以及使之正当化的传统社会结构形式、道德观念、行为规范也统统随之化为乌有。人们变得无所适从，一段时间内社会生活中出现了高压和专制一下子消除后的极度无序和混乱，人性中的各种邪恶欲念和极端行为都暴露无遗。一些人开始不择手段。那时走私、黑市贸易、制假贩假层出不穷，例如有商人用乙醇或浊酒加水，兑成"威士忌"。也有致人失明或死亡的事件发生，如歌手鬼俊英、演员月田一郎都是被这种酒夺去性命的。但是，在以美国为首的占领军指导下大规模的社会改革稳步进行，通过一系列民主改革，颁布了新宪法，改组政府，重建经济秩序，使日本经过短暂的混乱，开始走上了新生之路，大体建立起了较完备的美国式现代资本主义体制。引以为傲的日本民族性也在其中经过质疑、历练、复兴、发展等环节而获得新的形式。第二次世界大战日本的新生可以被看作是"浴火重生"，一些学者把日本人和日本社会战前与战后的根本变革看作是"制度改变了人"的典型范例。从这一意义上说，战后日本所走的路以及成长起来的日本人已经获得了完全不同于他们的父辈的社会环境和制度条件，也使日本的民族性具有非常不同于过去的重要内容，因此，我们在考察现代日本时，比强调其与历史的传统延续更为重要的是，要深刻而清醒地意识到：现代日本在很多方面，无论是性质还是程度都取得了今非昔比的变化。①"日本人是谁"的问题答案要在今日的日本社会，而非历史的故纸堆中去寻找。

由于破了"旧"，就必须要立"新"，战后日本人的公共认同的重塑就在新旧交替中推进。经济、教育等方面的"破旧"是在美国主导之下进行的，

---

① 在 20 世纪 50 年代中期，日本社会从官方到民间出现了一个使用率极高的流行语："现在再也不是战前了！"这不仅表明此时的日本已经在经济上完全摆脱了战前和战后初期的短缺经济状况，在社会生活、政治参与、表达自由等各个方面都有了焕然一新的气象。这句话也表达了普通日本人对战后变革的接受，并充分享受了它所带来的进步成果。

最初还比较彻底，例如解散财阀、开除具有军国主义思想的教师之教职，勒令辞退曾参战的公务员、废除新闻检查等。但 1950 年前后因中华人民共和国的成立、北朝鲜的过界行动和苏联的施压，使美国意识到共产主义的威胁，于是全面改变了对日政策，将打击日本改为扶持日本，使日本成为反共桥头堡，从而没有彻底清算战争责任，战犯责任追究行动也中断，解散的财阀又重新联合起来，形成了新的企业集团。尽管这样，在民间和社会生活中仍然传播开了自由、平等、权利、理性的诉求，特别是思想、文化界开展的对"十五年战争的反省"运动，对日本传统文化和社会结构做了深刻检讨，对日本国民性做了新的认识。在此过程中日本人的现代自我得到重新思考和确认。

经过战后民主化改革，日本进入现代多元化社会，政治民主、经济自由、完善的市场体系、多层次的教育等都充分保证了人们表达、居住、结社等方面权利的落实。个人主义、自由主义、隐私权等观念在日本也同样十分盛行，现代日本人之间的个体差异非常显著。但是，具体个人之间的差异常常被人们对日本人的总体印象所掩盖。其实，这恰恰是造成诸多民族（包括中国人）误读日本人的根源之一。我们不能从一个日本人或少数一些日本人身上就判断日本人的整体状况。我们必须正视日本现代发生的变化，既要从总体上把握日本社会的面貌，更要从具体、微观层面上去认识和了解普通日本人的实际状况。

社会生活的开放和民众参与意识的增强，各种社会团体应运而生，它们都发挥了联结分散的民众个人、传达社会信息、沟通人际交往等多种社会化功能，在此基础上形成了各种具有生机的"共同体"。这些共同体增强了日本人之间的心理和文化认同，同时增进了社会资本。这些社会领域的创新和生活化变革正是日本实现战后高速经济增长且无可复制的社会资源。

在日语中，"共同体"原本指以血缘、地缘或感情联系为基础而形成的人的共同生活的状态。这些人员间具有相互扶持、相互制约的责任。"共同体"不同于国家机构或正式社会组织，国家机构或正式社会组织都是为了达成某一特定目的而结合在一起的，是外部强加的，而且以工具理性为指导；"共同体"却是情谊性的联系，是在共同生活、工作的人之间自然生长起来的各种因素（情感、态度、行为习惯等）的扩充和强化，共同体在其生成、存续的过程中会产生一系列隐含的或不成文的惯例、相互期待等。在日本，最典型的共同体有村落共同体、企业共同体、政治、外交中的"命运共同体"以及社会交往中的兴趣共同体（如各种协会）等。①

　　"共同体"的立足点是成员间的和睦气氛，伤和气之类的事情是需要极力回避的。出于维护共同体的考虑，无论是干部或领导，还是普通员工，都会为此约束自己，减少内耗，努力展示出别人期待的、自己也认为应当如此的心理、情感联系。共同体意识的存在确实增强了日本员工间的连带感。每个人在共同体内的行为不能只是个体性的，同时还是群体性的，必须顾及他人。例如流水线上的工人，他一丝不苟地工作，努力不出次品，他所考虑的就不只是他自身对工作责任的理解，更主要是对下一道工序的同事的考虑和顾及，若自己总是出次品、残品，就会让下一道工序的同事受累。不能给他添麻烦，否则就会破坏相互间的"和"。于是，在企业内就形成了相互规劝的责任连带关系。这种约束是非制度化的，却常常比有形的制度更有效，因为其与人们的日常行为惯例、价值观念相吻合，促使人们主动地接受这样的劝诫。

　　一旦形成了共同体，人们的行为就不再只是消极地"不逾矩"，而会变得主动得多，甚至在行为之前，就会预先考虑所在群体的需要以及他人的可能反应，这样就形成日本式的"内省"，不是基于罪感的良心自觉，而是对他人态度的揣度，以符合他人期待的方式约束、要求自己。在实际的功能组

---

① 　关于日本社会共同体的分析参照了李萍：《日本人为什么是工作狂》第六章，民主与建设出版社 2003 年版。

织或机构中确立起各种"共同体",这正是日本人不同于西方人之处。维护共同体的意识,可以说是现代日本公共认同的一个心理和文化基础,即它体现了日本人对长远目标、精神价值、整体利益的看重,而且这样的共同体意识是自下而上发生的观念,具有重要的社会学、心理学、伦理学等多重意义,当然,其间也包含了难以分割的利与弊等因素。

与其他西方国家一样,现代日本人的自我认同出现了非政治化、个人主义化和休闲化的倾向。进入 20 世纪 60 年代,日本开始与欧美站在同一水平线上,城市型社会进入成熟阶段,又进入丰裕社会或后工业时代。与此同时,满足型精神生活和趣味型文化形式开始出现,并逐渐取代了奋斗型精神生活和启蒙型文化形式。例如,以东京奥运会(1964 年 10 月)为界,现代日本的体育运动开始从"奋斗"型转向"欣赏趣味"型,形象地说,就是从田径、游泳等竞技类项目为主的时代,转向了网球、高尔夫等观赏、休闲式项目为主的时代。

2. 我们日本人

日本思想史界普遍认为,有三个基本问题关联着日本近现代思想的形成和发展,它们是个人与社会、日本与世界以及传统与现代化等各自的相互关系问题。正是在激辩、思考和解决上述三个问题的过程中,日本人的现代"自我"逐渐生成。这一生成过程充满了曲折和痛苦,各种力量相互交织、纠结碰撞,意欲成为主导的因素,它们都在日本人的现代自我中留下了或深或浅的印记。一些思潮因合乎时代潮流而得到延续,一些思潮则被唾弃,还有一些思潮即便衰弱了仍留下了可怕的毒素。相比于亚洲其他一些国家第二次世界大战后还挣扎于独立、民主的历程之中,日本早在 1910 年前后就完成了资本主义化,第二次世界大战后顺利进行了民主化改造,日本人的现代自我也随之发生了巨大变迁。众所周知,带来日本资本主义发展契机的明治

夏天节日的浴衣装扮（刁榴摄）。在夏季，日本各地会举办各种地方性的庆典、祭祀活动，这些活动不仅吸引了大量的游客，而且也强化了当地居民的连带感，振兴了当地商业。很多居民会穿着民族服装——浴衣参加。

维新，它的物质基础并不充分，靠的就是思想的先导作用。构成日本人现代自我的因素诸多，经济的、政治的，甚至历史的偶然性，但最根本的却是外来思想的引入、传统思想的开新和新思想的创造等所共同造成的观念变革、行为方式的转变。各种相互对抗且被历史选择的思想带动了日本社会的总体发展，日本人的现代自我是诸多思想引入、发酵、生长的后果，并反过来制约其思想发展的轨迹。

因此，"日本人"并非铁板一块，更非一个拒绝其他人群融入、无"杂质"的纯种民族，"我们日本人"是一个不断吸收各种人群、经受各种历史变革和社会改造的产物。但是，仍然有许多日本学者却固执地相信"我们日本人"是独特、单一的，连日本著名哲学家和文化名人源了圆也不能免俗，他认为，"日本因是单一民族、单一国家，所以国民的概念也就包含民族的概念"。① 偏见，特别是集体偏见常常会使人变得完全不可理喻！

"我们日本人"这一意识是明治维新之后，在现代国家建立的过程中逐渐形成的，但在日本社会，存在所谓主体日本人和非主体日本人之分。所谓主体日本人就是世代居住在本州、九州和四国岛屿的居民们，北海道、冲绳等都是明治维新后才被开发和占领的。此外，分布在各地的极少数的归化人（从大陆和朝鲜半岛而来的移民）和殖民地时期的属民（台湾人、朝鲜人的后裔）以及贱民、部落民的后代等都属于非主体日本人。在第二次世界大战之前，他们遭受了种种非人待遇，受尽凌辱。随着民主化进程和社会文明程度的提高，他们与主体日本人的区别日渐淡化，融入主流社会的速度大大加快，至今他们已不再是边缘化的少数族群。取而代之的是新移民和回归日本的残留孤儿的后代，他们仍然在为公平对待而持续努力着。

"我们日本人"这一名称包含了三层含义：第一，它是一个集体称谓，指代一类人。谁，又是在何种场合下可以用上这一称谓呢？一般是面对全民时，例如政治家力图向选民表白自己的立场和政治忠诚时，他们总是"我们日本人"不离口，政治集团或政治事务都会经常出现这一词汇。第二，它是一个排他性的特殊指称，强调了与他们不同的"我们"的独特性。什么属性可以显示"日本人"是与众不同的？这恰恰是充满争议的话题。从社会学角度看，"日本人"作为集体称谓具有整体特征，这些特征并不能分解到每个日本人身上。但从实在主义哲学的立场出发，这样的整体性的"日本人"并不存在，存在的只是个别、具体的日本人，作为整体的日本人只具有抽象意义。在全球化的时代，各民族间的流动和交往日益频繁，民族的独特性是否还可能存在、怎样存在，这些问题都需要进一步的观察。第三，它是一个历时性概念。不同时期的日本人生活在完全不同的体制下，奉行根本不同的交往规则，封建时代的日本人与今

① [日]源了圆：《日本文化与日本人性格的形成》，郭连友、漆江译，北京出版社 1992 年版，第 30 页。

天的日本人之间的差距恐怕要比今天的日本人与中国人、美国人的差距还要大得多。如果强调"我们日本人"只是努力维持自身文化传统和自身民族的一贯联系，这是值得肯定的，但是超出这个范围，变成对其他民族的排斥、贬低，甚至不惜歪曲事实来美化本民族，就是利令智昏，令人无法接受了。

尾藤正英在《日本文化的历史》中提出，日本在中世后期就出现了"日本式近代国家"，明治以后出现的则是"西方式近代国家"，因为"日本的近代国家"就已经形成了"平等、职务、行为、公共（共同的连续性）"等"近代的"因素。尽管这一主张过于用现代立场诠释前工业时代，但上述观点明确透露了这样一个信息：对职务的重视与工业时代的职业分化和职责意识的形成相关；对公共的强调维护了时间观上的即时性和共同历史记忆，从而深化了国民间的身份认同。

西方现代化是原生性的，首先始于文化和政治的现代化，在反对封建专制、教会神权的过程中发展出了个人主义学说，这样的个人具有权利、平等、自由的要求，还有追求财富、满足感官欲望的需要，同时他要为自己的自主决定负责。因此，个人主义的主体定位比较明确，即实实在在的个体。虽然个体的崛起是现代化的主题之一，但个体意识的出现却要有足够的文化积淀、思想启蒙和经济生活的条件等为前提，所以，晚发国家较难采取先个人主义后资本主义的方式，日本就采取了整合自身传统，并以集团自我、社会自我作为全民的价值取向，完成了资本主义的过程。战后的民主化改造一个重要任务就是恢复和肯定国民个体的独立自我，民族自我与国民的个体自我的关系在法治、民主协商的条件下得到重新诠释。

然而，与其他多数西方国家不同，由于日本并不存在统治国民精神领域的宗教势力，所以国家在社会道德的引导方面自动地扮演了设计师和教导者的角色，从而对日本国民的个人内心世界有着很大程度的影响。许多日本人为了使自己的行为正当化，常常期盼自己受命于当局，无论正确与否，只要是上级的命令就有了正当性。这样的意识既可以看作是具有较高的合作精神和对政府的信任度，也可以说包含了从众、他律等因素。

如今，不仅是亚洲人，西方人同样也对日本人标榜的"我们日本人"给予了高度关注。例如，日本对第二次世界大战历史问题的认识、日本战后宪法的修订、日本国内民族主义势力的抬头等等都在西方社会引起过高度关注。根据《读卖新闻》问卷调查数据的统计结果，要求修改《宪法》第九条的国民人数在稳步上升。1986年只有23%的人同意修改，1991年上升到33%，1993年再次上升到50%。这些数据表明日本人越来越焦虑地希望通过对法律限制的调整来改变他们在国际事务中的政治角色，"我们日本人"中的民族主义式政治内涵似乎在加重。

3. 身份认同的现代性

在日本现代化的历程当中，日本人的自我觉醒和自我主体的确定是个重要的思想课题。而这个课题的完成表现在多个领域，从哲学领域的启蒙，宗教，尤其是基督教和佛教的新阐释，加之近代文学思潮的熏陶，都对个人自我的觉醒、民族主体的确定起到了积极作用。根据马克思主义的基本观点，"每个人总是从自己出发，并且当然的，从他们所获得的历史的诸条件和诸环境内部中的自己出发"，在哲学的反省中，每个人总是要去认识受制于那个条件下自己所能追求的生活意义（个体善），要去认识特定时代的特定社会所追求的价值目标（社会善）。"这样的研究能够确保每个人所追求的善的一般类似性和一般的永恒性，使之合理化，并确保学问上的有效。也就是说，每个人作为生物，要与自然发生同样的物质代谢活动，进一步地，属于人类这样的同一的类中，人类的生活目的还是保持了人类学意义上的相当程度的同质性。"① 个体的自我正是在意识到他人存在、充分参与到社会活动中

---

① ［日］村上隆夫：《政治的な学として伦理学》，未来社1988年版，第35页。

逐渐生成的。在现代，个体自我的出现与民族自我、社会自我的产生几乎是同时发生的。

自古以来，日本人习惯将"人"理解为社会的、群体的存在者，而鲜少对人本身、人的个体性给予尊重。近代西方观念所带来的个人、权利、自由等观念就显得十分异常，因此，近代西方观念的传入最初遇到了相当大的阻力，但是，伴随着市场领域的扩大和公共生活范围的扩展，日益造成了将人的人类性、社会性与人的个体性、独立性区别开来且视为同等重要的二元格局，从而为个体、个性留下了存在的空间。日本现代化的第一个阶段，即明治维新之后所建立起的近代天皇制并没有简单引入西方自由主义政治学说，相反，提出了家族国家观念，占据统治地位的是国家—社会高度一体的总体结构，这种一致提供了有望解决个人与社会冲突、化解个人与国家矛盾的构想。现代社会中的个人与集体的关系往往表现为国民与国家的关系。将国民向国家的统一作为主导原则，倡导尊君爱国，这是日本近代国家的核心价值观。与此同时，集体或社会固定化为特定的国家，跨越国家界限的国际合作受到阻碍。

紧接明治之后的大正时期出现了新的社会思潮涌动的迹象。明治维新后出生的一代开始成人，他们放弃了父辈的沉重包袱，同时也获得了与西方抗衡的民族自信，开始以更加开放的心胸引入西方文化，此时所形成的"教养"的观念正反映了对西方文化更加细致和深入的借鉴。教养的观念与明治启蒙时期的政治主义正好相反，它提倡的是与政治变革无关的文化主义。由此"文化"、"价值"、"教养"、"自由"、"普遍性"、"个性"等概念成为大正思想界的关键词，它们为日本人的现代"自我"注入了主体性、个体性、历史感、世界性等深重的文化意味和思想传承，"历史中的个人"、"全体中的个人"，而非"沉没于历史或全体之中的个人"得以彰显。

由于国体论在第二次世界大战后受到严厉批判，许多人开始极力撇清与此的关系，但是，国体论虽有时代的局限，却是日本现代自我形成的一个重要环节。日本人的自我并非宗教的精神自我，也非经济的物质自我，而是具有多层结构的社会自我，其中包括了对"日本人是谁"的文化自觉、"谁是日本人"的民族认同、"日本人怎样"的社会行动一体化、"日本人向何处去"的价值共同体生成等方面的内容。

20世纪80年代，共生思想在日本学术界和实业界得到了广泛而深入的讨论。1991年，日本经济组织联合会（经团联）率先把"共生"概念作为基本原则。佳能公司的董事长加久对"共生"做了很好的阐释。他将共生的核心概括为：追求社会富强或繁荣；尊重多样性或公正性；与社区密切合作，即不仅创造繁荣（实现经济成功、商业利润），还要促成所在社会公平分配资源的合理秩序（履行社会责任）和增强社区的凝聚力（做企业公民）。许多学者和经营者都从各自立场出发，对共生做了解释，并提出了许多富有启迪的见解，概括地说，共生包括如下内容：（1）社会性目标：实现真正的幸福或共同利益，即不单纯追求企业自身的利益，还要考虑社会、员工、消费者、居民等所有相关者的利益，实现双赢乃至多赢。（2）对文化差异性与多样性的尊重或包容／公正，向海外投资时不只关注企业的得失，还要努力促成当地技术水平的提高、产品质量的改善，使该国政府和消费者普遍受益。（3）重视社区，充分参与员工所生活的社区、企业所在的地方的各项活动。

"共生"是英语symbiosis的翻译语，最初指生物界"不同生物共同生活"，最常见的现象是一些动物、植物间的寄生关系。在日本，它被很快广泛运用到社会生活的方方面面，用以考察社会生活的缺陷，改进人们的偏见、社会不公正现象，如残疾人与正常人的差别、男女差别、外籍劳工与本地人的差别等问题都被纳入"共生"的视域之中。"共生"之所以能够在近十几年间成为最热门的词汇，是有其原因的。一方面，共生可以找到传统文化的根源，如儒学的"和谐"观念和佛教的"相生"意识都是从不同角度表达了与共生相似的意思。另一方面，在日本企业界，一直有许多经营者特别注重企业与国家、企业内全体员工间的共同发展，例如松下电器公司的创始人松下幸之助先生在 1929 年实施他的管理原则时，就强调必须充分实现利润与社会公正之间的和谐。1931 年他在"知命年宣言"中使用"共存"和"共荣"两词。另外，日本企业的大量进军海外，由于极力扩张和对当地事务的冷漠，使不少国家的人对日本企业的公正性、责任感产生质疑，这也是引发日本与各国贸易摩擦的根源之一。日本企业中的有识之士意识到问题的严重性，开始将共生这一具有普遍性的理念作为核心指导思想大力提倡。

共生不只是一套理念，还非常强调实施，在实施中，各个企业或组织都可以因地制宜，但必须突出如下三个环节：(1) 命令：由企业或组织的高层领导发布、传达有关信息，并依此确定企业的经营理念；(2) 代理：疏通、完善贯彻共生思想的相关环节，建立起互动的替代系统——包括市场、政府、组织、人员，实现在共同思想指导下的合作；(3) 制度化：包括落实、评估和纠正等，具体又可以从微观方面和宏观方面入手，将共生的责任和目标分解到每个岗位、每个部门，从而使之具体实现。

总之，共生的指导思想不同于传统的西方哲学和古典经济学中的效率观、责任观，而是主张人际和谐及其中的个人反省能力，强调如下两点：(1) 我们应集中关注什么正确，而不是谁正确；(2) 事情涉及的每一个人都应反问自己正直与否，如果用食指指向他人谴责他错了，其他三根仍然弯着的手指就指向了自己，这意味着有三倍的力量反对自己。

日本人的现代身份认同仍然是一个开放性问题。日本社会的变化和调整为日本人的现代身份认同增添了变数，从第二次世界大战后至今，这一身份认同过程还在进行中。战后初期所提出的"民族自我的确认"（national identity 或 Japanese Identity）不仅反省了战争中国家与国民的过失，输入了民主、个人、主体性等观念，而且力图以和平的方式追求富裕，以民主的态度关心国事，以公正的规则对待差异，在变化的国际环境下，这些努力所汇聚的合力试图通过扬弃日本传统文化重新回归国际舞台。但战后至今的"民族自我的确认"并非一次性的运动，相反它是不断被提起和时时受到关注的话题，在战后不同阶段"民族自我的确认"常常成为现代日本文化和社会生活的重要内容，例如 20 世纪 70 年代经济崛起后，日本人如何看待曾被批驳得体无完肤、一无是处的自身传统文化？80 年代不断向海外投资后出现了许多贸易摩擦，日本人应在此间扮演怎样的角色？90 年代东西方阵营解体后日本的政治结盟和国际化方向应作出怎样的变更和调整？进入 21 世纪之后，又面临全球化中的日本应当发挥什么作用的问题。我们不能满足于对某些局部现象的认识上，更不能停留在历史现象的分析上，而需要反复、持续追踪日本社会变化的轨迹，并以严谨的学术考察给出有说服力的结论。

参 考 文 献

中文文献

1.［日］安万侣：《古事记》，周作人译，中国对外翻译出版公司 2001 年版。

2.［美］巴斯克、艾索思：《日本管理艺术》，黄明坚译，广西民族出版社 1984 年版。

3.［美］贝拉：《德川宗教：现代日本的文化渊源》，王晓山、戴茸译，三联书店 1998 年版。

4.［美］鲁思·本尼迪克特：《菊与刀——日本文化的类型》，吕万和等译，商务印书馆 1990 年版。

5.［美］威廉·大内：《Z 理论——美国企业界怎样迎接日本的挑战》，孙耀君、王祖融译校，中国社会科学出版社 1985 年版。

6.［日］大沼保昭：《东京审判·战争责任·战后责任》，宋志勇译，社会科学文献出版社 2009 年版。

7.［英］罗纳德·道尔：《企业为谁而在——献给日本型资本主义的悼词》，宋磊译，北京大学出版社 2009 年版。

8.［日］福泽谕吉：《文明论概略》，北京编译社译，商务印书馆 1959 年版。

9.［日］福泽谕吉：《劝学篇》，群力译，商务印书馆 1984 年版。

10.［日］富永健一：《日本的现代化与社会变迁》，李国庆等译，商务印书馆 2004

年版。

11.[日] 高坂史郎：《近代之挫折：东亚社会与西方文明的碰撞》，吴光辉译，河北人民出版社 2006 年版。

13. 胡平：《100 个理由：给日本也给中国》，长江文艺出版社 2006 年版。

14. 黄亚南：《谁能拯救日本——个体社会的启示》，上海辞书出版社 2009 年版。

15.[日] 会田雄次：《日本人的意识构造——风土、历史、社会》，何慈毅译，南京大学出版社 2008 年版。

16.[美] 约翰·惠特尼·霍尔：《日本：从史前到现代》，邓懿、周一良译，商务印书馆 1997 年版。

17.[日] 吉田茂：《激荡的百年史——我们的果断措施和奇迹般的转变》，孔凡、张文译，世界知识出版社 1980 年版。

18.[日] 今井正明：《改善——日本企业成功的奥秘》，周亮、战凤梅译，机械工业出版社 2011 年版。12.[美] 迈克尔·L.格拉克：《联盟资本主义——日本企业的社会组织》，林德山译，重庆出版社 2003 年版。

19.[日] 近代日本思想史研究会：《近代日本思想史》（1—3 卷），马采等译，商务印书馆 1983、1991、1992 年版。

20.[美] 彼得·J.卡赞斯坦：《文化规范与国家安全——战后日本警察与自卫队》，李小华译，新华出版社 2002 年版。

21.[美] 罗伯特·C.克里斯托弗：《日本精神》，马泉、孙健龙译，光明日报出版社 1988 年版。

22.[美] 埃·奥·赖肖尔：《当代日本人》，陈文寿译，商务印书馆 1992 年版。

23. 李培林：《重新崛起的日本》，中信出版社 2004 年版。

24. 李萍：《日本人的公共生活规则》，《道德与文明》2001 年第 2 期。

25. 李萍：《日本现代社会中的共生伦理》，《湘潭师院学报》2002 年第 5 期。

26. 李萍：《日本学校中的公民教育浅议》，《道德与文明》2003 年第 1 期。

27. 李萍：《日本企业伦理：特点、缺陷及未来趋势》，《现代哲学》2003 年第 2 期。

28. 李萍：《理与情：有关道德行为的中日比较》，《东南大学学报》2003 年第 2 期。

29. 李萍：《日本企业社会的形成及伦理空场》，《日本学刊》2003 年第 3 期。

30. 李萍：《现代化中的日本文化》，《成人高教学刊》2003 年第 4 期。

31. 李萍：《日本文化论再认识》，《玉溪师范学院学报》2003 年第 11 期。

32. 李萍：《日本人为什么是工作狂》，民主与建设出版社 2003 年版。

33. 李萍：《他律、"自律"与"诚"》，《学海》2004 年第 1 期。

34. 李萍：《论日本人的诚信观》，《湖南商学院学报》2005 年第 3 期。

35. 李萍：《从"和善"看日本伦理思想的特质》，《伦理学研究》2005 年第 4 期。

36. 李萍：《日本近代"道德"、"伦理"概念的变迁》，《中国人民大学学报》2011 年第 4 期。

37. 李永炽：《日本式心灵——文化与社会散论》，三民书局 2006 年版。

38. [日] 铃木贞美：《日本的文化民族主义》，魏大海译，武汉大学出版社 2008 年版。

39. [日] 林周二：《经营与文化》，杨晓光、李聚会译，三联书店 1992 年版。

40. 刘岳兵：《日本近现代思想史》，世界知识出版社 2010 年版。

41. [法] A. 马塞勒等：《文化与自我——东西方人的透视》，任鹰等译，浙江人民出版社 1988 年版。

42. [美] 约翰·内森：《无约束的日本》，周小进译，华东师范大学出版社 2005 年版。

43. [美] 马克·齐默尔曼：《怎样与日本人做生意》，潘力培等译，上海科学技术文献出版社 1989 年版。

44. 尚会鹏：《中国人与日本人——社会集团、行为方式和文化心理的比较研究》，北京大学出版社 1998 年版。

45. [日] 涉泽荣一：《商务圣经〈论语〉与算盘》，宋文、永庆译，九洲图书出版社 1994 年版。

46. [日] 升味准之辅：《日本政治史》第四卷，董国良译，商务印书馆 1997 年版。

47. [日] 森岛通夫：《日本为什么"成功"——西方的技术和日本的民族精神》，胡国成译，四川人民出版社 1986 年版。

48. [日] 氏家康二：《公司发展与干部意识》，朱东平译，立信会计出版社 1994 年版。

49. [日] 藤田正胜：《西田几多郎的现代思想》，吴光辉译，河北人民出版社 2011 年版。

50. [日] 土居健郎：《日本人的心理结构》，阎小妹译，商务印书馆 2006 年版。

51. [日] 丸山真男：《日本政治思想史研究》，王中江译，三联书店 2000 年版。

52. 王青：《日本近世思想概论》，世界知识出版社 2006 年版。

53. [日] 尾关周二：《共生的理想——现代交往与共生、共同的思想》，卞崇道等译，中央编译出版社 1996 年版。

54. [日] 西田几多郎：《善的研究》，何倩译，商务印书馆 1989 年版。

55.[英] 小泉八云：《日本与日本人》，胡山源译，海南出版社 2002 年版。

56.[日] 新渡户稻造：《武士道》，张俊彦译，商务印书馆 1993 年版。

57.[日] 熊泽诚：《日本式企业管理的变革与发展》，黄咏岚译，商务印书馆 2003 年版。

58.[美] 许烺光：《宗族·种姓·俱乐部》，薛刚译，华夏出版社 1990 年版。

59.[日] 永田广志：《日本哲学思想史》，陈应年、姜晚成等译，商务印书馆 1992 年版。

60.[日] 源了圆：《日本文化与日本人性格的形成》，郭连友等译，北京出版社 1992 年版。

61.[日] 正村俊之：《秘密和耻辱——日本社会的交流结构》，周维宏译，商务印书馆 2004 年版。

62.[日] 中村雄二郎：《日本文化中的恶与罪》，孙彬译，北京大学出版社 2005 年版。

63.[日] 中村元：《东方民族的思维方式》，林太、马小鹤译，浙江人民出版社 1989 年版。

64.[日] 中根千枝：《日本社会》，许真、宋峻岭译，天津人民出版社 1982 年版。

65.[日] 中根千枝：《纵向人际关系》，文成峰、王处辉译，云南人民出版社 1989 年版。

66. 中国经济体制改革研究所赴日考察团：《日本模式的启示》，四川人民出版社 1988 年版。

67.[日] 佐藤俊树：《不平等的日本——告别"全民中产"社会》，王奕红译，南京大学出版社 2008 年版。

外文文献

68. 相良亨：《日本人的心》，东京大学出版会 1984 年版。

69. 青木和夫、吉田孝：《日本の古代》，放送大学教育振兴会 1996 年版。

70. 今井淳、小泽富夫编：《日本思想论争史》，ぺりかん社 2006 年版。

71. 内村鑑三:《代表の日本人》,铃木范久译,岩波书店 1998 年版。

72.[日] 尾渡达雄:《伦理学与道德教育》,以文社 1989 年版。

73. 大野晋:《思考日本语的文法》,岩波书店 1999 年版。

74. 九鬼周造:《"粹"的结构》,岩波书店 1979 年版。

75. 齐藤毅:《明治的语言——文明开化和日本语》,讲谈社 2005 年版。

76. 司马辽太郎、Donald Keene :《日本人与日本文化》,中央公论社 1995 年版。

77. 岛田桦子:《日本人的职业伦理》,有斐阁 1990 年版。

78. 野崎守英:《道——近世日本的思想》,东京大学出版会 1979 年版。

79. 福武直:《日本社会の构造》,东京大学出版会 1987 年版。

80. 野吕荣太郎:《日本资本主义发展史》(上下),岩波书店 1997 年版。

81. 松本正德:《日本的经营及"合理化"》,中央大学出版社 1993 年版。

82. 丸山真男、加藤周一:《翻译与日本的近代》,岩波书店 2006 年版。

83. 水谷雅一:《経営倫理学の必要性と基本课题》,《日本经营伦理学会誌》1994 年第 3 期。

84. 南博:《日本人的心理》,岩波书店 1963 年版。

85. 村上泰亮:《作为文明的家社会》,中央公论社 1979 年版。

86. 村上重良:《国家神道》,岩波书店 1970 年版。

87. 渡边洋三等编:《日本社会と法》,岩波书店 1994 年版。

88. 和辻哲郎:《风土——人学的考察》,岩波书店 1937 年版。

89. 和辻哲郎:《作为人间学的伦理学》,岩波书店 1997 年版。

90. Abegglen,J.C. *The Japanese Factory—Aspects of its Social Organization*, Glencoe,III., Free Press, The Center for International Studies, Massachusetts Institute of Technology, 1958.

91. John Clammer, *Transcending Modernity? Individualism, Ethics and Japanese Discourses of Difference in the Post-War World*, Thesis Eleven, Number 57, May 1999:65-80. Sage Publications.

92. John Clammer, *Difference and Modernity: Social Theory and Contemporary Japanese Society*, Icegan Paul International Limited, 1995.

93. Rodney Clark, *The Japanese Company*, Yale University Press, 1979.

94. M. Granovetter, Economic Action and Social Structure: The Problem of Embeddedness, *American Journal of Sociology*, 1985,91 (3) :481-510.

95. Keith Jackson and Miyuki Tomioka, *The Changing of Face of Japanese*

Management, London and New York: Routledge, 2004.

96. Koji Matsumoto, *The Rise of The Japanese Corporate System: The Inside View of a MITI Official*, trans. By Thomas J. Elliott, London: Kegan Paul International, 1991.

97. Edwin O. Rcischauer, John K. Fairbank, *East Asia: the Great Tradition*, Harvard University,1958.

后　记

　　2011 年 3 月 11 日，日本东北地区发生了大地震，并引发了海啸与核污染等次生灾害，造成了数万人的死伤，成为日本近代以来第二大自然灾害。但地震发生后日本灾民表现出来的镇定、有序以及其他非灾民的普通日本人给予的声援、协助等情景，令世人动容！

　　经历过 2008 年汶川大地震的中国人感同身受，但对日本国民表现出的坦然自若却显得十分矛盾，一句话，既钦佩又不解。因为中日间的复杂历史问题和现实的利益纠葛，使得为数不少的中国人对日本抱有极大敌意，而日本国民在巨灾面前所呈现出的精神风貌让许多中国人备感困惑：这真的是那些侵华日军的后裔吗？他们怎么会如此文明守纪？这完全颠覆了一些中国人脑中曾有的关于日本人的刻板印象，这些印象不仅完全偏离今日的现实，而且充斥了对当代日本人的妖魔化、矮小化的描述。古人曾云：知己知彼，百战不殆。我们对日本的认识如此粗陋失真，我们的对日交往、对日政策又怎么可能有针对性，从而达到预期目的呢？

　　编辑武丛伟毕业于中国人民大学哲学院，是位对现实有敏锐感知和独立判断的青年才俊，希冀通过本职工作为中国社会进步思想的传播作出不懈努力。她深感国内关于日本思想、雅俗共赏的书籍非常不足，于是，找到我，希望我能够结合自己多年的研究心得在此方面做些尝试。我最初颇为犹豫，一来已有的教学科研工作量挺大，二来手头还有其他两本书稿未完成。其实，内心还有一层想法，就是要在一本书里全面且准确地介绍日本思想文化几乎是不可能完成的任务。文字记载的日本文明至今已有近两千年的历史，加之近代以来各种思潮的激荡和日本社会的多次变动，确实很难在有限的篇幅内交代清楚。但考虑到此书的学术价值和做成此事的现实意义，我还是应承下来。此外，人民出版社的陆丽云女士的鼓励和支持也是促使我下定决心完成此任务的一个动因，在此对丽云和从伟表示深深的谢意，没有她们的理解和督促，就不会有这本书的最终问世！

在写作过程中，也得到了许多同道者的大力协助，刁榴女士在日访问，为我核对了一些引文，也对书中的一些提法做了修正，还在携子游历日本各地时为我拍下了诸多名胜、古建筑等代表性照片；林美茂先生是位兼具哲学家气质和诗人才气的人，他为我提供并核实了一些有争议的提法。张怡也为我拍下了若干有代表性的图片。我自 2001 年初始经已故的卞崇道老师的介绍参加"日本思想文化读书会"和"中华日本中学会"的活动。在日益焦躁、实利的世风下，还有一批仅仅为着学问而每个月定期见面学习、交流信息和合作研究的同仁们，这确实是非常难得的。与诸位同仁的交流所产生的思想火花更令我受益匪浅，在此特别提及的是中国社会科学院的王青女士、国家专家局的陈化北先生、南开大学的刘岳兵先生、北京工业大学的顾春女士等。其实，我私下认为，像上述各位这样精通日语、留日多年的人才是写作此类书籍的最佳人选。只能说我是国内日本学研究中胆量比较大的人，算是抛砖引玉吧，不惮来自学界同仁的善意批评，如果这样的争论能够唤起更多人去关注和实际了解日本，此乃我的初衷所在。

我的诸多学生也为我提供了帮助：吴硕和王芳芳替我查找、核对了部分原文和注释出处；夏朋志通过网络帮我落实了一些比较难找的原文；孙振杰最初想将中日韩企业管理比较作为博士论文选题，在与他的多次讨论中，我也获得了启发；刘国庆和刘良恒极力主张完成此书稿的意义，勉力我别放弃。还有更多未及提名的人士，心中的感谢无以言表。

　　囿于本人的学识，书中采纳的都只是本人能够和已经获得的材料，在此基础上的分析难免以偏概全、挂一漏万，会留下许多有待商榷的疑点。恳请读者诸君不吝赐教，笔者将充分吸收各位的宝贵意见，在今后的学习、研究中进一步提高。

李　萍

2013 年冬于京城陋室